作者近照

家人必读

当代百姓家庭经典教材

刘振兴　编著

哈爾濱工業大學出版社

内 容 提 要

本书共计13章。主要内容包括:家庭温馨世人渴望,家人必懂心理密码,要把家建好必有三件宝等。

本书具有三大学问亮点,四大做人典范。亮点之一:让你知道做人怎么迈好步,做事懂得如何掌握度,教你怎么样处理世事之变故。亮点之二:让你得到的"珍品"是幸福与趣味,教你如何学到知识做贡献,贡献多收益大当然就感到幸福;明白"花开"的目的不是为了"花落",而是为了展示灿烂。亮点之三:让你做个好人,好就好在为人厚道,待人真诚,宽容大度,品德优秀,是一个对社会对家庭作出突出贡献的人。

掌握了书中的学问,则成为四大典范之人:尽善尽美的人;指点迷津的高人;能人背后的能人;孕育将才的人。

本书可作为所有家庭成员学习的经典教材。

图书在版编目(CIP)数据

家人必读/刘振兴编著.—哈尔滨:哈尔滨工业大学出版社.2011.10
ISBN 978-7-5603-3377-9

Ⅰ.①家… Ⅱ.①刘… Ⅲ.①家庭—人际关系—通俗读物
Ⅳ.①C913.11—49

中国版本图书馆CIP数据核字(2011)第172653号

责任编辑 田新华
封面设计 刘振兴
出版发行 哈尔滨工业大学出版社
社 址 哈尔滨市南岗区复华四道街10号 邮编150006
传 真 0451—86414749
网 址 http://hitpress.hit.edu.cn
印 刷 哈尔滨铁路局印刷厂
开 本 850mm×1168mm 1/32 插页 1 印张 11.5 字数 311 千字
版 次 2011年10月第1版 2011年10月第1次印刷
书 号 ISBN 978-7-5603-3377-9
定 价 39.80元

谨以此书献给

所有家里的人

以便指引他们

今后的人生路

编著者

寄语短言：愚者早逝　智者长存

在非洲的草原上，有一种身体极小的动物名叫吸血蝙蝠。别看它小得不起眼，却是野马的天敌。愚蠢的野马经常死在吸血蝙蝠的名下。它附在野马身体的各个部位，用锋利而尖尖的嘴吸血，无论野马怎样蹦跳、狂奔、乱叫，都无法驱逐这种蝙蝠。气急败坏的野马只能是暴怒、狂跑个不停，最后只好无可奈何地死去。其实蝙蝠所吸的血量是微不足道的，野马的死亡纯属暴怒的习性和狂奔的结果。

细想一下，愚蠢的野马和现实生活中愚蠢的人，有着惊人的相似之处。有些人并非死在灭顶之灾，而是死于微不足道的小事。因为这部分人用大部分时间和精力无休止地消耗在一些鸡毛蒜皮之中，经常是暴怒大发雷霆，没完没了地沉浸在愤怒狂暴的气氛之中，久而久之也是在无可奈何中离开了人间，愚者早逝就是源于此。

智者头脑睿智，目光敏锐，胸怀豁达，洞察世事，明察事理，大智若愚，大巧若拙。得之，水到渠成，不刻意追求；失之，本不属于我的，是自然之态。这就活出了人生的高境界，活出了自己的阳光，智者常乐，寿命则长。

智者凡事都从容。它是一种品质，一种心态。面对挫折，从容相待；面对危难，从容不迫；做人做事从容自若。凡事往宽处想，越想越宽广；凡事往明处看，越看越明亮。亮出了高度，亮出了人格的魅力。

智者凡事讲奉献。它是一种智慧，一种成熟。奉献是美的释放，爱的渲染，奉献是把理想和信念一起点燃。真正的快乐，是一种无私的奉献，奉献的人生是快乐的人生。奉献的生命也是不朽的，即使是生命消失了，奉献的精神依然长存，这是真正智者的体现。

智者与积极的心态为友，智者把苦难当成人生的经验积累，智者殚精竭虑地奉献有价值的人生，智者长存永驻。

导读一

《家人必读》让你知道什么？

这是一本能够让家庭和谐幸福、发家致富；益情益智、超凡脱俗、恩泽后人、孕育将才的著作。它是每个家庭需要认真学习的经典教材。读了这本书，做人深知咋迈步，做事懂得掌握度。书中教你如何处理世事之变故——这就是学问。

伟大领袖毛主席认为，有了学问，好比站在山上，可以看到很远很多的东西；没有学问，如在暗沟里走路，摸索不着，那会苦煞人。《家人必读》就是让所有的家里人走出暗沟，站在高山上，让大家看清黑暗与光明，让人们懂得人间各式各样的世故，同时也让大家知晓这些世故的奥秘，促使读者不断进步，指引读者从一个普通的人成为超凡脱俗的人，保证让人们读后一生潇洒欢度。

书中解答了如下之“想”？

你想有一个温馨、和谐幸福的家吗？
你想摆脱困境而迅速地发家致富吗？
你想让你的儿女有较大出息高贵吗？
你想让你的家庭成员都大有作为吗？
你想在现在的基础上再往上晋级吗？
你想让你的事业更快地向前发展吗？
你想在理论指导下搞一个好对象吗？
你想娶个好媳妇生个智商高儿女吗？
你想懂得如何生男生女的知识吗？
你想明白人的一生有多少座右铭吗？
你想知道家庭伦理与道德吗？
你想知道儒学之道的智慧吗？
你想知道家人离不开面子吗？
你想知道家人闲话的危害吗？
你想知道更好的人情来往吗？
你想知道宽容待人通四海吗？
你想知道真诚待人天地宽吗？
你想知道笑迎八方客好处吗？
你想知道神秘的心理密码吗？
你想知道把家建好三件宝吗？

导读二

《家人必读》让你得到什么？

总体说来，“幸福、趣味”就是让读者得到“珍品”。幸福是指读后的收获——感觉的心情；趣味是指内容的享受——快乐中激动。这就是书中的学问产生的效益。

幸福是什么？幸福就是让你懂得人生不是让你碌碌无为，而是让你积极学知识作贡献，贡献大，收获多，结果才感到幸福。

趣味是什么？趣味就是让你明白“花开”不是为了花落，而是让它更好地展示灿烂。因为灿烂的“花朵”才引人入胜，结果才感到有趣味。

具体来说，本书让读者得到的可以说很多很多，这里只能把部分内容的结果略举如下：

1.人生的重点得到转变：结果是发家致富。

2.儒学的智慧得到应用：结果是改变命运。

3.家人的面子得到提高：结果是锦绣前程。

4.家人的子孙得到出息：结果是恩泽后人。

5.闲话的危害得到解脱：结果是对付办法。

6.人情的来往得到改善：结果是人情学问。

7.家人的宽容得到深化：结果是必做真人。

8.真诚的待人得到效益：结果是优秀真诚。

9.用笑脸迎客得到成功：结果是态度迷人。

10.做人座右铭得到确立：结果是牢记在心。

11.视人的心理得到密码：结果是破译提示。

12.要把家建好得到三宝：结果是儿女优秀。

13.作者的夙愿得到满足：结果是读者赞扬。

导读三

《家人必读》让你做什么样的人?

总体来说,《家人必读》让你做个好人。好就好在为人厚道,待人真诚,宽容大度,品德优秀,是一个对社会和谐稳定、对家庭美满幸福作出突出贡献的人。除此之外,还能做到以下四种人:

1.让你做个尽善尽美的人

读了这本书,把如何做人与做事的真谛潜入脑海。当你遇到危险时,就会想到应对措施,做到转危为安;当你遇到困难时,就会想出克服的办法,做到胸有成竹,顺利前进;当你遇到复杂问题时,也一定想到典型事例的启迪,做到心中有了答案,处理得当……这些学问促使你做个尽善尽美的人。

2.让你做个指点迷津的高人

在人生的旅途中,无论是谁都有可能遇到险阻、困难、障碍等,在危险困苦时刻,希望高人指点迷津。就是在平常的人生路上,若是高人指点前进,则会少走弯路,少犯毛病。特别是你迷在岔路口或悬崖之际,高人指点方向会令你及时悬崖勒马。《家人必读》就是这样的"高人",读了这本书等于跳进了智慧的海,让你做个指点迷津的高人。

3.让你做个能人背后的能人

有道是"能人背后有能人"。说明人群中出类拔萃的人物大有人在。你处事聪明,比你聪明的人在看着你呢;你有智慧有能耐,比你智慧多能耐大的人多着呢……这是客观现实,且不可不信。天外有天,山外有山,你高明,他更高明。《家人必读》就是让你更高明,你若是潜心细读之后,你就会成为能人背后的能人。

4.让你做个孕育将才的典范

哲人说:"恩泽后人从生做起。"人的才能智慧,以及智商的高低,与其先天的遗传基因有很大关系。俗话说:"种瓜得瓜,种豆得豆。"农民种田注重土地肥沃,种子优良,孕育人才也是同样道理,不注重育苗,就有可能出"次品"。要杜绝偶然怀孕的行为,必须做到有计划有准备地孕育。《家人必读》把恋爱结婚以及如何生育等说得一清二楚,从理论到实践为你提供了借鉴,依照操作,你就能做个孕育将才的典范。

前　言

《家人必读》在五年前就印成清样书，赠给各界同志们阅读，征求建议和读后感。经过这几年的信息反馈，作者收到了很多很好的改进意见和不同的感受信件。根据大家的深情厚谊，作者采纳了部分内容不适当应删掉的建议，把读者认为很好的内容又进一步充实和深化。特别是把儒学之道作为经典补充到书中。总之，这次修改是一次非常有意义的改进。很多内容得到了升华，使其面貌焕然一新，这里对关心此书的广大读者表示衷心的感谢。现以章节的形式和大家见面，能否成为经典教材尚需实践证明。

作为每个家庭经典教材的《家人必读》，担负着让家庭和谐幸福、发家致富、益情益智、超凡脱俗、孕育将才、恩泽后人的重任，就必须有让读者深受启迪和震撼的精彩内容。它应当成为人生走向幸福必吃的“灵丹妙药”，具有警醒和潜移默化的“治病”作用。它不但能让读者当下活得明智，又能让其将来更加精英；不但让其一生活得潇洒，还能让其恩泽后人，促使更多家庭更上一层楼。若能如此，则可真的称为卓越之著。

作为卓越之著，应当是百看不厌的宝书。尽管还不能如此评价，但可以把读者的评论如实略记。有位高级干部对《家人必读》给予了这样的评语：“这是一本很有教育意义的作品，它对社会的公平公正、和谐稳定会起到非凡益处；对精神文明建设和改善民生也有很大的促进作用，可以作为家庭的经典教材尽快出版。”有位县级领导说：“这本书我看了多遍，越看味越浓，若是人们不看这本书，是他的遗憾。书中把人情世故说得深，讲得透，还把谜底揭穿。说句实话我若早看十年，或许多升二级，这书中的学问很深奥，给了我莫大的启示，也给了我智慧和才干，提高了我做人的质量和工作能力。"有位大学生深有感触地说："这本书对即将迈入社会的我来说，是一根挽救命运的棒槌，抓住它能让我永远前进！对社会上的种种现象，我算是先知先觉了。"一位农民朋友说："读了《家人必读》很过瘾，心开窍，打开了心灵的窗户亮堂多了。常读这本书不会出毛病，不会走险路，做人知道咋迈步，做事懂得啥叫度，还能知道如何发家致富。"一位年轻小伙说："这本书特别好，读它幸福来得早，恋爱学到真本领，有了理论做指导，早成家能立业，深知三件宝，娶个好媳妇，生个好宝宝。"

书中的一些经典事例，感动了读者，有位政工干部说："善意的谎言把一位军属老妈妈养老送终。她含着笑容走了，留给人们思考的是老村长这个共产党员的形象。没有老村长的努力，是绝对不会把悲剧变为喜剧的。这充分说明人的好心要用在'刀刃上'，才会有好的结果。《家人必读》其中很多经典事例让人深思，震撼心灵。"

一生岁月华年尽，白发苍苍忆童年。作者为什么呕心沥血写《家人必读》？这是源于他有"冲出死亡边缘"的童年，若是没有冲了出来，就不会有写书的今天。当你读完本书的第13章之后，就会明白作者的心愿。作为中国共产党党员的作者，让所有家人幸福是我最大的夙愿。

作　者

2011年8月

目　　录

第一章
家庭温馨　世人渴望

提示：您要建设一个温馨的家庭，此文对您有实实在在的参考价值，尽管不敢称为灵丹妙药，但可称其为有效的偏方。俗语说："偏方治大病"。假如您现在还没有建立家庭，更应阅读其中的奥妙所在。视野开阔了，岂能没有裨益："家传户诵"。

第一节　伦理道德与血统结缘

不论你的职位多高，也不管你从事何种行业，"家"都是你的根基。家里的人、家里的事，和社会上的人、社会上的事，有着截然不同的区别。别看他是个社会活动家，而在家里他却无能为力；别看他在单位威望很高、权力很大，把单位、部门的工作搞得井井有条，但他的家却搞得一团糟。这样的情况，这样的事例，听说过，也曾见到过。这些人往往都用"家丑不可外扬"的办法，不在外面说他家里的私事。

是什么原因造成家里不和谐？又是什么理由促使他对家里的事不满意？清官难断家务事，谁也说不清楚，谁也不想说清楚。因为家里的事，有很多很多情况是不能摆在桌面上让群众参与和评判的，有很多话不能当众讲，又有很多事不能"亮相"。比如夫妻间的事，就有只能意会而不能言传的内容。究竟是啥事？追问起来也没啥意义，过两天就自消自灭了。所以有人说："两口子打架是假的，生了孩子是俩的。"因此，就没有人追问两口子生气的原因。国有国法，家有家规，家规是什么？就是家有家庭的伦理与道德。家庭里出现问题，"家"里造成不温馨的原因，大都与家的伦理道德有紧密关系。

一、家庭伦理与道德

自古流传下来的伦理道德原则是："别内外，定亲疏，序长幼，明贵贱。"在这一原则上出现了问题，当然就会造成家里不和谐。所以首先要把这个原则弄清楚。

1.别内外与定亲疏

怎样别内外而定亲疏？比如，把父亲的父母叫爷爷奶奶；把母亲的父母叫外公外婆；儿子的子女叫孙子孙女；女儿的子女则叫外孙外孙女。这样的自然关系，就造成了有内有外的区别。因为家庭是以父亲为统序，父亲为内，母亲为外。所以成了亲戚的男女双方，也就有了"表"、"联"之别，姑、舅的子女称为表兄弟、表姐妹；两姨的子女称呼为"联弟联兄"、"联姐联妹"；叔、伯的子女为堂兄弟、堂姐妹。这样一来，按远近来分，堂亲要近于表亲，表亲要近于联亲。在姑舅表亲中，娘舅要亲于姑父，舅姥爷大不过姑奶奶，原因是舅姥爷尽管是男的，却是外姓人，哪里比得上姑奶奶是自家人。这就是：女孩儿由姑娘变成姑妈，而后就要变成了姑奶奶，其等级不断提高，面子越来越大。真的当上了姑奶奶，辈分大得吓人，谁敢小瞧姑奶奶。因此，有些厉害女人，在大庭广众就自称是"老姑奶奶"，这样一来谁也就不敢惹她了。假如，有人敢于打破辈分的关系，乱说乱动，不知大小，不分老少亲疏，不尊重家庭的礼节，就等于"犯上作乱"，不懂伦理道德。其结果，肯定是把这个家搞得乌烟瘴气，还谈什么温馨、美满。

因为父亲为内，母亲为外，在伦理道德上规定，《婚姻法》颁布前，堂兄弟姐妹之间不能通婚，而表兄弟姐妹、联兄弟姐妹之间则可以结婚。姑做婆、姨做婆不但不被禁止，反而受到鼓励，称之为亲上加亲。《红楼梦》中的贾宝玉与薛宝钗就是姑表亲。现今社会国家法定，凡是近亲都不能通婚，但在旧社会国家没有婚姻法，是以家庭的伦理道德来约束婚配。而伦理道德的别内外在婚姻上也有着明显的规定。

内外之别，也可以叫做远近之分，或称之为亲疏的关系。这里说的远近之别不仅是地缘上的，也是血缘上的分别；这里说的亲疏，不仅是心理上的，也是伦理上的亲疏关系。在伦理道德的观念上，认为越是亲近者，情感也越深。对待儿子比对待侄子的情感深，对待孙子比对待外孙子的情感深，当然，情感越深，其权利越大，义务也越重；反之，越疏远者，其情感也越浅，权利也越小，义务则越轻。这些情感的深浅都集中体现在“五服”上。

什么叫“五服”？五服的说法，古代是以服装来体现出来的很复杂的丧服制度，而今不必细说。现在来理解“五服”，可以用五辈或五代之说最为具体，出了“五服”之辈，说明远离高祖。虽然说“五服”原本是一种丧服制度，但在传统上也用来作血缘关系远近的标志。就是说，出了五服，便可以不认为是家庭的最近亲属了，家庭的最近最亲的家属则是“五服”之辈以内的所有人。因此，“五服”以外的同姓，就可以通婚。这样一来，“五服”的功能也就不止于定亲疏，它还包括序长幼与明贵贱。

2.序长幼与明贵贱

所谓长幼，它包括两个方面，一是自然方面的年龄大小；二是伦理方面的辈分。当然，辈分比年龄重要。如果两个人没有辈分关系，这很简单，当然是靠年龄排序，年龄大者为长兄，再大者为叔叔、大爷。这种长幼排序法叫“序齿”。如果是同宗同族，那就比较复杂了，必须是按辈分来排序，这就是常说的“排辈”。这种排辈法与年龄没有根本关系，要以血缘和类似血缘的关系来序长幼。

有血缘关系者，年龄虽小，但他是爷爷辈，80岁的老人辈分小，也得给10岁的小孩叫爷爷。家族史上有时就出现了同日同时出生的两男孩，一个是孙子，另一个是爷爷，这不奇怪，辈大辈小是固定的称呼。还有一种辈分关系叫类似血缘关系的辈分，比如师父的弟弟年龄再小也得叫师叔，后进来的徒弟，年龄再大也称为师弟。这就像是父亲的妹妹年龄虽小也得叫姑姑一样，有着血缘关系的人，必须是按辈称呼，绝不能以年龄的大小来决定尊重的程度。

其实，“序长幼”的实质就是“明贵贱”，尊长抑幼的现象到处可见。比如在称呼上分，称对方为老王，就比叫小王高看一等；若叫他王老，又比叫他老王高一等，这就说明序长幼本身就是明贵贱。明贵贱是以序长幼为中心，有了辈分之分就自然有了贵贱之别。其中是父贵子贱，贵兄长贱弟弟，当然，在日常生活中，也包括尊重年长者，贱之年幼者。

总而言之，伦理道德提倡：内外有别、亲疏有异、长幼有序、贵贱有别等，这就构成了伦理道德的基础。至今，谁也不能动摇这个基础，谁要是敢动摇这种伦理道德基础，他就是家庭的叛逆。在一个家庭里有老有小，有辈分在位，儿子对父母，晚辈对长辈，以及上辈对下辈，都存在着血缘亲情关系，不论你的职位多高，在父母面前都是孩子辈，而孩子对家长的态度，或家长对孩子的态度，必须用行为表现出来，这种行为表现就体现在每个人的品质上，而这种品质里由道德素质、修养等多方面因素组成。其中，知识是关键，没有知识的家庭很难有高水平的家庭关系，温馨的家庭需要知识之水来灌溉；反过来，家庭又是伦理道德的培养基地，还是其主要实践的场所。

3.统序的分寸——祖宗父子

既然把“别内外、定亲疏、序长幼、明贵贱”这12个字作为伦理道德的原则，在这一原则下边应当是统序与分寸。“统”，就是血统，也称为一脉相承的系统。“序”，就是亲疏远近的次序，由统来决定着序；所说的分寸就是应掌握的尺度。传统社会是以“家”为根基、以家庭为本位的。因此，最重要的就是“血统”，而且是父亲的血统，说穿了就是祖宗、爷爷、父亲、儿子的一脉相承的血统。

按传统，生了男孩就有传宗接代的继承人，因为男孩由儿子变成父亲，由父亲变成爷爷，再由爷爷升为老祖宗。中国的传统文化特别重视“祖宗”，在称呼上也很严肃，也很器重。比如说，自己家族的先辈叫“祖先”，老祖宗留下的产业叫“祖业”，一代传一代叫世世代代，又称为“祖祖辈辈”。效仿前贤叫“祖述”；先辈的教育叫“祖训”；大到国家，国籍因祖而生而存之，则把自己的国家称为“祖国”。你出生在什么地方叫籍，而籍既因祖而生而存，则把自己的籍贯称为“祖籍”。所有这些，都是重视祖宗的表示。

事实上，在传统社会留下的习惯，“父亲”都一直是家庭的领导者，也可称统治者，而类似家庭的群体里，统治者和领导者统统被称做“父”，有君父、国父、师父、神父之称。这就说明领头人的尊严与其重要性。

在分寸上，仅次于“父亲”地位的，叫“嫡长子”。所谓“嫡子”者就是正妻之子，嫡子中最大的称之为“嫡长子”。因为嫡长子代表的是血统之“正本”，叫“正宗”、“正统”，称为“嫡传”、“嫡系”。在中国类似家庭的社会组织中，如军队、协会等组织中，“嫡传”被视为最正宗的传统，而“嫡系”则被视为最可靠的系统。如蒋介石有嫡系部队多少万人。

祖宗、爷爷、父亲、嫡长子，都是一脉相承，维系的就是“血统”不走样，不乱来。血统之所以这么重要，就是因为它是“伦”，所有家庭的建立，都要防止“乱伦”。若是在某个家庭里发生了“乱伦”现象，这样的家庭还会有温馨和幸福吗？

所谓“伦”，就是保证父系血统。当伦变成了伦理、道德观念之后，继而发展成“治国”之方略时，这样的血统则变成了皇统、学统、道统、传统等等。同时，也就成了“别内外、定亲疏、序长幼、明贵贱”的准则。这就是以父亲为血统是“别内外”；以嫡子为继承人是“定亲疏”；立嫡以长者是“序长幼”；而要强调嫡传，当然就是为了“明贵贱”。这样一来，统序既定，分寸自明。

二、家庭温馨好，结缘是件宝

1.父亲的血统

维持父亲血统，而父亲的地位、职业、文化水平以及他的生理素质等等，对儿女都有一定的影响，这种影响有气质方面的，还有生理方面的。而生理上的遗传基因往往是决定儿女聪明与否的先天因素。客观条件，就形成了人们常说的：“龙生龙，凤生凤，老鼠生儿打地洞”。确实，生在什么家庭，肯定对其将来的发展有影响。因此说“明贵贱”是血统在社会生活中最现实而又最重要的功能。

出生在血统高贵家的孩子，当然他就跟着“高贵”；血统卑贱的父亲其子也就会“卑贱”。因为血统好，父亲是高官，子女当然有地位。所以有人说：“一是要高贵，否则便是‘贱种’；二是要优秀，否则便是‘孬种’；三是要纯正，否则便是‘杂种’；四是要清白，否则便是‘野种’。”要是把某人说成“杂种”和“野种”，则是极刻毒的骂人的话，因为这种骂人的话，不仅限于本人，而且延及到祖宗三代。必然会引起对方回骂他更为恶毒的语言。所有这些，非常明显地表露出血统好与不好而产生的后果。

2.母亲的结缘

为了使自己显得高贵一些，就得想办法把血统进一步提高。怎么办？办法是有的，这就是“结缘”。什么叫“结缘”？说穿了，就是把女儿嫁给一个血统高贵的人做丈夫，或是让儿子娶一个血统高贵的妻子。这个办法很奏效。“结缘”就是娶与嫁而形成的一种新的“血缘关系”。这种关系实际上是“经”和“纬”两条线所交织而成的社会人际关系。“经”就是父亲的血统，“纬”即是母亲血统。父为“统”，母为“缘”。“统”是指纵向的，“缘”是指横向的。“统”就是一脉相承，“缘”就是指边沿、缠绕、牵连的意思，因此“统”大于“缘”。

“结缘”的结果，把原来较低的血统显得高贵起来，夫荣妻贵，妻贵夫荣，温馨的家庭建立在这样的基础上，岂不是蒸蒸日上，美满幸福吗？

第二节　家教问题与挣钱养家

一、家庭温馨好，家教少不了

1.家伦理是家教的重要内容

什么是家伦理？它是一种处理家庭内部人际关系的一种必须遵守的道德理念。而这种理念被视为“放之四海而皆准”的准则。比如，父慈、子孝、兄爱、弟敬、妻贤、夫和等。事实上，这种传统观念至今照样提倡。在中国人看来，一个人不遵守孝道的理念，首先是他的人品不好，其次是不爱这个家。当然，这样一来，他就不是一个孝子。一个人如果对爹妈都不尽孝，岂能说他爱家呢？不爱自己家的人，便很难设想他会爱国，不肯为家作奉献的人，便很难设想他会为国尽忠；如果他不能治理好自己的家，更是很难设想他能治国。因为国之本在家，家庭的温馨影响国之太平。

所谓“国之本在家”，就是指“道德之本在家”。为什么？因为家庭是伦理道德的培养基地，对任何人而言，家庭就是他的第一所学校，母亲是他的第一位老师。做人的各种知识都从家里启蒙，这就是人们说的“家教”。所谓“家教”，就是“家伦理”的教育，而“家伦理”几乎专指道德教育。比如，指斥某人“没有家教”或“家教不严”时，不是说他没知识文化没技术，而一定是指他在讲礼貌家规道德方面出了问题。实际上，所说的家教，总是把家伦理教育放在第一位。比方说，孩子首先接受的指令性教育是“听话”，不听话的孩子大人不喜欢。甚至于是对的话或不对的话，都得“听”，“听话”就是尊重父母，而尊重父母就是“孝”，“孝”而敬，敬而顺，顺而服，做到孝敬顺服，则是全部传统家伦理教育的目的。家有听话的孩子，或所有的孩子都听话，做父母的才感到温馨。

2.温馨的家源于温馨的人

由孝敬父母而友好兄弟；由善教子女而和于夫妇，温馨的家庭就这样建立起来了。然而这样温馨的家庭则需要一个过程，更需要一个领路人的指教。

一个人的童年记忆是根深蒂固的，小时候的所见所闻能积淀到心理深层，长大后往往形成他日常行为的指令，比方说，一个从小就尽孝的人，到社会上他会做到尊老爱幼；一个从小就听话的人，参加工作以后就会做到遵纪守法。在家里他是孝子，到社会上他就是一个顺民，当了官他便可以成为“忠臣”。这种人，就是一个建立温馨家庭的领路人。道理很简单，假如说，一个人对家里的父母尚且不能尽孝，那又何以让人相信他对国家这个名义上的父母尽孝呢？这叫“忠臣出于孝子之门”。因此，正统的国王和国家的领导人，对那些不尽“孝道”的下级干部，就不能信任和重用。当然，那些不孝道的人，也很难受到广大人民群众的爱戴。

“孝”者，不是天生的，它是经过家教培养出来的。这就说明良好的家教是多么重要。相信，一个有过良好家教的人，他到社会某个单位外出办事，也一定会懂得事先和领导请示，事后向领导汇报。在办事的过程中能和有关领导通气。这种干部会深得上级的赞许和信任。尽管有些事虽小，其后果的作用却大，当然，其意义则很深远。所以说，有的情况有些事看来是小事，在别人眼里看却是大事，要说它“大”，是因为善之为善，本无大小之分。有道是：

“千里之堤，溃于蚁穴”。故云：“勿以善小而不为，勿以恶小而为之”。家庭虽小，温馨为大，没有一个温馨的家，怎么有一个和谐的社会。

由此可见，温馨之家是多么重要。然而，事在人为，要想建立一个温馨的家庭，就要有一个从小受到良好家教，在社会上受到良好锻炼的人掌管与经营。但是，若要一个温馨的家，更需要对子女进行正确的培养，促使这个温馨之家做到良性循环。

二、家庭不温馨，子女是主因

1.子女是家庭最中心的问题

应该说，子女就是中国人家庭生活的中心，围绕着这一中心，做父母的付出了多少心血，谁也很难计算清楚。中国人的家庭，不论是旧式的还是新式的，生儿育女是必然的，其目的就是为传宗接代。所以，生育问题，在家庭中占有很重要的地位。在中国的许多地区，至今还流传着吉祥的风俗：在给新婚夫妇做被子时，把被子的四角放有枣子、栗子、莲子和花生等多样东西。什么用意？这就意味着“早立子”、“连连得子”、“男孩女孩花着生”，既要生男孩，又要生女孩，儿女要双全，只有儿女双全才算是子孙满堂。这样的家庭被看做既“有福气”，又很“温馨”。到如今，只是由于计划生育成了基本国策，因此，什么莲子啦、花生呀才退出了被窝窝。提倡夫妻两个只生一个孩，就是只准生一个，也得生啊，特别是在农村，如果妻子不生孩子，这个家庭就有问题了。即便是小两口不闹离婚，左邻右舍也会说三道四，有好心人给出谋划策：找个好医院、叫个好大夫治疗不孕症吧！闹得“满城风雨”，全家人都不得安宁。本来温馨而幸福的家庭，由于子女之原因，造的小两口心事重重，老两口也在心中笼罩上了一个阴影。

确实，大有为生育而结婚，为子女而活着之氛围。这不就是家庭以子女为中心的表现吗？中国人大都特爱孩子，一旦夫妻感情不和，本想离婚，但有了孩子之后，情况就发生了变化，看在孩子的分上，只好勉强凑合着过吧！做母亲考虑的是难舍的骨肉，怕的是孩子受后娘的虐待；做父亲的认为没娘的孩子最可怜。有道是："天上的星星不说话，地上的孩子想妈妈，夜夜想着妈妈的话，闪闪的泪光冰冷的花"。男女双方只是为了孩子而凑合，温馨不温馨扔在了一边，往往是夫妻双方打仗成为家常便饭。这样的结果，无形中，在已破裂的夫妻中，子女又成了家庭不温馨的反面因素。

确实，子女不但是纽带，更是希望，望子成龙是中国人的普遍心理，做母亲的尤其如此。在旧社会，女人没有前途可言，她只好希望嫁一个好丈夫，养个好儿子，有道是"母以子贵"。儿子的前程也就是母亲的夙愿。做父亲的更是希望儿女成器，如果儿女不成器，是件很丢面子的事情。"养不教父之过"，要是"雏凤清于老凤声，"则感到非常荣耀。事到如今，做父母的，责任更觉得重大，当下，独生子女，更不敢掉以轻心。为了下一代往往不惜任何代价，很是舍得下本钱的，只要子女有望，什么买钢琴，请家教，走后门出高价送孩子上重点学校，只要是力所能及,凡能创造的条件,都肯于给孩子创造。甚至于不惜牺牲自己的一切,只要是子女有进步,有发展,学习成绩优秀,就是家庭的最大的温馨、幸福。子女就是父母的命根子。

2.爱的错位造成了家庭不温馨

对待子女爱的错位最典型的主要有两种表现形式：一是"溺爱"；二是"暴爱"。而这两种错了位的爱却屡见不鲜。

先说"溺爱"。这种典型的爱子方式，不必引经据典，活生生的事例在我们的身边到处都有。但是"溺爱"的表现，并不是千篇一律，可以说千奇百怪，数不胜数。究其本质，无非是"子女至高无上"或"视子女为小皇上"。

当子女被视为父母的命根子时，自然就是"心肝宝贝"。有道是："捧在手里怕掉了，含在嘴里怕化了，送出门去怕丢了，放在家里怕偷了。”既然是这样，子女提出什么要求，无论是合适不合适，合理与不合理，都会想办法来满足。这就叫做唯命是从，生怕孩子不高兴。甚至会说：“孩子呀，你要天上的月亮，只要有那么高的梯子，当妈的也会帮你摘下来！”事实上，照此心情，确有为满足子女的要求不惜以身试法者。当然，子女的吃喝拉撒睡，都由父母承包的大有人在，就连某些本应由子女承担的任务，就像完成作业，或学校里清扫垃圾打扫卫生等工作，竟然也要由父母代劳。至于孩子犯了什么错误和出现什么缺点，则舍不得予以批评纠正，反以“年龄还小”的理由来搪塞。更为甚者出面公然包庇，不让有关人来教育和惩罚。这不是视子女为“小皇帝”又是什么？孩子的父母、祖父母以及外祖父母等，这些长辈，岂不成了“臣仆”吗？这种爱法不是错位了吗！更让人寒心、糟糕、更不尽如人意的是，长辈们都是“溺爱”非常，其子女却不领情，渐渐长大成人之后，有些反视父母为仇人。有道是：“儿小任情娇惯，长大却负了亲心，费尽千辛万苦，分明是养了一个有仇的人。”这种爱错位的后果，还能给家庭带来温馨吗？

再来说“暴爱”。与“溺爱”相反的另一个极端就是“暴爱”。而之所以称之为“暴爱”，则是因为它虽然也是一种爱的方法，却有一种恨铁不成钢的暴躁与虐躁的行为，而这种行为也称之为不折不扣的“错爱”。

事实上，“暴爱”与“溺爱”有紧密的关系。当人们发现溺爱的结果是“分明养了个仇人时”，便干脆提前就把子女当成“仇寇”。开口便骂，举手便打，动不动就是棍棒交加，还辅以罚站、罚跪、饿肚子等等。美其名曰：“棍棒教育出孝子”。这样说并非夸大其词，在当今社会生活中，确实发生过多例，因子女学习成绩不及格，受到父亲的拳打脚踢，棍棒治罪者，无计其数。更为残酷的，有一个男孩几次成绩都不及格，而出现了被母亲活活打死的惨案，这种“暴爱”的结果，其母随后也自尽身亡。在这样的“暴爱”家庭里，出现这样惨痛的悲剧，哪里还有什么温馨可言。这种

“暴爱”只能埋下仇恨的种子，显然也是一种“爱”错了位的灾难。

还有一种更可怕的表现是“防儿如防贼”的观念也有一定市场。有的父母虽然不打孩子，却在心中无时无刻不对子女进行监视，这种防范表现多种多样，甚至有的家长直接出面过问和干预子女的行为，竟公然调查孩子的“隐私”。比如，偷看子女的日记和信件等，这种所谓关心的“爱”，并没有付诸武力，不至造成人身伤害，所以不大被社会和人们注意，个别人甚至还暗自容许和鼓励，因此，其性质更为严重。它给子女造成心灵上的伤害，这种心灵创伤要比肉体惩罚的后果更糟糕，往往造成终身不愈。一个孩子，如果在自己父母面前都得不到信任，又怎能指望他到社会上得到别人的信任？更为严重的后果还有：儿时不被父母信任，当他（她）做了父母以后，往往也会受到遗传式的影响，也不信任自己的子女。这种恶性循环何时了哇！话到此刻应当说：一个连自己亲生子女都不信任的人，真的很难说他有什么资格做父母。家庭发生了这样的事，家庭的温馨肯定是无影无踪了。因此可以进一步证明，家庭温馨不温馨，子女岂不是主要原因吗？有道是：教子无方成灾难，对子溺暴终惨痛。

对待子女，“溺爱”也好，“暴爱”也罢，其共同特点，都是不折不扣的爱的错位。追其根源就是没有做到“真理面前人人平等”。前者把子女当成“小皇帝”，后者把子女当成“仇人”，哪里有平等可言，都是没有把教育孩子做到“晓之以理，动之以情”。正确教育走正路，大人、孩子人格要平等。然而，正是这种“不平等”观念，导致家教的失误。

3. 家庭不温馨，观念查原因

中国人的传统观念，老子和儿子不讲究平等，也就是说，父亲和儿子不是平等关系，这种观念促使很多家庭教育失误。其中最核心最关键的问题，是教育者和被教育者之间的“无理性”，实质上是个观念问题。

父母站在子女面前，不容置疑地成了“真理的化身”。无论说什么，子女都得无条件地接受下来，如有异议便是“不敬”，敢于反驳便是“顶嘴”。一旦发生所谓的“顶嘴”，问题就有了“变化”，不说父母的话是否正确，而是要说子女的态度是否“端正”。这里显然有一个“死结”，这就是家庭教育，首先是教“做人”，根本没有知识、技能、本领等课程。也就是说家庭伦理教育压制一切，讲的是“父道尊严”，为了这个所谓的尊严，当父母的，有时竟然拿着“不是”当“理”说。然而，真理之所以是真理，就不能以人们的意志为转移，也不能以父母的身份为转移。但是，家庭伦理之“理”，既然要以“无理性”的关系来维护它，就不能不让人怀疑，这样之“理”是不是“真理”？由此可见，同样的，人们也会怀疑那种不平等的“爱”，是不是“真爱”？按理说，真正的爱必须是发自内心而且是无私的爱。当然要说中国的父母对子女的爱不是发自内心，肯定不符合实际，若说都是自私的，也不公道。实际上，父母在抚养儿女时，不但做到含辛茹苦，而且不怕牺牲一切。但是，就是这样的父母，在教育子女时，如果出现“顶嘴”或“不听话”，几乎都会当场勃然大怒，事后倍感伤心落泪。由此可见他们可以牺牲自己的一切，唯独不能牺牲自己的面子；他们宁肯付出自己的全部家产，唯独不能交出自己对子女的占有权和控制权，而这些又都被理解为“爱”。因此，一旦遇到“顶嘴”或是“不听话”，立即觉得“一片好心”被当做“驴肝肺”，既伤心又痛苦而落泪。甚至会痛恨自己“养了没良心的白眼狼”。一切希望都在眼前成为泡影，温馨大厦塌了架。又悔又恨当初不该抚养他。我们还能说这种“爱”是彻底的“无私”吗？当然不能。再进一步追其根源就是：中国的相当一部分人，在无意识中把子女当成私有财产，说得刻薄一点，实际上是把子女当做“宠物”，这个“宠物”平时爱得不得了，一旦“顶嘴”，便立即翻脸；有的还把子女当成“赌注”，则“恨铁不成钢”，假如这块铁成不了“钢”，岂不是“瞎子点灯白费蜡了吗？”由于这块废铁造成了“血本无归”，于是“一片爱心”变成了“满腔仇恨”；对子女有这样那样不切实际的过高要求，则形成了子女们无法负荷的心理压力。哪有不“顶嘴”的可能？其实，做父母的应该想想，你给孩子的基因条件，是那块成钢的料吗？只要是孩子做到了最大努力，把十分劲已经使到了十二分的程度，你还要求他再往高提，能办到吗？改变观念顺其自然吧，放下“屠刀”天下太平，家庭的温馨最幸福。

三、家庭温馨好，做事挣钱不可少

1.人生重点的转变

早期传统社会里讲做人，而现代社会里主要讲做事，当然也计做人。人生的重点从做人转变为做事，这是一个天翻地覆的转变。它意味着创造未来的生活成为家庭最关心的课题。遗憾的是很多家庭的主人还未能清醒地意识到这一点，仍然让陈旧的道德观影响家人做事的效果。因此，这里有必要大喊一声：如今社会做人的精彩主要表现在做事的成功！

传统社会里讲做人，主要是看这个人的行为是否符合社会的道德规范，因此，一家人很少有做事的愿望和激情，不太重视做事的成功，同时也就很少成功。如今现代社会里主要讲究做事，就是要看一个人为社会、为家庭作出了什么贡献。发家致富成为社会风尚，一个养活不了家庭的人能是一个优秀的人吗？一个不能发家致富的人能是一个优秀的人吗？专用道德评价人的时代已经过去了，不能挣钱养家糊口的人，我们也无法用好与坏来评价这个人。通过做事来评价人，未免功利色彩太浓，但其内涵却是一种负责任的态度。

当代社会人们最关心的是什么？是发家致富尽快过上幸福的生活。人们关心什么东西，什么东西就会成长得更快。从这个角度上看，人们将离梦想的幸福越来越近，并且最终会成为现实。如今评价一个人的标准，最重要也是最主要的标准，是看这个人做事的能力以及他为人处世的水平。比如，你挣了多少钱，获得了多少荣誉，具体地讲，你给没给这个家创造幸福，生活改善到如何的程度。当然，家庭幸福的本身就是对社会作出了贡献。

做事的目的就是为了成功，成功则意味着获得，而获得的目的又是使自己的家庭条件有所改善，难道不是这样吗？所以追求功利的行为是来自责任的驱使。一个讲究责任的社会和家庭，难道不比专讲家庭伦理而没有实际成效的意义好吗？用责任心的强弱来作为评价人的标准又有什么过错？现代社会赋予所有人的责任就是：改善自身生存条件并为他人造福。也就是说，让世人在做事中体会做人的感觉，这就是时势造英雄，也造就人生的哲理。

专用道德来评价人，曾经发挥过很大的历史作用，但是，在其作为以人生为主题的时代里，也曾残酷地扼杀过许多改革的倡导者，还容易把碌碌无为的庸人奉为社会楷模。而今天以做事评价做人的标准，将会尽量避免这些失误。

家庭的温馨幸福，必须有它的经济基础来保障，而提高全家每一个人的做事能力和负责精神，则成为经济基础的基础，没有这样的行动观念，家庭温馨只能是纸上谈兵。

2.家庭温馨，钱是后盾

有道是：君子爱财，取之有道。靠自己的勤劳、用自己的聪明智慧、凭自己的技术才能，挣来的钱是正大光明的，也是非常光荣的，内心更是很坦然。不论是什么样的家庭，金钱虽然不是万能的，但是，家里没有钱是万万不能的。钱的作用可以增加自信，腰包里有钱，银行里有存款，全家人的自信心随之增强，所以有人说“财大气粗”。确实，钱给大家带来的好处多得说不完。可是，家里一旦没有钱，遭的那个罪，可以说是一言难尽。有道是：“一分钱难倒英雄汉”。说明金钱是多么重要。当今社会金钱的魅力越来越大，成为人们追求的重要对象。不过，有人深信“有钱能使鬼推磨，”为钱不惜铤而走险，是不会让家庭幸福的。

人有五个感官，有人曾评价说：“钱是第六个感官，没有钱，你就难以更充分地利用这五个感官。”这句话形象地说出了钱对消除贫困具有感官的作用。口袋里有钱，会使全家人都更加轻松自在，不必为左邻右舍看不起你家而忧虑，也不必为几百元钱开销而发愁。星期天，全家人可以潇洒地逛商店买精品，也可以自由地出入大酒店。家庭的温馨是少不了这些节目的“演出”的。

改变观念，尤其是以下两点值得警惕：第一，做人处世，为家庭伦理而活，情意至上；第二，礼仪与金钱，礼仪可贵，金钱万恶。关于做人处世——应当首先做一个自立自主的人。与人相处，不单纯是情义的交流，也应做到双赢。那个专讲情义而不讲双方都有利益的时代已经过去了；礼仪与金钱——一个生长在具有礼仪之邦的炎黄子孙，永远也决不能丢掉我们的传统美德，这种美德是永远引以为自豪的。同时，社会发展到了今天，我们也不能让传统的礼仪来捆住我们的手脚，更不能用陈腐的眼光把金钱视为洪水猛兽。金钱是自己挣来的，为什么要仇视金钱，我们的家庭时刻都需金钱来做后盾，没有钱的家庭能够温馨吗？应当接受并把握如此的现实：“正确地把金钱作为衡量家人成就的重要标志”。我们反对拜金，我们也不希望贫困。生存观念的陈腐，不会带来家庭的温馨。

第二章
家人必懂儒学之道

提示：儒学是国宝，华人不可少。孔子的学说，《论语》是代表。圣人的智慧，先知又先觉。做人的学问，做事的技巧。要知其经典，读后明白了：“循循善诱，恍然大悟，良师益友，茅塞顿开，突飞猛进”。

第一节　儒学之道育国人

所谓儒学，就是以孔子之著作《论语》为代表的学说。它的内容具有深远的教育意义。

一、儒学对国人的启迪与震撼

被后世尊称为“至圣先师”、“万世师表”的孔子，是春秋时期最博学的圣人，孔子的言行举止对后世产生了深远的影响。今天，我们在紧张忙碌之余，抽点时间来品味国学之魅力，感受圣人之贤。其智慧给我们的思想启迪以及心灵震撼，将会给我们的人生幸福带来深深的感染。

1.君子的学习、朋友、不愠

孔子之所以能成为圣人，除他具有的天才外，与他从小勤奋好学和不凡的经历有着很大的关系。孔子曾周游列国，体验到了人间生活的苦辣酸甜，以及世间的方方面面。因此，他对人生和社会产生了高人一筹的见解和出众的智慧。有道是：经历对每个人都是最宝贵的财富。正如哲人所说："人生不在于你得到过什么，而是在于你经历过什么。"因为人的经历能准确地证明你如何生活过，它给了你享受人生的滋味，促使你经一事，长一智，让你变为一个聪明有智之人。有句广告说："人生的旅途不在于到达目的地，而在于欣赏沿途的美丽风景。"这就是说：人生中不要太在意你过去的顺逆得失，而最重要的是认真过好你现在的时光。从社会的角度来看人生，人们并不注意你生命的长短，而是看重你的人品和对社会的贡献。那么，人品之优，贡献之大，从何而来？儒学之道给予我们莫大的启迪和震撼。其中学习、朋友、不愠则是首当其要。

子曰："学而时习之，不亦说（yuè）乎？有朋自远方来，不亦乐乎？人不知而不愠（yùn），不亦君子乎？"意思是说：学习并且时常进行复习，不是一件愉快的事吗？有朋友从远方来，难道不值得高兴吗？别人不了解自己而自己并不愤恨，这样的人难道不是君子吗？

今天，我们品味孔子这段话，已是说得非常明白透彻了。孔子揭示了人世间快乐莫过于学习、朋友和不愠（愠者怒也不愠，就是不生气）。人活在世，都会遇到种种不如心意之事，如何正确地处理？唯一的办法就是"学而时习之"。因为学习能长见识，能提高本领，有了见识和本领就会有方法，方法多了心胸则宽广。这就充分说明"学而时习之"，久而久之就会积累成智谋，而智谋则可以处理各种艰难险阻。"学而时习之"，不仅关系到个人前程，同时也对个人的修养提高和智力的开发起着决定性的作用。

朋友来了是件高兴之事，从益友身上阔视野得启示，岂不乐乎。更重要的是友者路也，朋友就是前程之路，锦绣前程友为先，朋友多了路更宽。在处世方面，要报着"人不知而不愠"的心态，在别人不了解自己的情况下，发生误解在所难免，不生气是修养是气度，也是胸怀。说明"学而时习之"有了明显的收获。

孔子的一生，就是在不断学习中不断提高自身修养的一生。他认为只有不断努力学习，才能使我们的人生境界不断提高，心胸更加广阔。认真地待朋友是处世之本，别人不了解自己而自己却不愠，是君子应有的境界和胸怀。

2.君子的修身与处世

子曰："君子不重则不威，学则不固。""忠信。无友不如己者，过则无惮改。"意思是说："君子不庄重谨慎就会没有威严，学问就不能巩固。行为上要以忠信为主，不要和不三不四的人交朋友。犯了错误不要怕改正。"

在孔子认为，君子应该举止庄重，没有一个严肃认真的态度，学问就不能牢固扎实。交朋友也要认真选择，不要和那些不道德、没学问的人交朋友。在孔子看来，朋友的档次代表本人的水平。孔子说："不知其人，观其友可也。"知错就改是衡量君子的一个重要标准。正如孔子的好学生子贡所说："君子之过也，如日月之食焉；过也，人皆见之；更也，人皆仰之。"他说人的过错就像天天吃饭一样常见，犯错误人人都有，改了错误，人人都会敬仰。如果有人掩盖错误，就像掩耳盗铃一样危险，欺骗的只能是自己，受损失的也是自己。

子曰："学而不思则罔，思而不学则殆。"

孔子说："只学习而不思考问题，就会迷惑而无所得；然而，只是一味地进行思考问题而不学习，就会缺乏信心。"它说明一个哲理：思维在人学习知识乃至知识创新过程中具有重要作用。这就说明一个人从接受知识到运用知识的过程，实际是一个记和识、学和思的过程。学是思的基础，思是学的深化。如果只学不思，所学知识无法变为"己有"。只有学而思之，才能将所学的知识融会贯通、举一反三。因此，要在学习中做到独立思考问题，才能学以致用。哲人说："感性无知则盲，知性无感则空。"学者大师们把"学而思之"视为成功经验，是人类进步的源泉。

子曰："古者言之不出，耻躬之不逮也。"

孔子说："古代人不轻易把话说出口，是因为他们认为自己做不到为耻辱啊。"这是孔子关于如何修身的重要的处世见解。作为君子应该处处对自己严格要求。首先，说到不如做到，出言要谨慎，在做好之后再说为佳，言多必有一失；其次，要向优秀人物学习，见到恶劣之人要引以为戒；第三，对己要有严格的约束。做一个有规矩有分寸的人，只有这样才很少有过错。孔子认为："优秀与普通人之间最明显的区别就是自觉程度的深浅。"只有自觉程度高的人才能改变自己的命运。

孔子主张："凡事都应有个'度'，而控制这个'度'的重要原则就是礼。"因为用礼来约束人的行为，就能做到不偏不倚，合乎中庸之道。比如，过分谨慎之人则会导致胆小懦弱；对人的过分恭敬就会操劳过度而无效；过分谦虚就是虚伪的表现；说话过分直率往往会出口伤人；过于主观会导致偏差等等，无度则枉。

孔子反对对人对事随意猜测，反对观事绝对化，反对固执拘泥，反对自以为是。总之，在孔子看来，不论在任何情况下，都应该保持一个清醒而冷静出众的头脑，这样的人修身与处世才能称之为合格。

3.君子的三德：智仁勇

子曰："智者不惑，仁者不忧、勇者不惧。"

孔子说："聪明人不会迷惑，有仁德的人不会忧愁，勇敢的人不会畏惧。"

智、仁、勇是儒家最推崇的三种美德。人的真正强大就在于心灵之美，孔子对此非常重视。所以他说："智者不惑，仁者不忧，勇者不惧。"然而，要想拥有如此三种美德，必须努力增强自己的心灵之美。所谓心灵之美就是道德修养到完善之美，没有道德修养之灵魂达到顶峰，心灵之美则难以实现真正的强大。

人的健康成长，灵魂的塑造，都是脑灵感促使的结果，所以说脑灵感就是促使人们走向成功的核心动力。在这样复杂的过程中，其中的信念和自信就显得非常重要。然而，智、仁、勇之德具备之君子，必然具有坚强的信念和自信。因此，他可以改变人生的命运。

人的命运不佳，如何改变？拿出智、仁、勇之三种美德来，信念坚定自信饱满，难道闯不出去吗？如果你失败了，认真检查信念自信。共产党人所以最后取得胜利，就是信念和自信在灵魂深处扎根的结果。

有人会说，人的情况不同，有许多的不如意，客观上是无法选择和自行决定的。比如出身贫寒、相貌一般、天气恶劣等等，怎么办？命运的改变，是多方面的，我们不能决定自己的出身，但我们可以决定自己的行动；我们不能决定自己的相貌如何，但我们可以绽放美丽的笑容；我们不能改变天气的变化，但我们可以改变自己的心情。总之，改变的是命运而不是客观自然。有些客观是自然现象，命运则是主观努力的结果，结果是好的，命运则得以改善，改善就是进步。总之，我们必须用积极的态度来改变人生的内容。内容改变了命运也就随之得以改善，这就叫改善了的改变。

4.君子性相近习相远

子曰："性相近也，习相远也。"

孔子说："人的本性是相近的，但因环境、地位、经历的不同，便相距甚远了。"

要说人的性情和本能以及先天的才智，原本都是近似的，但是由于长大之后，社会环境的影响，受教育的程度不同，生活习惯的变化，以及接触人物的感染等，人与人的差异就发生了很大的变化，导致好人变坏或坏人变好的现象时有发生，这就习相之远了。

"人之初，性本善。性相近，习相远。"孔子引用此语来教育后人，使教育的生态观念深入国人之心。从教育生态学的观点来认识人生，人是环境的产物，人的发展变化除遗传素质之外，还与环境因素有着密切的关系。古人很早就认识而注意到了人的发展与自然环境有不可分割的密切关系。“孟母三迁”的故事充分说明，“近朱者赤，近墨者黑”的道理。

在当代社会里，好人变坏的实例很多，重庆市司法局原局长、公安局原常务副局长文强，在重庆被执行死刑。这是2010年7月17日的事实。这位在坊间颇为传奇色彩的“重庆黑恶势力最大保护伞”，就此向他的人生谢幕。这就有力地证明孔子说：“性相近也，习相远也。”文强，17岁下乡当知青，他当时和广大知青区别几乎没有。返城之后，他考上警校，当上了警察，环境变了，地位也逐渐地变，他的思想品质由量变到质变，最后达到不可救药。他曾是位勤奋好学上进分子，仕途也是一路高歌猛进。从知青、警察，一步一步晋级到厅级干部。然后，再由一个赫赫有名的打黑英雄沦为死囚，这就是习相之远吧！然而，近墨者黑也有因素，文强所以沦为死囚，其妻周晓亚亦起了催化作用。在祭奠时，文强的大嫂对着骨灰盒悲叹：“兄弟呀！下辈子你可要好好选个媳妇呀，是你媳妇把你送上了断头台。”这就是近墨者黑的结果吧。学好学坏，一字之差，其结果却是生死之别。逆水行舟不进则退，启迪之大也。

二、儒学之真谛与理念

1.孔子的温良恭俭让

孔子的道德修养，以毕生的努力结果，体现在“温、良、恭、俭、让”五个字上。温顺、善良、恭敬、俭朴、谦让，已成为中国社会几千年来的道德准则，同时也是儒家为国人塑造的最为理想的人格形象。孔子自内而外地把温柔、善良的本性展现出来，具有极强的道德人格魅力；也把东方人以柔为主的处世哲理，诠释得淋漓尽致。

孔子周游列国，凭什么得到各国的信任和尊敬？他的学生子禽问子贡：“夫子到了这个国家后，必然听得到这个国家的政治，是他从别人那里打听来的，还是别人主动告诉他的？”子贡回答说：“夫子通过温顺、善良、恭敬、俭朴、谦让的品德而得到，夫子求得的方式，大概和其他人求得的方式不同吧！”由此可见，孔子周游列国时能够获得各国的重大情报，其能力之大、方法之特可想而知，这就充分说明，孔子的智慧才能是多么非凡。其手段也是一般人做不到的，更显示温良恭俭让的神奇作用。

“温良恭俭让”的现实意义，有些人争名夺利矛盾激化造成两败俱伤，甚至出人命，就是没有想到温良恭俭让的结果。要是用善良的人性和宽容的心态对待眼前的利益，矛盾得以化解，大家都是雨过天晴精神爽，何必为了一点点蝇头小利而争得你死我活呀？在矛盾将要激化的时候，其实只要一方有所谦让，就能化解多少怨气和仇恨。人的一生，有的为情所累，有的为爱所馈，有的为了某一种目的而战……结果怎样？死了死不瞑目，活着大失所望，其实你所追求的只能是一时的欲望，时间久了一切都是无所谓，激情过后必然淡化，况且很多情形原来迫切追求的并非是现实需要的。有道是：人生无常，是非成败转头空。如果贪官能悟到这一点，他会觉得自己的贪婪十分可笑且可悲；如果暴徒能悟到这一点，就会放下屠刀立地成佛；如果心怀不平或胸有傀儡之人能悟到这一点，便可坦然释怀，无牵无挂地生活下去……

曾有一个人因为落选一个主任的位置，和领导闹翻了脸，动起武来差点出人命。一个苦苦找不到工作的下岗工人，听说之后摇摇头，惨然一笑说：“真是不知足，他只是不被重用，而我呢，是没人用？”这就意味深长地说明，两种情况两重天。有时候我们觉得很累很苦，其实，这不是生活太无情而是我们太贪婪，永不满足而生怨。古人常说：“吃亏是福”。其实内涵有更高的智慧，讲吃亏是福却不甘心吃闷亏，而是希望“吃小亏占大便宜。”

对孔子的温良恭俭让，我们学习的目的并非让你老吃亏或是无原则地忍让，而是通过有利的手段来解决。顺应时代的变化而变化手段，这就是智慧的显现。然而，无论时代怎么变，中国仍然讲等级，讲人情，讲关系，讲实惠，还讲“难得糊涂”，其实是表面糊涂内心精明。中国人的人情世故，中国人的那些根深蒂固的文化品格，任凭潮流怎么变，管它风向怎么转，这些情况其实没有变，也不可能变。正所谓：“有所变，也有所不变，变中有不变，不变应万变。”然而，孔子的学说是永远不变。

2.孔子的克己复礼为仁

孔子的好学生颜渊问老师：“何为仁？”子曰：“克己复礼为仁。”意思是说：“克制自己，一切都照着礼的要求去做，这就叫仁。”孔子还说：“一旦这样做了，天下的一切就都归于仁了。实现仁德，完全在于自己，难道还在于别人吗？”颜渊说：“请问实行仁的纲领？”孔子回答：“不合于礼的不要看，不合于礼的不要听，不合于礼的不要说，不合于礼的不要做。”颜渊说：“我虽然愚笨，也要照你这些话去做。”这就是孔子教导他的好学生的名言：“非礼勿视，非礼勿听，非礼勿言，非礼勿动。”四句话把“仁”的表现形式说得一清二楚了。然而，这个“礼”的含义如何理解呢？所谓“礼”就是社会公德，就是忠厚仁德之心。实际上“克己复礼”就是仁的一种状态，没有仁的表现形式，就难以克己复礼。

子曰：“巧言令色，鲜矣仁。”意思是说：“言词巧辩，装出相貌和悦样子的人，是很少具有仁心的。”在社会上有些人为了讨好上司，他们极尽阿谀奉承之能事，孔子批评了这些小人丑恶的嘴脸。孔子认为，那些口若悬河、滔滔不绝的人，是难于具有忠厚仁德之心的。相反，倒是那些不善言辞，做事坚持原则，一步一个脚印的人更接近仁德，这些行为一板一眼的人便是仁德的表现者。所以孔子说：“刚毅、木讷、近仁。”因为“仁”这种极高的道德不是靠言语所能表现的，社会公德需要的是行动而不是语言。如今，社会上那些善于溜须拍马的人，就是孔子所说的“巧言令色”之人。

在过去的一段时间，克己复礼被批判为墨守成规，委曲求全。忽略个人的主体性。实际上“克己复礼”即是以“孝悌”的秩序内涵为起点，又不断深化秩序的认识得以完善，并在此基础上践行礼的要求的。

“克己复礼”的实质就是心怀坦荡公平正义。克制自己的不良行为，处世以公平正义为原则。“孝悌”的秩序就是尊敬长辈，敬爱兄长，深化演练成践行于礼的实现。礼和理可以画等号，没理之事就是不符合礼的要求。做人没尊严做事不讲理，就等于对克己复礼的背叛。应当承认，作为弱势群体，依附于强势而求得生存，似乎也无可非议，但是，作为人，必须有自己的独立人格，失去了人格之人，生存意义在哪里？那就像太阳失去了炽热的光芒，江河失去了一泻千里之势。要赢得别人的尊重必须依靠自己的诚实劳动。遵守社会公德，老老实实地做人，平平淡淡地生活，这是大多数人应有的生存态度。贪污腐败、侵吞国家财产中饱私囊，能得势一时岂能得势一世？没有什么比内心踏实安定度日更重要、问心无愧更让人自豪的。

3.孔子的处世理念

孔子是一位博学多智的“至圣先师”。他的处世理念当然是“万世之表”。这里只能是略说一二，以示“学而时习之”。

孔子认为作为君子处世，首先要讲究诚信，而诚信的核心就是合乎“义”，所谓“义”称之为事物的本来面目，也就是实实在在的存在的东西，不合乎义的诚信等于放之于空炮，相当说空话，而说空话之人不会受到恭敬。同样，恭敬也要合乎礼义道德，只有在礼义道德范围内的恭敬才是可取的，否则就会流于谄媚。如果取媚于人，必使其受到耻辱，这是不言而喻的。只有恭敬而不悖礼，才会使其做事可靠，受人尊敬。子曰：“信近于义，言可复也。恭，近于礼，远耻辱也。因不失亲，亦可宗也。”意思是：“讲究信用而合乎事实，说过的话是可以得到实践的。恭敬而合乎礼节，这样才能远离耻辱。所依靠的都是可以信赖的人，这样也是值得尊敬的。”

孔子主张如此的处世理念，就是说明了“信”和“恭”对于每个人来说不仅是很有必要的，而且更是具体实实在在的。那些口口说诚信，处处行恭敬，然而他的诚信和恭敬作用到他身上都是虚伪的，等于不是实事求是的乱许诺，所以说诚信和恭敬的核心就必须是合乎义。

“什么是君子？”孔子回答：“先行其言而后从之。”意思是说：“是君子就该先实践而后再说。”在孔子看来，君子是一个地地道道的实践家，只说不干非君子。夸夸其谈的空头理论家，群众反感之极，有悖于礼义而人生不直。子曰：“人之生也直，罔之生也幸而免。”意思是说：“一个人的生存应该正直，而不正直的人也能生存，那是他侥幸地避免了灾祸。”

“正直”是儒家处世的重要理念，称之为必须遵守的道德规范。所谓“正直”就是处世具有一颗正派而公平的心态，正直之人万众敬仰，正直之人符合仁德的品行，耿直、坦率是他的作风，凭诚实的劳动而生存。相反，不正直的人也能生存，有的生存得很好，这是因为他靠奸诈、虚伪、狡猾等等手段谋取暴利，依靠恶势力不劳而获，他把自己所谓“幸福”建立在别人的痛苦上，侥幸地暂时避免了灾祸降临，然而，他毕竟是做了坑害他人的亏心事，还能不怕半夜有人来敲门？正直之人堂堂正正，光明磊落，既不能施于人，人也不能施于已，过着舒心日子，心底坦然，无忧无惧，笑口常开。事事处处以君子的风度处世，“君子成人之美”，在这一重要处世理念的教导下生活下去。

三、儒学之为人处世观

1.处世之中庸之道

子曰：“中庸之为德也，其至矣乎！民鲜久矣。”孔子说：“中庸作为一种道德，该是最高了吧！人们缺乏这种道德已经为时很久了。”

中庸之道，是孔子最推崇的美德，在儒家学说中占有最重要的地位。所谓中庸又称中行，而中行的解释是指人的气质、作风、德行等，都不偏于一个方面，对立的双方互相牵制，互相补充。要讲中庸之道，就是要求人们处世为人不偏不倚，圆者中规，方者合矩，与道相合。然而，要达到这种境界是非常难的，必须做到两方面。一方面是在行动上，做事要恰到好处，要估量得很准确，这就是“道中庸”；另一方面，在思想认识上取决于对“道”的深刻领会，特别是对“道”的内涵认识程度达到“极高明”。这两方面必须达到最为理想的境界才称为中庸之道。

孔子认为“仁”者必有济世之心。自己想立身，也应该帮助别人立身；自己想通达，也应该帮助别人通达。设身处地为别人着想就是中庸的起点，也就是“仁者”求仁的方法，从而体现出中庸之道之境界。中庸，既然是儒家的重要思想，就必然是一种道德观念，当然也就成为儒家特别提倡的道德行为。然而，人与人的交往并非是件容易的事情，这里边存在着谈不清的奥妙。比如，有才华者并不一定得到人们的欣赏，反而遭人嫉妒。对那些飞扬激情的大爱行动，人们不一定理解。即便事实真有中庸之道，人们还是谨小慎微。哲人说：“做事更稳一点，个性更应收敛一点不是坏事。”这种心态称之为“精光内敛”。这不是胆小懦弱，而是成熟的一个重要标志。用中庸的思想就是尽量不使矛盾激化而是把大事化小，小事化了。

家人的中庸之道更显重要。比如，如何对待亲朋好友，若以中庸之态不会出现不良后果。子曰：“忠告而善道之，不可则止，毋自辱也。”这里含有中庸之道的教导。意思是说亲朋犯了错误怎么施用于中庸？孔子说：“忠诚地劝告他，恰当地引导他，如果他不听也就罢了，不要自取其辱。”这就体现出中庸的处世理念，充分表明：“做人内心一定要方正，但处世不得不圆通，不管真假与否，持中庸之态度意义深厚，而圆通的确是高妙处世哲理。”对待亲朋好友，过于直率放言而谈，则是“愚忠”的表现，称之为“以讦为直”。因此，在人际交往中，绝不能固执己见，如果你把棱角表现过分必将碰得头破血流，自找没趣，适得其反；如果你过分地要滑头，反复善变，又将遭到众叛亲离的局面。因此，处世要在圆中有方，方中有圆，就是以中庸之道最为理想。

2.和谐处世之珍贵

子曰：“礼之用，和为贵。先王之道，斯为美。小大由之。有所不行，知和而和，不以礼节之，亦不可行也。”

孔子说：“礼的应用，以和谐最为珍贵。古代贤王治理国家，这是最宝贵的。但不论大事小事只顾按和谐的办法去做，有的时候就行不通。这是因为为和谐而和谐，不以礼制来节制和谐，也是不可行的。”

孔子强调了和谐的重要性，他认为过去那些贤王能成功地治理国家，就是因为注重了和谐并很好地掌握了运用和谐的原则。同时也强调指出，绝不能为和谐而和谐，要适当地运用礼制来约束。

当今社会也倡导和谐，应当明确，和谐不是口号，而是整个社会努力实现的目标。正因为社会上存在着很多不和谐的现象，所以才极力加以倡导。然而，要使社会全面实现和谐并非易事，内涵有待加入很高的智慧。比如在双方竞争中要实现和谐，必须达到双赢，这里的双赢就意味着必须以智慧的高峰显现；在人际关系中的和谐是融洽，而两人关系之间的融洽，岂不是相互智慧的结晶；家庭中的和谐是稳定，一个稳定的家庭，必须是伦理道德的实现，用仁德礼制的约束也是智慧的内涵。总之，和谐的实现必须经过人们用智慧的头脑经过加工细做而制成的“艺术”。因此，和谐在社会上是一种高尚的风气而产生的风格再现。正像人的觉悟提高之后才会有学雷锋的行动。

在社会关系日趋紧张的现时，人们都需要温暖而和谐的环境，更需要浓浓的人情味。然而，在很多环境中没有温暖也没有人情味，残酷的现实使大家都渴望和谐。因为人是世界上最有灵性的动物，于是人们把和谐视为珍贵的“礼物”。所以有人创造和谐条件并付诸行动，这就是实现和谐的征兆，社会和谐也就有了希望。但是，依照孔子的见解，要实现和谐是有前提的。孔子说：“只有礼的存在才能实现和谐。”在当今社会，这个“礼”是什么？就是人人应当遵守的社会公德，不讲道德的人只能是破坏和谐。孔子说得明白：“为和谐而和谐，不以礼来节制，那是行不通的。”这样说来的“礼”就是法制，对不遵守道德规范的行为，那就必须依法强化治理。

第二节　儒学智慧的应用

一、儒学教你心胸宽广

1.嫉妒催人老，失败少不了

提示：人之初，性本嫉。长大后，有改善。因教训，才根除。您想让全家人都根除嫉妒之心情吗？细细品味此文，肯定有效果：“经一事，长一智”。

有个年轻小伙叫田广，工作能力很强，对他的顶头上司忠贞不贰。他的这位顶头上司在本单位威信很高，权力很大。田广的前途可想而知。正当田广将要提升的时候，嫉妒他的几个同事商量：“要想办法把田广拉下水”。于是几个同事轮番上阵，分别用金钱、情欲，甚至恐吓死亡等手段来引诱田广上钩，但全都没有得逞。领头的对大家说：“你们这些办法太笨太愚，对付田广我有办法，看我的!”

这天，领头的特意到田广办公室，闲聊了一会儿之后，他在田广的耳边轻轻地说：“张三、李四，就连工作能力最差的王五都提升了，你听说了没有?”“哗啦”一声，田广手中的图纸掉到地上，往日原本庄严肃穆的田广，其面容霎时变了颜色，罩上了一层嫉妒的阴影。领头者的诡计成功了，这位没有被金钱、情欲、恐吓和死亡所打败，却被“嫉妒”所击中。终于，田广整日在嫉妒的阴影笼罩下，工作起来心不在焉，他画的图纸出现很大的差错，受到通报批评，错过了一次被提升为主任的机会。

嫉妒是一种病态，是成功的大敌。由于嫉妒心强往往会影响到一生的前途。一个人如果染上了这种疾病，就会产生一种不健康的情感，也就等于给自己的心灵播下了失败的种子。因为嫉妒者不但常常设法诋毁别人的成绩，还会常常怨恨自己的无能。更糟糕的是心中充满惧怕被别人超越的苦恼，身心受到双重煎熬。整日昏昏沉沉严重影响着心理健康，造成工作难以提高成绩，而对别人的成绩耿耿于怀。嫉妒心强的人经常惹是生非，拆人家的台，处处给人家出难题，使绊子。“我好不了，你也别想好；我是穷光蛋，你也别想富起来；我得不到的东西，你也别想得到！……”有这种想法必然付诸行动，其结果是越来越糟糕。更为严重的是这种令人厌恶的行为，除了自己没完没了的苦恼外还为自己制造了一个又一个的强敌，树敌过多绝不会有什么好的结果。更谈不上有什么成功。正如哲人所说：“心里充满嫉妒的人，每当其竞争对手成功一次，他就会如同死去一样地难受一次。被他嫉妒之人如果永远成功，对嫉妒者就是永远的惩罚。”

有一位才貌出众的女教师，因嫉妒心太强，常常为别的老师评为先进而揪心，为别人的进步而痛苦，看见同事们有了成绩，心里总是酸溜溜的不是滋味。强烈的嫉妒心不但影响了她教学水平的发挥，而且使她的面孔变老、多皱。她去找她的姐姐为她美容，姐姐是个很有名气的美容师，深知妹妹的心理状态，中肯地告诉她说：“你如果不消除心中的嫉妒，全世界任何美容师也无法美化你的容貌！”

“嫉妒之心，影响容貌”，给这个爱美的女教师很大的震动，她绝不能接受美丽受到损伤的事实。在姐姐的具体指点下，她不再“关心”别人的长长短短，不再让别人来左右自己的情绪，一心一意地去改变自己的心态，钻研自己的教学工作，决心用实际行动处理好同事间的友好关系。教师中有人获了奖，她用赞赏的态度送去掌声、送去鲜花；学校里有人当选先进或是晋升了职称，她同样用赞赏的态度表示“祝贺你成功!”“我从心眼里为你高兴!”她真诚地欣赏别人，虚心向别人学习。不到三年的工夫，便成了学校的骨干教师，被评为省一级的优秀教师。原先僵硬多皱的面孔，从此变得笑容可爱，灿烂又美丽。

有位作家说：“世界之大，容得下你我他。天空中有足够的空间容纳更多成功的人。在人生的道路上，成功的人数是没有限制的。”切记：做人不嫉妒。

2.“厚道”之人有教养

提示：厚道不厚道，行为最重要。学习厚道才厚道，此文教您更厚道：名垂青史。

有教养的人不是不出毛病，而是别人出了毛病的时候别去挖苦他。俗语说：“人犯错误不是稀奇事，而稀奇的是别人犯错误的时候别去讥笑他”。这里说的“别去挖苦”和“别去讥笑”他，是一种做人的风范，我们归纳起来称这种人为“厚道”。

要说厚道它不是方法。虽然可以当做方法来锻炼自己，但是，“厚道”是一个人的本性。用厚道对待人，是在什么事也没做的过程中却做了很值得称赞的事情，外国人称之为有“教养”。

人们知道美德有显性与隐性之分，而厚道具有隐性的特征。厚道之人不是愚钝之人，尽管他的表现有很多时候像愚钝。“贵人话语迟”，迟就迟在对某个人或某件事的评价沉着、冷静。“君子讷于言”，尤其是在别人蒙羞之际，用“迟”的态度保全了别人的面子。真正愚钝者是不明曲直，而厚道者乃是明白曲直而又心存善良，以宽容的姿态给别人一个补救的机会，从而达到两全其美的地步。

在人际交往过程中，厚道是基石。它并非一时一事的犀利，它是别人经过回味之后的赞赏。处世高明超越的方法，那就会显示出品格，而品格可以发光，方法只能称为工具。厚道应当列为经得起考验的高尚品格。

厚道可比做河水深层的潜流，虽然它不显锋芒，但它有坚强的力量，因而表面上看却是不起波浪。

厚道之人有主张有见解。他不和稀泥，而和稀泥者做好人是乖巧的表现，与“厚道”无关联。厚道者有可能倔强，也可能不入俗境，他宁可憨而不巧。厚，是麦田土壤之厚，是墙体挡风之厚。做人若是达到如此境界，已然得道。

3.聪明与精明做人要分清

提示：聪明与精明，一字之差，相距万里天地之别。您读此文，定然区别：“差之毫厘，谬以千里”。

聪明与精明虽然只有一字之差，但两者却有天地之别。所以，做人应当明白，永远要聪明，而千万不要追求精明。

聪明者是什么样的人？聪明者不计较眼前的得失，而是把眼光放在长远的利益上，因为他明白眼前的利益，从来都是小利；聪明者视整体顾全大局，因为他明白大河没水小河干的道理；聪明者助人为乐，因为他明白帮助别人才能有人帮助自己；聪明者以人为善，因为他明白，善待他人就是善待自己的道理；聪明者不轻易生气，因为他深知生气是用他人的错误来惩罚自己；聪明者宽容待人，因为他明白宽容别人就是宽容自己的深奥；聪明者以诚待人，因为他明白人与人之间只有真诚相待，才是真正的朋友。总之，聪明的本质就在于有个长远的眼光，换句话说，也就在于他有放长线可以钓大鱼的视野。

相反，精明者是什么样的人？精明强干是他的核心。这里所说的精明强干就是人们常说的“人尖子”，其特点：总是死死盯住眼前的利益。用一个最好的词汇来形容即是鸡肠小肚，鼠目寸光。这种人不愿意做任何与眼前利益无关的事情，他们要求的利益必须是立竿见影。最糟糕的是，他们总是这样想：无论做任何事情，只要是对自己没有利益，就根本用不着考虑，更谈不上如何去做了。这种人做事的风格是个人主义。精明者最不服人，什么事都想干，他们干的事业往往用不了多长时间，就会失败。这种人只有在不吃亏的问题上，才能表现出才能和所谓的魄力。他们不明白吃亏有时就是占大便宜的道理。

商业老板田广业手下的经理叫李亚斯，他曾是田广业下属的小职员，李亚斯刚参加工作的时候就注意到每天下班后，大家都回家了，但老板仍留在办公室里，一直呆到很晚。于是李亚斯觉得老板很辛苦，也应当留下来帮助老板做点力所能及的工作，老板整理账目，李亚斯做些必要协助，日久天长，李亚斯在老板的指点下，懂得了有关账目的来龙去脉，最后也会整理了。由于来往密切，老板随时都可以教他有关账目的业务知识，使他终于精通业务了。李亚斯付出了额外的时间和精力，但是这种吃亏却使他获得了经理的位置。

人生就像下棋一样，在开始走步的时候，布局的阶段是很关键的，每走一步都要考虑到大局，许多棋子在布局的时候根本看不出来它的意义，但是在最后，每一个孤立的棋子，共同构成了你的胜利。一个懂得如何经营自己人生和事业的人，也必须掌握这种布局的技巧。虽然在布局阶段，好多行为在别人眼里是没有意义的，甚至是很吃亏的。但是你应该心里清楚并且自信，自己的努力肯定会在将来得到巨大的利益回报。当然，自己的付出，若是永远也得不到回报，也不后悔，而是乐趣。聪明者都具有这样的境界。

成功者，都选择“聪明”，而聪明的表现是眼光长远，绝不能总是盯着眼前的一些小小的利益，因为长远的利益肯定是较大的利益。所以说聪明的人，最明白吃小亏占大便宜的道理。而失败者往往是精明者，因为精明者没有长远眼光，总是因为不想吃亏，只想占便宜而失去人心，然后由人才匮乏和事业无助走向失败，这就是聪明与精明的不同的特点与最后的结局。

精明者时时处处事事都要考虑是否对自己有利,这是他致命的弱点。尽管他有时候也耍小聪明,但耍小聪明的目的也是为了眼前的利益,自认为是聪明,实质还是精明的表现。精明者不能自拔,总是跳不出“精明”的怪圈,所以他本性不改,仍然是按着精明的步伐朝前迈进,结果是愈陷愈深,最终还是跳进了死亡的万丈深渊里。

要说布局是很重要的,开始需要一种牺牲精神,更是需要智慧,而这种智慧往往是由潜意识形成的,这种智慧不是那种精明的人所能明白的。因为精明者根本没有大局观念,总是纠缠在一些边边角角的争夺上。殊不知,最大的利益往往会因为这些边角利益的争夺而失去。当精明者为自己取得一点点小小利益而沾沾自喜的时候,却没有想到已经失去了许许多多更大的利益。这样的教训精明者是永远也不会吸取的。

聪明者知道善待他人就是善待自己,因为在现实生活中,心存感激的受人恩惠者,总是会对施予恩惠者有一种报偿。精明者不懂得善待他人的重要性,他只知道别人应当善待自己,其不知要想让别人善待自己是以自己善待他人作为前提的。

“善待别人即是善待自己”。要明白这样一个道理应当从这样的角度来理解。一个人在帮助别人时,其实也是一种感情投资,一旦有机会,这种投资得到的回报,将远远超过你的想象。可以说,人是一种古怪的动物,人人都愿意报答任何一种真诚而博大的相助者。“滴水之恩当涌泉相报”是人人都应有的心理愿望。

一个来自农村的医科大学四年级的学生,名叫张有力,因家庭经济困难,不得不找个体力较强的工作,来补助生活来源。这是一个星期天的下午,劳累了一整天的他此时感到十分饥饿,但他的衣兜里却一元钱也没有了。他决定向最后一户人家讨口饭吃,这家住在五楼三室,他扛着煤气罐上到三楼时,实在是走不动了,不得不暂时休息片刻。他浑身不住地打哆嗦,他知道这是因饿引起的,他咬紧牙关,好不容易才把煤气罐扛到了五楼,当一位年轻的女主人打开房门的时候,张有力却有点不知所措了,他难以把“要饭”二字说出口，只是坐在楼梯上不声不响地看着女主人“大姐，给口水喝吧！”女主人看他不是口渴而是饥饿，满口答应：“好！你等着啊！”张有力昏昏沉沉坐着没有回音，不多时，只见女主人端着一大碗面条，里边还有两个荷包蛋递在他面前“吃吧！”张有力很快吃完问道：“我应给你多少钱？”女主人回答：“施以爱心，不图回报。”张有力十分感动。女主人的音容笑貌给他留下了非常深刻的印象。

五年之后，那位善良的女主人得了重病，需要动很复杂的手术，一般小医院对此病是束手无策，只好转到大医院专家会诊治疗。这时候的张有力已是大名鼎鼎的外科医生了，在病房里，张有力一眼就看出床上躺着的就是那位曾帮助过他的恩人，就决定亲自为她动手术，结果手术非常成功。但治病费用是很高的，当医药费通知单送到病人手中时，她都不敢看，因为她确信，医药费会花去她的全部家产。但她不能不鼓起勇气看个究竟，结果却使她大吃一惊，在清单的后边写着：医药费＝一大碗面条。这不是滴水之恩得到了涌泉之报吗？这就是聪明者助人不求回报的回报。

4.做人要做正确的事

提示：正确做事和做正确的事，区别很大。细想想：两者之间，差在哪里？此文让您毅然醒悟：天差地远。

“效率”和“效果”应当严格区分清楚，假如你在这两者之间弄不清楚，就是一个对事业没有负起真正责任的人。做事没有实实在在的效果，效率有多高其损失就会有多大。所以说做事只求效率而不计效果的人，只能是绞尽脑汁所做的，可称是用更精巧、更科学、更高效的办法来加速事业的失败。结论是：做正确的事远比正确地做事重要。切记：不值得做的事，千万别做。为什么？把做一件事情的效率提高了80%，费用降低了60%，应当说是一个巨大的进步，但是，这件事根本就没有做的必要，根本就不值得去做。因为它只是为了做事而做事，为了改革而改革，是某些人煽动起来的白痴之事。做了这件事就是100%的错误。我们的宗旨是：“只做需要做的事”。其实就意味着：不值得做的事，千万别做！其他人都在做的事也不要做！“好的”不一定是需要的！就像一个病人需要吃药一样，吃正确的药远比正确地吃药强得多。所谓正确的药，是指对症治病的药，不能治病的药就是不对症的药，不对症治病的药，无论你怎么正确地吃，不但不能治病，反而会起到副作用，“好药”不一定治你的病。所以，只吃需要治病的药，就意味着：不值得吃的药，千万别吃！其他人都在吃的药，也别吃！“好药”不一定是你需要吃的药！“好药”不一定治病。

说来说去，道理只有一个，实践是检查真理的唯一标准。什么是做正确的事？什么药是对症之药？这是我们需要研究的核心。

多年以来，为了创造所谓业绩，有一部分领导干部，热衷搞“形象工程”、“样板工程”、“示范工程”，还有什么“年终评比”、“季度总结”、“组织参观”等等。派专人，设机构，花费许多财力、物力，人来人往，轰轰烈烈，效果呢？看不见、摸不着。中央一声令下，全部取消了，之后呢？不但没有什么损失，而且还节约了许多开支，更没有发生什么不良后果，因为绝大多数人对此都有反感。宣传说是“好的”，但它是不需要的。

以下有几点理由说明了我们绝对不应做不值得做的事：

（1）沾沾自喜

不值得做的事会让你误以为自己是做对了，就像你买回来的东西很便宜，但它根本没有实用价值，你只是白费力气浪费了资金而自己却沾沾自喜罢了。

（2）资金利用

做不值得做的事不但会消耗了时间与精力，还会浪费资金。因为你做了不值得做的事，所用的资金都可以用到其他值得做的事上，资金会得到充分利用。

（3）不做值得

不值得做的事往往都有习惯性与必然性。比如人死后，有许多活动根本就不该存在，其仍能持续存在的原因就是大家已经习惯了，大都有认同感，如果把这些活动硬性取消，会有罪恶感。而你不做是值得的。

(4) 重在效果

不值得做的事大都是没有想到后果的事，而有很多事是难以想到会出现什么样的后果。后果和效果有很多情况是分不出来的。但是，你只要能想到了后果与效果，就应当机立断，不要去做不值得做的事。

二、儒学教你活得好

1.人活着的重点是“现在”

提示：“现在”，就是当下的此时此刻。要是您没有了“现在”，还能会有将来吗？道理很对，就是转不过弯来，您要想扭转此弯，看完此文就自然学会了：“有志者事竟成”。

细想想，过去与未来并不是现在存在的东西，而是“存在过”和“可能存在”的东西。当下唯一“存在”的东西是现在。可以肯定地说，没有过去，就不能有现在，要是没有了现在，那就根本不存在未来。所以说，假如你现在生了病，就应当想办法快点治，如果不治而死，难道说你还会有未来吗？因此，说人活着的重点是“现在”如何。

对于活在“现在”这个理念，在中国人来说还没有认识得彻底，大多数人总是为未来着想，人们想到未来是有理由的，因为未来孩子就长大了，未来的生活希望好转，现在省吃俭用都是为了将来。那么，未来什么时候到呢？你是否知道，人的生命有时真的是很脆弱，经不起意外的发生，在前一小时你或许还在享受荣华富贵，下一小时就发生了车祸、海啸、地震等，也许是祸起萧墙（内部发生祸乱），这种可能发生的意外，你所希望的未来一切的一切皆已为空。当未来已成泡影的时候，你会后悔当初没有过好“现在”，但为时已晚了。

你可能会说："事情怎么会那么巧呀？"当然，像海啸、地震等意外都是百年不遇的偶然现象，听了蝲蝲蛄叫，那就甭种黄豆了呢！你可以仍然我行我素，继续想着你的未来，当你的生命快要走到尽头的时候，你问自己几个问题：你对这一生觉得无遗憾吗？你认为想做的事你都做了吗？你有没有好好地笑过？你真正地快乐过吗？

世上有很多事情是无法提前做的,唯有认真地生活在"现在",才是最真实的人生态度。不论你过去怎样,将来又是怎样,人活着就要把重点放在眼前,假如你当下过不去,未来还有什么意思。想开的人,必须全部贯注于现在,如果你现在身体不好,仍然是不注意营养,也不适当医治和用药,更不考虑如何锻炼,一个劲地想着未来,根本不做迎接未来的准备工作,那么你的未来会有好的发展吗？

想想看，你这一生是如何度过的：假如你是个农民，年轻的时候，你拼命地耕作，盼望个好的收成。丰收了你舍不得吃，舍不得穿，攒钱给儿子盖房子，娶媳妇。媳妇娶到家，盼望得孙子，整天是面朝黄土背朝天，一年一年又一年。有了孙子盼望快点长大，好减轻家里负担，后来孙子长大了，你又恨不得赶快啥事都不管了。最后，你真的想管也无能为力了，因为你老的几乎连走路都困难了……当你正想停下来好好喘口气的时候，生命也快要结束了。这就是大多数农民的真实写照，他们劳碌了一生，时时刻刻为别人担忧，为后代着想，为未来做准备。一心一意计划着以后发生的事情，却忘了把眼光放在"现在"，等时间一天一天地溜过，才恍然大悟"这是何苦呢"？

人活着的重点就是要"活在现在"，到底什么叫"现在"？简而言之，"现在"指的就是你今天正在做的事，现在呆的地方，你周围一起工作和生活的人，今天你要吃什么。"活在现在"就是要你把关注的焦点集中在这些事、这些人、这些物上面，全心全意集中精神地认真去接纳、去品尝、去投入、去体验这一切。

你对这一切可能会说："这有什么做不到的？我不是一直这样

吗?”你话说得没错。问题是：你想想是不是活得很累也很匆忙，不论是睡觉、吃饭、走路，你总是急着想赶赴下一个目标？因为，你觉得还有更重要、更伟大的志向正在等着你去完成，你总是不能把多余的时间浪费在“当下”这些事情上面，所以，你要继续不停的加快步伐，结果你本来可以庆80大寿，遗憾的是你不到60岁就走入了另一个世界里。

不奇怪，不只是你，也不只是他，大多数的人都是无法专注于“活在现在”，他们总是若有所想，想着明天、明年甚至下半辈子的事。有时想：“我明年要赚更多的钱!”有时想：“我以后要换更好更大的房子!”有时想：“我打算找个理想的工作!”后来这种种想法都成为现实，钱多了，房大了，工作好了，可是，他并没有变得更快乐，而且还觉得不满足：“他妈的，我应该再多赚一点钱，房子还应装修得好一点，职位还应更高一点，想办法过得更舒适一点!”就是没有“活在现在”的理念，就算得到的再多再好，也不觉得快乐。他们忘了真正满足不是在“以后”，而是在“此时此刻”。现在已拥有的不满足，不享受，总想以后如何如何。这种“以后”永远不会到来，因为你时时刻刻都将精力耗费在未知的未来，却对眼前的一切熟视无睹；你永远也不会快乐。昨日已成历史，明日尚不可知，只有“现在”才是有实际意义最有价值的东西。切记，没有“现在”，就不会出现将来。

2.不必啥事都要争个明白

提示：啥事都想争个明白，其实您不明白，天下之事那么多，您怎么会都能弄明白，读过了此文千万别学猎人去找虎，结果怎样？你就明白了：引以为戒。

王有才和李二明两个小学生，为了件小事争吵得不可开交，谁也不肯让谁。王有才怒气冲冲地去找老师评理，老师在静心听完他的话之后，郑重其事地对他说：“你是对的!”于是王有才得意洋洋跑回去宣扬说：“我是对的，哟！我胜利啦!”李二明不服气，也急忙找老师评理，老师在听完他的叙述之后，也郑重其事地对他说："你是对的！"在李二明满怀喜庆的样子走了之后，一直跟在老师身后的赵玉庆同学终于忍不住了，他不解地问老师说："老师，您平时不是教导我们要诚实，不可说违背良心的谎话吗？你怎么对王有才和李二明都说他们是对的，这样的回答你可是违背您经常对我们的教导呀！"

老师听完之后，不但一点也不生气，反而微笑着对他说："你是对的！"赵玉庆同学此时才恍然大悟，立即拜谢老师的教诲。

其实道理很简单，不管什么事情，要以每一个人的立场来看，他们都是对的。只不过因为每一个人都坚持自己的意见和想法，从个人的角度来说他当然是对的，因为他无法将心比心，设身处地地去考虑别人的想法，所以没有办法站在别人的立场去为他人着想，结果冲突与争执也因此就在所难免了。如果能够有一颗善解人意的心，凡事都以"你是对的"来首先为别人考虑，那么有很多不必要的冲突与争执就可以避免了。

一个作者告诫我们：凡事都争个明白，争个是非的做法并不可取。你要是非争明白不收场，有时则会带来不必要的麻烦或危害。比如，当你被别人误会或者受到别人指责时，在这个节骨眼上，你偏要反复解释或还击，其结果会造成越描越黑，事情越闹越大，甚至会丢掉自己的性命。遇到这种情况，最好的解决办法是不妨先放一放，先把心胸放宽一些，没有必要去理会它。

人和人相处总会有摩擦的，切记要理性处理，千万不要盛气凌人，非得争个你死我活才罢休。就算是你赢了，人们也会对你另眼相看，觉得你这人难处，你是个不给别人留余地的人，是个不尊重他人面子的强者，得提防着点，于是你会失去真正的好朋友。况且，被你损伤面子的人，很可能对你记恨在心，这样一来，你就无形中多了很多敌对情绪的人。

有这样一个实例很值得深思：从前有几位猎手，结伴上山打猎，其中有个名叫张立英的人，在他一个人上山打猎时曾发现这座山上有两只老虎。他的伙伴们不相信，因为他们经常来到此山打猎，从来也没有发现有老虎出现。大家都说张立英是个说谎的人，所以，人们对他都有个不诚实地看法，传来传去，竟有人说张立英会造谣言，有人见他走来，很不礼貌地说："来了一个爱撒谎的人!"张立英对此非常恼火，自言自语地说："我怎么是一个撒谎的人呢？我那天的确见到了两只老虎。"在接下来的日子里，张立英为了证明自己的诚实，逢人便解释说他没有撒谎，他确实见到过老虎。可是他没想到这种解释却起了越描越黑的效果。有人见他就躲开，说他是个疯子。这实在让他不能忍受，为了证明自己确实见到了老虎，他决心找到那两只老虎，并把它们打死，哪怕只打死一只也好，背回来让大家看看，他真的并没有说谎。可是他一去，就再也没有回来。几天后，结伴的那几位猎手，在山坳里发现一堆破碎的衣服和张立英的一只手。经过有关部门鉴定，验证了张立英确实是被一只重量至少在300公斤左右的老虎吃掉的，也有力地证明了张立英真的没有撒谎。然而，这最后结果只能给世人一种启示：世界上有许多不幸，都是在急于向别人证明自己正确的过程中发生的。而这种急于去证明自己的人，其实是在寻找一只能把自己吃掉的老虎。

凡事都要争个明白的人，或是证明自己清白者，往往都是去寻找那只老虎，就是不被老虎吃掉，也肯定要付出高昂的代价。在事实和真理面前，真正聪明的智者，都是走自己的路，不管别人怎么评说，只要自己主意正，最后的胜利总是属于自己的。

三、儒学教你讲策略

1.低调取舍的策略

提示：什么叫低调？低调者如何做人？低调者取舍用的是什么策略？当你读完此文，就会明白其中的奥妙：恰到好处。

低调做人具有一个十分清醒的头脑，又是十分清楚自己的目标，他还十分清楚自己能力的限界，所以，他在应取应舍之间能作出十分清楚的判断，他晓得如何取舍，而取舍的判断之准确就成为成功最关键的因素。

在我们的日常生活中，你不可能事事都做，摆在你面前的有几件事情可以做，你怎样选择，怎样取舍？这几件事其中哪件事最主要？最为重要又是最为迫切的一件事应当先做，你必须有所选择，有所取舍，就像你不可能选择所有的东西我都要一样。在任何时候，一旦你选择了某个事情，你就是同时放弃另一个事情，不能有放弃，最终的结果必然是在自己编织出来的罗网中窒息死亡。所以，低调者毫不犹豫地放弃他无论如何也办不到的事情。这就是低调做人的艺术。

在现实生活中，还有另外一个事实：我们的能力是有限的，我们现有条件和资源是有限的，我们对事物认识程度也是有限的，但是，我们的真实欲望却是无限的。这样的情形，必然导致一个矛盾：无限的欲望和有限的能力之间的矛盾。怎样解决这矛盾？唯一的办法就是把有限的能力运用到最值得做的事情中去，这就意味着你必须有所取舍，低调者之所以具备做人的艺术，就是知道：只有放弃一些东西，他才能真正得到一些东西。然而，最为悲惨的是，你本来可以获得的一些东西，就是因为你的贪心而失去，正如古老而智慧的谚语所说：要求得越多，得到的越少。这是一条放之四海而皆准的真理。低调者吸取了贪心后果的教训，他时刻做到清楚明白：把做不了的一些事情舍去不做，忘掉那些“不可能”或“不理智”的目标或欲望。

低调者经常问自己一个问题：哪些事情我不会去做？哪些事情我必须尽量摆脱？哪些事情我必须果断停止和结束？有了这样的问号，才会导致争取更加美好未来的行动。

低调者最聪明的地方不是他做了什么，而是他没有做什么。也就是说，他的智慧正反映在他所放弃的东西上！而这种智慧并不是每个人都有的。事实上，我们大多数人并没有这种智慧，因为我们只有在事后才知道，哪些事情是我们不能做到的，哪些事情是我们能够做到的，还有哪些事情需要我们经过艰苦努力才能做到的。当事情开始做的时候，总觉得所有的事情都是可以做到的，而且所有的事情对我们都有同样的吸引力，每一个欲望都舍不得放弃，渴望实现所有的理想。实际上这是一种贪婪，这种贪婪促使人丧失理智。古语说：利令智昏，的确如此。这里所说的利，就是你贪婪的欲望，这种贪婪使你无法冷静地判断形势，最终导致你的失败！坦率地讲，如果你总是想做超出自己能力的事情，最后的结果肯定无法把所有的事情做完，甚至是一件事情都做不成。有句俗语叫做“贪多嚼不烂”。切记，低调做人才能获得理想的收获。“低调”就是不贪大求全，量力而行。

2.韬光养晦的策略

提示：什么是韬光养晦的策略？这种策略如何运用？妙在何处？您想试一下吗？此文可供你借鉴：中庸之道、左右逢源。

先说韬光养晦的概念：韬光是隐藏自己的锋芒，养晦是把自己放在不显眼的位置。韬光养晦就是做人的一种生存策略，使用这种优秀的策略，可以达到理想的目的。

当自然界弱小的动物受到强大动物的攻击时，弱小者就会施展一种假死的状态来蒙骗对方保护自己。同样，人在屋檐下，不得不低头。韬光养晦实质上也是一种类似假死的行为，当今的人类社会和自然的动物界同样，都是处在激烈竞争的状态，只不过人比动物更聪明、更有智慧，然而竞争也更加复杂化，也更为残酷。

问题的复杂性和残酷性还在于这种生存竞争的延续性和永恒性，有权有势的统治者，虽然是大权在握，但他们仍然担心有些人会侵犯到自己头上，故而时时处处充满危机和恐惧，尽管周围布满警卫仍然是没有安全感。他们不但警惕四周外边的人，同时也警惕身边的人，总是观察哪些人可能对自己构成威胁！如果他们发现风吹草动或是目标，就会立即展开清洗行动，像这种窝里斗而发生的流血事件，在历史上屡见不鲜，举不胜举。而韬光养晦的要旨在于：统治者没有安全感、怕人谋害时，就以行动向他表示最大的、最真诚的忠诚，促使他对自己发生善意；统治者怕有人威胁到他的地位时，就向他表白自己淡泊名利的态度，促使他对自己没有疑心；统治者害怕失去权威时，就向他表达最为严肃的敬畏与尊崇！促使他感到权威仍在。所有这些你都成功地让你的统治者确实相信了你的意图，你就是一个成功地掌握韬光养晦这种策略艺术的人了。

在中国的历史上，上至皇帝，下至地方官僚政客，可以说没有一个不惧怕他的统治发生动摇，更怕他的地位受到威胁，具体到他的人身为更深怕受到谋害。比如说，曹操就是一个极其多疑而没有安全感的统治者，他宁肯错杀，也不放过任何可疑之人。他为了防止别人暗杀自己，有一天，他竟然把给他盖被的侍卫也杀了。可见与古代和帝王权贵们相处是多么危险，难怪有人说伴君如伴虎，真一点都不是瞎说。由于帝王权贵们缺乏安全感，疑心过重，常好杀人，在其身边的弱小人物为了保护自己，不得不施展韬光养晦的策略，以便于达到活命的目的。

韬光养晦还包含谦卑之意，就是说心甘情愿地让对方处于重要显赫的位置，让自己处在次要不显眼的位置。谦卑是指人因为虚心所以才能促使对方从内心接纳。为彼此沟通创造和谐的前提，因为沟通时，彼此接纳是很重要的，所以说谦卑作为一种品格也是非常重要的。假如你不谦卑，就很难被对方接纳，不能被对方接纳你就不能与对方沟通，而不能与对方沟通就什么事也别想做！因此，韬光养晦不仅仅是一种生存策略，也是一种为人处世的美德。一个甘心情愿处于次要位置的人，就是一个谦卑的人，当然就会赢得人们的尊重和爱戴。相反，一个骄傲的人，往往就是一个锋芒毕露的人，常常因为不能被人接纳的同时他也不能接纳他人的意见，这样，必定失去他人的支持，结果则难免被降为卑贱的位置。所以说，谦卑对做人来说很重要。切记，韬光养晦是做人不可缺少的策略。

韬光养晦作为智谋，其表现有以下几种：隐藏起来不显露，叫做谬数；欺骗敌人，使自己不受损失，叫做权奇；委婉和顺但不因循，叫做委蛇。若不婉顺，事情就会受阻；若不隐藏，就会有危险出现；若不欺骗，就有很大可能被对方消灭。

有道是：蛟龙未遇，潜身于鱼虾之间；君子失时，拱手于小人之下。这就说明，实力与地位并非是正比关系，在很多情况下需要有效地把自己的实力和意图隐藏起来,等待机会成熟,即为韬光养晦的智谋。其特点就是故意将才华掩藏不显,收敛锋芒,促使别人不注意自己。其目的,就是为了有效地打击对手。如不首先有效地隐蔽自己、保护自己,怎能达到自己的目的;只有做出假象来迷惑对方,促使他朝着自己希望的方向行动,才能满足自己的欲望。要用恭维的言辞和丰厚之礼示弱,促使对方骄傲,待其暴露空隙,有可乘之机时再一举击破,趁其不备而攻杀之,是最为有效取胜的策略。

有真功夫不可告人，自有其道理。在敌强我弱的情况下，时机不成熟，必须像猎人一样耐心潜伏着等待时机，等待猎物的出现；有时是为了让对手充分表演，完全彻底地暴露出他的全部招数，然后再抓住其要害部位，给予致命的打击，让他永世不得翻身。

3.大智若愚的策略

提示：为什么有人用大智若愚的策略？在什么情况下使用此策略？您想知道吗？读完此文，您就会受到启发，同时也会从中吸取“营养”：大显神通。

皇帝身边的文武大臣，时时刻刻都在战战兢兢，如临深渊，如履薄冰。为什么？因为他们深知伴君如伴虎，稍有不慎，便有生命之忧。在这种身处危险的情况下，只有用大智若愚的策略，才能独保其身。大智若愚的人，在外表上都是表现出愚笨无知，而其内心却隐含着无限巧计，就像太巧而装无术一样。愚的背后则是大智大慧、隐含着大彻大悟。用一种藏锋露拙的手段来应付眼前危险的局面，实在是一种最为理想的智者行为。用来为人处世，则是一种智慧的策略，是智慧之保身术，因为它能保全自己，免遭灭顶之灾。

史书上曾记载，孔子去访问智者老子，老子面对孔子说："君子威德，容貌若愚。"这话的意思是说孔子才华横溢，观其外表却和普通人毫无差别。也充分说明真正有智慧的人不一定在外表容貌上显露出来。就是说真人不露相，露相非真人。有道是：老虎不发威，很容易被当做病猫。对待一个病猫，就不存在危险因素了。这就是俗语所说"虎行似病"，装成病怏怏的样子正是它要吃人的前兆。一个大智若愚的人，就是一个聪明而富于洞察力的人，而这样的人身上会潜藏着危险，这种危险往往不被人识破。因此说大智若愚，不只是一种自我保全的智慧，同时也是一种取胜实现自己目标的策略。当然，没有保全自身的本领，又如何言谈自己的目标。

有道是："木秀于林，风必吹之；行高于岸，流必湍之。"意思是说一个人如果锋芒毕露，不施展大智若愚的表现，肯定要遇到别人的嫉恨和非议，这种危险因素不利于保全自己，更不利于实现自己的目标。在自然界中，被视作最无能的是各种昆虫，岂不知昆虫也有一套避凶保身的妙技，这就是它们会变色、会伪装术。例如，枯叶蝶，遇到"敌人"时会装成枯黄的树叶，它的"敌人"绝不会想到这枯黄的树叶竟然是它刻意寻找的食物；还有一种名叫竹节虫的昆虫，它爬附在竹子的节上，看来和竹节一模一样，以这种伪装骗过天敌的眼睛，以便保全自己的生命；变色龙更会伪装，它身体的颜色会跟随着环境的颜色而改变自身的颜色，有力地保护了自身。昆虫的这种大智若愚的表现，充分说明在它们遇到强敌时，运用的一种技巧，首先要保全自身的生存，若是生命没有了，其他一切皆空。还有一些动物遇到危险时以装死来迷惑敌人，正像韬光养晦的策略一样，目的就是暂时低头，正是为了以后的扬头做准备。

大智若愚的策略并不是让人们都去假装愚笨，这里强调的是一种为人处世的智慧，不论何时何地，但凡遇到危险之时，在生生死死面前，巧用你的智慧保全了自身，岂不是一个很大的胜利！

相传在历史上有一个皇帝非常残暴，是一个有名的暴君。他不学无术，还嫉妒贤人，他不知道的东西，若是有人知道，则认为超过了他。皇帝是至高无上的绝对圣人，这个皇帝绝对不容忍超越他的人存在。有一天，他问左右的人："天上的月亮哪一天圆？"有人立即抢着答："每月十五这天圆！"另一个人却说："十五不如十六圆！"回答者是一左一右的奴仆，皇上听完两者的回答并没有什么反应。只是暗自想：等我亲自观察之后再做处理。时间过完十五和十六日之后，事实证明，左右两人回答的正确，于是乎，这个皇上感到身边有两个危险人物，下旨："将左右斩首！"这一左一右的皇帝奴仆，因其知识超越了皇上，则成为刀下之鬼。这件事虽然除掉了两个心头之患，却引起了皇上怀疑之心。皇上想，超越者难道只有被斩者两个人吗？于是他暗自决定再考验下去。这一天，他的考验又开始了。有一个大臣从他身边过去，皇上叫他过来问道："你说一年是几个月，多少天？"这位皇上终日饮酒作乐，不理朝政，竟然弄不清楚一年几个月多少天，这位大臣吸取了奴仆的教训，他是个很明白的人，他知道这件事与性命有关，于是假装无知地跪在皇上面前回答说："臣罪该万死，我只知吃饭睡觉，哪里还知一年几月多少天哪！"皇上听了心中暗喜，说道："你去吧，等陛下再问他人！"大臣走后，悄悄告知自己的部下，皇上几乎问过了身边所有的人，没有一个人知晓一年几月是多少天的，其实没有一个人不知道这个正确答案的。只是都想到了：别人都不知道，只有我一个人知道，太危险了。因此都幸于保命，皇上从此也安心了。这就是大智若愚典故的来源。

4.进退的策略

提示：什么是进退策略？为什么要采取这种策略？怎样施展这种策略？细细地读文，慢慢地品味。你将是这一个策略的掌握者：战无不胜。

在人生的长河里，时进时退往往是为了一个目标而采取的一种策略。但是，逆水行舟不进则退。"进，固然需要努力；退，更需要智慧。”关键是进与退的问题上你应当有一个明确的态度，才能达到理想的目的。

中国有句俗话叫“君子报仇，十年不晚”。这就是典型的对待问题的低调。这样的人，在报仇问题上，选的是退一步再说，等待最有利的时机，退的目的是为了更好地进。这样的人，有审时度势的清醒头脑，有深谋远虑的城府，有欲成大事的胸怀。在人生的道路上，大多是在“吃一堑长一智”之后，才会有了高层的胸怀智慧。年轻时，哪一个人不是初生的牛犊不怕虎，哪一个人不是不管三七二十一地往前闯，干就要轰轰烈烈，死了也悲壮。这是为了表示自己的勇气和自信。殊不知，白白牺牲了自己的性命，还留下了年少轻狂的悲哀。

有一个年轻人，刚刚步入社会，在一家很有名望的公司任职。他就是一个初生的牛犊，不知进退的小伙子，自恃有几分才气，十分冲动，轻易便把经理得罪了。之后，渐渐觉得自己的日子不好过了，几乎每次会议上他都挨批。当他十分苦恼之际，决心一走了之。回到家里和爱人倾诉了自己的烦恼之后，爱人问他：“公司里的关键业务你都学会了吗？”他回答说：“没有”。“你想不想报复你们的经理？”“想是想可我怎么办呢？”“有办法，君子报仇，十年不晚。你何不学会了所有的业务之后再离开他们呢？到那时你精通业务走到哪里都有用。”这位年轻人认为爱人的话很有道理，他认真仔细地考虑了下一步的行动，不管如何受批，甚至是挨骂也要坚持下去，因为他有了最“苦”的精神准备，深知退是为了进，守是为了攻的意义，于是他收拾好心情，埋头苦学，低头实干，在公司里源源不断地“充电”。经过一段时间之后，他兢兢业业的工作为他赢得了实实在在的业绩。成为公司的顶梁柱，在经理眼里他已是一个不可多得的人才。经理还主动向他赔礼道歉。更使他惊讶的是那些中伤他的谎言也已不攻自破，这时的他再也不想离开了。他为公司写了一句广告语就是：“进，固然需要努力；退，更需要智慧用心。”

漫漫的人生路，有进有退，退的目的是为了更好地进，在进的过程中，必然发生退的可能，退一步，等一等，只不过是歇歇脚，为走得更快更远做准备；低一低头，更是为了昂扬成擎天柱。一次退为进的等待，能让你从“山重水复疑无路”转眼便走入“柳暗花明又一村”。人生就像航行中的一条船，在遇见大风大浪时，绝不能迎风冲上去，而是要暂避到无风的港湾。当自己实力强大时，迎头痛击对手是谋略，但并不是策略，关键在于对自己是否有利。更应注意的是在明知不能敌于对手时，暂避锋芒更是智慧。知道进退的人，才有可能抓住时机成就自己。应当明确，只退不进，是懦夫，只进不退，是莽夫。只有进退得当，才能从容面对成败，才是最为理想的潇洒人生。

5.退一步的策略

提示：为什么这里只讲退一步的策略？退一步的策略应在什么情况下运用？有人抢走你的钱包，一个是钱，一个是命，你怎么处理？此文对你肯定有启发：留得青山在，莫舍本逐末。

深山里有一种名叫雪松的树，冬天，鹅毛大雪下起来的时候，雪松的枝条就会落上厚厚的一层雪。当雪积到一定厚度的时候，雪松那富有弹性的枝条就会向下弯曲，直到让雪从枝叶上落下去。就这样反复地积雪，反复地弯曲让雪下落，雪松这棵大树依然完好无损。可是其他的树，如那些拓树等，因为没有雪松的本领，树枝条都被压断了。这些断枝的树就像有的人性格一样，宁折不弯，结果吃亏的是自己，起码会受到一定的损伤。

在人生之路上，也就是在生命的旅程中，很多人都希望自己能够辉煌、出类拔萃，可是往往事与愿违，因为人生中有很多东西不是我们所能控制的，所以学会退一步也是一种生存方式。当愿望无法满足的时候，就放弃吧！得不到满足固然是一种遗憾，然而不能掌握如何生存的本领却是一种很大的失败。

退一步海阔天空，退一步似乎是一种妥协，但它是一种策略。退一步并不是屈服和投降，其实是一种非常务实、通权达变的智慧。应当明确，生存毕竟是第一重要的，而更好的生存是靠理性来处理问题的。

如何靠理性来处理当前面对难以解决的问题？首先是用耐性来尽可能地承受外界的压力，当你实在承受不了的时候，学会弯曲一下，像雪松一样让一步，这样就不至于被压垮。

应该明白，弯曲不是倒下也并非毁灭，弯曲，它是人生必须掌握的一种策略，适当弯曲得成功，则是人生的一门艺术。要说进退顺其自然，并不等于一切听天由命。退的目的是为了以后的进，暂时放弃目标是为了最终实现目标，这种退的本身就意味着进，如此说来，退岂不是一种进取的策略吗！暂时退一步，养精蓄锐，等待时机，重新安排、重新筹划，为的是将来进得更快、更好、更有力量。以柔克刚，以退为进，这种曲线救助的生存方式，有时却比直线的生存方式更有效。想想看，有时候，不刻意追求的东西反而更容易得到，追求的太迫切、太执著反而只能白白增添烦恼，最终还是得不到。曲线生存方式其重要意义就是如此。

有件不幸的事例值得探讨：据说有一个性情耿直的年轻人，面对两个穷凶极恶持刀的歹徒，毫不畏惧，拼命去夺被歹徒抢了去的皮包，他越是拼命去夺，歹徒越是以为皮包里有巨额的钱款，认为他是如此的舍命不舍财，于是两个歹徒更加疯狂凶恶。本来想用刀把他吓跑后，来达到抢钱的目的。因为他纠缠不休，不得不停地挥刀朝他砍去，最后他连中数十刀倒在了血泊中。可是等两个歹徒打开皮包一看，皮包里除报纸以外只有18元钱，就连穷凶极恶的歹徒也都惊讶了。

年轻人的行为，无疑是个勇士，为了反抗邪恶，即使是粉身碎骨也在所不惜。问题是用鲜活的生命去捍卫18元钱，这种进取的方式是不是值得商榷？生命是无价之宝，明知反抗是拿鸡蛋去碰石头，那么退一步又有何妨，留得青山在，还怕没柴烧？如果在那个抢夺的节骨眼上放弃它，留下生命，去创造更多的价值，是不是一种智慧的选择，聪明地退了一步赢得了生存，应该说是很值得的。有时候，不是所有的勇猛都值得提倡和推崇，只有在勇猛中融入智慧其结果更是伟大的创举，才是值得学习的榜样。

人生的路并不是一条笔直的大道，面对复杂多变的形势，人们不仅需要慷慨陈词，也需要沉默不语；有时候是需要穷追不舍，但也需要退一步放弃；既应该力争，也应该退让。总而言之，有所为是必要的，有所不为也是明智的。当你觉得把路走绝了的时候，不妨退后一步试试看，你可能会发现一切都是海阔天空；当你心灰意冷的时候，转一转念头再想想，说不定会发现原来一切正在悄悄转向你所期望的结果。

四、儒学教你办事成功

1.良机绝不错过

提示：良机为什么不能错过？什么样的人易于错过良机？怎样才能抓住良机？细读此文必有结果：刻不容缓。

“过了这个村，就没有这个店了”。这是人们常说的一句勿失良机的话。从这句善意的话中，可以让人领会：好的机遇是不能错过的，你要是真的错过了，则可能永远也不会再有了。良辰美景也是如此，有很多美丽的景色，错过了时节，再想观看恐怕没有机会了。就是来年花儿照常开放，也不可能在你的眼里是那样的理想。因为你的心情在不断地变化。因此，造成一些事情使你后悔一辈子。

在日常生活中，为什么有些人常常错过良机呢？为什么有的人在他一生中，有很多本来属于他的东西，却没有得到呢？主要有两个原因：一是犹豫不决；二是拖延等待。

有人说：世界上最可怜的人是犹豫不决的人。因为良机稍纵即逝，犹豫不决的人不能及时抓住它。鸟儿落在枝头，伸手即可抓到，但他犹豫片刻，鸟儿就飞走了，后来想到真后悔，为什么当时不伸手。然而，世上却没根治后悔的药方。要知道，无论在什么情况下，不能信心百倍地做出自己的决断，其结果往往都是一个悲剧。

有一个很有钱的父亲，他有两个儿子一同被人绑架了，这位父亲愿意以自己的生命和金钱赎回他的两个儿子。但他被告知，只能以金钱的方式先赎回一个儿子，让他必须选择先赎哪一个。这个慈爱而饱受折磨的父亲，非常渴望同时救出自己的两个儿子，在这紧要关头，他犹豫不决，他无法决定先救哪一个。这样，他一直处于难选择的巨大痛苦中，绑架者几次催他，他都是含糊其辞，气坏了绑匪，他错过了赎人的时机。结果他的两个儿子都被撕票了。

如果一个人永远徘徊于两件事之间，对自己先做哪一件犹豫不决，他将会是一件事情也做不成。无论是举足轻重的大事，还是微不足道的小事，都不例外。聪明的人遇事首先请教别人，与他进行商议后，果断地决策，再以毫不妥协的勇气来执行他的决策和意志。他从来不会被那些使得小人物们愁眉苦脸、望而却步的困难所吓倒，这样敢于决断的人，在任何行列里都会出类拔萃、鹤立鸡群。

“拖延等于死亡”。成功者都理解了这句格言。成千上万的人都拥有雄心壮志，为什么有不少人没有如愿以偿呢？甚至在满于现状上挣扎，其中一个主要原因是一直在拖延行动。这种人并不是不想行动，只是想等一段时间再开始。这样一来，今等明、明等后，一晃就是一生。错过了大好时光、地方、对象。

什么叫错过？简而言之，就是没有在正确的时间和正确的地点做正确的事情。当你在正确的时间，出现在正确的地方，面对正确的对象，做了正确的事情时，你就是一个真正的成功者了。因为如此行动是一切成功之根本。

在我们的日常生活中，真的有一些人由于自己的犹豫、消极和被动而错过了良缘。有缘的人，总是在花好月圆的时候相遇，在正好的时间，明白应该明白的心思。不多也不少，不早也不迟，都能在正好的时候，说出恰如其分的话。所以才结成了正好的姻缘。而无缘的人，总是彼此错过了时机，若是真的无缘错过了倒也罢了，因为是彻底的无缘者，就如同一世没能相逢的陌生人一样，既然是相互都不认识，也就没有伤痛，更不会有无缘的遗憾了。但问题是有很多人错过很多时机，明明是知道彼此心情的，就是只差一步、少说一句、晚一步或是没能主动迈出第一步，造成了终生遗憾，对人的影响就很大了。

有这样一个故事，某人在很忙很忙的一段日子里，心中有一个很可爱的女朋友，他想等他轻闲下来的时候再找她，他以为她会像以前一样经常出现在他的视野里，有些内心之言不必急于去说，但他却不知，世事没有人会在原地等你，越是美好的事物，越是容易消失，结果，当他找她时，她却不在那个单位了，使他更失望的是她到何处去了无人知晓，从此，他竟然再也没有见过她。如此结果，使他明白，一杯牛奶，现在喝是热的，一个小时后喝就是凉的，而三天以后喝可能就没有了。

事实上，人与人命运的差别，常常就在于关键环节的关键时刻的把握上，就在于你有没有勇气向前迈一步，也在于重要机遇的识别上，有时就差那么一步，一瞬间的犹豫，眼前这趟列车就开走了。应当知晓，没有人有义务在原地等你，无论是爱情还是事业，不会为任何人而等待，错过了这一次，也可能就是错过了一辈子。切记，良机绝不错过。

2.做事成功巧借外力

提示：做事成功者，外力也是重要因素，这外力并非轻易而得，有偶然性，也有必然性。怎样巧借外力，细读此文，自然会晓得：巧夺天工。

诸葛亮借东风火烧战船的成功，就是凭借外力取得战争的胜利。然而，诸葛亮所以能够及时地借助东风，其中的奥秘并非人人皆知。也许有人说这是神话传说，或说这事是碰巧了，还可以说是他命好的结果。其实不然，要用现在的观点来说，道理很简单，应该说当时的诸葛亮知识渊博，具有天文地理和气象等知识，他预测到了某日某时会出现东风，因此他才下决心借外力，他绝不能拿众多士兵的生命开玩笑。正像他对敌人的将领司马懿了如指掌，才敢于施展空城计是一样的道理。总之，借外力需要有基础，没有基础是借不到外力的。

做事成功之道，巧借外力很重要。但是，借外力也必须有基础。首先要明白做人的互助原理是：你在关键时刻帮人一把，别人也会在重要时刻助你一臂之力！要想让别人将来帮助你，你就必须先付出精力去帮助别人、关心别人、感动别人，这样才能赢得别人的回报。所以说，高明而聪明的做人，应该而又必须是懂得并信守“互相帮衬”之德。这样做乍看起来好像是等价交换，其实不然，你不能忘记，“你敬我一尺，我要敬你一丈”；“滴水之恩，当涌泉相报”。怎么会是等价交换呢。况且，不管你是什么样的人，也不论你的职位多高，或是干什么工作等，都不可能像鲁滨孙那样独自一人生活吧，尤其是你要使自己的人生广泛开来，绝不能离开与各行各业各种人群打交道。时时、处处、事事想着帮助别人的人，必然会得到四面八方来自各个角落的人主动相助。当然，复杂的人际关系有时也会形成包袱，但只要用得巧妙，则会妙趣横生。所以说做事成功，巧借外力则成为敲门之砖。“相互帮衬”正是帮人帮己的诀窍。

20世纪60年代，正是中国处于三年自然灾害期间，粮票是人们非常注重的东西，没有粮票有钱也会挨饿，这是当时人人皆知的道理。一天，一个20多岁的年轻人小张，在一家饭店排队买面条，这时的年轻人已经两天没吃到东西了，他是出公差来到外地的，事情还没有办完，接到家母病重的电报，他想吃碗面条立即乘汽车回返。不巧的是他身上没带粮票，饭店不卖给他面条吃，怎么办？排队买饭的人把他挤出队外，年轻人傻站着，这时有一个人从他身后打了他一下："拿去用吧！"原来是全国粮票叁斤，这是救命的行动，小张怎能不问递粮票者姓甚名谁，家住何方呢！结果，递给他粮票的也是个年轻人，接着他又把一个皱巴巴的信皮交给他说："若能有余粮就寄来，不够吃就甭寄了！"吃完面条，他们交谈了一阵，他送小张上了汽车。

数年之后，给年轻人粮票的人，收到一封信，寄信人是深圳一家公司的老板。他在开头写道：请您到深圳来，这里可以安排你的工作！接信人现在已是30开外的人啦，他很纳闷不知何故？当他看完信的全部内容之后，才明白原由。他真的到深圳找到了他，并被安排了非常理想的工作，叁斤粮票使他得到发财的机会。

这个故事似乎有点偶然性，但这种偶然性里带有必然的结果。有了这种偶然性的发生，就会促成人生的重大转机。试想想，如果没有当年叁斤粮票助人，怎么会受到老板的恩惠呢？尽管他起初不是有意的，根本没有想到将来会是如何！但是世间往往会出现无心插柳柳成荫，这种无意助人的行为，却借来了外力，得到了自己事业的成功。

古人云："投之以木瓜，报之以桃李"。在日常生活中，有许多偶然的事情将会决定你的前途和命运，但是，你投之才能得以报之，必须有助人为乐的行为作前提，就像盖房子首先要打好基础，才有稳固而平安的保证。

善于做人者都有一个共同特点，就是他们懂得如何有效地和多方面的人物打交道，他们具有可贵的直觉，他们学到了有关与人交往的技能。他们还懂得如何去影响别人的思维，他们明白任何事情的失败往往都是与他人打交道的失败。所以，他们得出一个非常重要的结论：帮助别人成功，是追求个人成功最保险、最牢靠的方式。一个人能够为别人付出时间和精力，才是一个真正富足的人。

为了让自己的努力换来更大的成功，任何人都离不开社会环境，也脱离不了周围的人。假如说社会环境不存在了，周围的人不存在了，只有你个人存在，成功还有何意义？

美国加州有一种树叫红杉树，它是世界上仅存的植物当中，最雄伟、最高大的树种。红杉的高度大约是90公尺，相当于30多层楼房的高度。按常理说树大根深，越高大的植物，它的根理应扎得很深，奇特的红杉树根只是浅浅地浮在地皮表面。这样一来根扎得不深的高大树木，是很脆弱的，经不起大风的袭击，如遇大风会将它连根拔起。奇怪的是红杉如此高大飓风却吹不倒它，原因何在呢？研究发现，红杉善于团结互助，彼此牢牢地连成一片，红杉没有独立一棵生长的习惯，只要有红杉存在的地方，必定是一大片连在一起生长，大片大片的红杉彼此的根紧密相连，一株紧紧连接着另一株，相互结成一大片屹立成群。它们携手不放，自然界中再大的飓风，也无法撼动成千上万株根部连接牢固、占地超过几千公顷的红杉林。红杉树的根浅，也正是它所以能生长得高大的优势。它的根浮于地表，能够快速并大量地吸收赖以生长的营养，使红杉得以快速成长壮大，它用扎根的能量来用力向上生长。总之，红杉拥有巧借外力的智慧来丰富了自己的身材，所以它成为世界上最雄伟、最高大的树王。

红杉给我们的启示是：让人们广泛地伸出自己智慧的触角，去吸收更丰富的成功知识和经验，巧借外力，来提供自己赖以迅速成长的养分，而不必过分耗费能量去独自盲目地钻研，尽量少走弯路而达到成功。只要你晓得巧借外力与合作的诀窍，很快你将成为成功森林的雄伟的红杉。

在人们的生活中有三借：借人、借势、借钱。三借若是用得巧妙，都是成事之道，关键在于巧借才能成功。在借的方式上有明借、暗借，还有正借与反借。不管怎样都是借，而借的目的，都是确保自己心想事成。关于成事之借，有许多经典之说：能借助于车马的人，不必自己跑得快，却能远行千里；能借助舟船的人，不必自己善水性，却能渡过大江大河。此人生性与别人并无异样，只是因为他善于借助他人和外物，这是他特有的独到之智慧。

一提到“借”字，往往令人想到“借刀杀人”之计，此计告诉人们："借"是巧用他人成功之决。古人之借有："借腹生胎"、"借尸还魂"、"借名钓利"、"借风腾云"、"借力打力"、"借鸡生蛋"。这些借之成功，都是有讲究的，其目的都是借助外力而求得自己的发展。帆船出海，风筝上天，都可以称为"好风凭借力，送我上青云。"

而做事要成功，谁也离不开巧借外力。这里所说的"巧"，凡是借助成功者，都称为"巧"，而想借外力，不能顺利借助或有不利因素，或有人反对时，就应该改变方式。借助外力必须成功，才可称"巧借"。

某人接到上级分配下来的任务，这项任务完成之后对某人的业绩非常有用，但是，机关里几十名同事能否主动承担却是个难题，还有几位"调皮鬼"，很可能和他对着干。不出所料，任凭某人以主任的头衔，怎么进行动员这几位"调皮鬼"，他们都不愿认领应分担的任务，搞得这位主任很难堪。眼看这项重要任务就要泡汤。

下班后，某人以个人的名义，把几位"调皮鬼"叫到办公室，低声地说："说实话，这项任务对我个人利益有关系，我很为难，恳求你们帮忙。"主任这样一说，奇怪的是，刚才态度很强硬的几个"调皮鬼"听了这句语重心长的话，纷纷表示："主任，为朋友两肋插刀，我们不会让你为难了！"结果问题立即得到了解决，主任借外力得到了成功。

一句充满人情味的恳求语言，比通盘大道理更有说服力，无论是什么人，都是比较重情义的。主任用恳求的办法打动了"调皮鬼"，他们觉得主任看得起他们，怎么不给面子呢？

3.微笑促事成

提示：不看不知道，看后真奇妙。如果你不阅此文，可能对微笑的意义了解得还不够深刻，读了此文，你会"豁然开朗"。不然的话，你的品味能力还应加强：如梦初醒。

用真诚的笑脸办事，和用哭丧的面孔办事，其效果会是截然不同。笑迎八方客,形象在其中。待人微笑是做人的起码形象,也是人与人交往应有的态度。态度问题,不仅局限于服务态度,用什么态度应付面前出现的问题,首先要考虑到后果。你持什么态度必须服从后果,这是为人处世的哲理。做事不计后果的人肯定以失败告终。

真诚的笑脸，其含义非常深远。它有很多含义：心情愉快、充满温暖、表示友好、关系和谐、情感善良、良好祝愿、情况好转、圆满成功、生意兴隆、进展顺利、身体健康、吉祥如意等。在不同情况和不同环境里，真诚的笑脸可以领会出不同的含义。但归根结底，可以用一个字来说明，那就是“好”，而这“好”是“褒”义。

对人对事以及发生在你面前的种种现象，特别是与你切身利益和工作有关的事情，采取什么态度对待它，这是不可避免的现实问题，逃避现实是办不到的。假如你不介入或是不表态，实质上这也是个最明确的态度，况且有些事情有些情况，不是以个人的意志为转移的。

对人对事问题，是个值得探讨和专门研究的问题，因为不同态度的后边紧跟着后果问题，若是没有后果问题，就没有研究态度的必要了。态度和后果是一对孪生子，不可能单一存在。例如，你得了重病，是设法积极治疗呢？还是任其发展？两种态度会出现两种结果，前者态度积极结果是有希望把病治好，后者态度消极后果不堪设想。

微笑是待人态度上的一种表情，而微笑这种表情，又是待人态度上最好而又最有吸引力的。没有微笑的表情就是态度上的遗憾，如果与人初次交往，态度的好坏关系到事情的成败。有一个很简单故事，但却很能说明事情的成败问题。姐妹俩人在市场同时两处卖蛋糕，姐姐在一个早晨卖出50斤，妹妹用同样的时间才卖出5斤，在效率上姐姐是妹妹的10倍，为什么？微笑的魅力。而微笑的魅力在于吸引他人的兴趣，看到你在微笑的人，肯定会想到为什么？接着则会出现向你靠拢的行动，想知道你微笑的原因。姐姐卖蛋糕脸上总是带着微笑，特别是有顾客往她方向瞅的时候，她那真诚而自然的微笑，促使对方过来问：“蛋糕多少钱一斤？”姐姐再次微笑着说：“买吧！不贵，保证比别人家便宜。”最后才说出价钱。就这样，本来不想买蛋糕的人，在她的微笑中也买了2斤。微笑的表情也招引顾客，有的顾客问她：“你笑什么？”“欢迎你来买蛋糕哇，好吃，买吧，便宜，保证质量好！”一连串的语重心长、面带微笑的语言，促使对方买了蛋糕。

相反，妹妹的态度生硬，抻长而无笑的脸，使人感到威严，人们看见的是冰冷的面孔，结果她的生意很不兴隆。

真诚的微笑给人的感觉是友好和善意。微笑所以有魅力，其原因它是友好的象征，它是促进友谊的先导，又是友好的表现，那些接待国际友人的领导人面部总是带着微笑。

真正有魅力的微笑，首先发源于眼睛，一个纯真而诚恳的微笑，必须是发自内心的感情投影，而眼睛是微笑的核心。理想的微笑除眼睛和嘴巴配合默契外，还应当有一张诚恳风趣而慈祥的面孔。妈妈见到了久别相逢的儿子，内心感受了喜出望外，她那慈母之心突然受到狂喜的冲击，这时，她眼睛的表情，面部的微笑，都是发自内心的喜悦，是最真诚的微笑。这种感情没有虚假的微笑，就是最感人的微笑。

可以断言，最感人的微笑，对友谊和事业只能增添光彩，绝无不良后果和坏的影响。对人真诚善意，热爱自己从事的工作，你的微笑则是发自内心的微笑，用这样的微笑交友或办事，就会带来希望。相反，虚假、造作的微笑，虽然也在咧嘴发笑，给人的印象不是“傻笑”就是“皮笑肉不笑”。

一个阳光灿烂的微笑，往往会促成办事的成功，这是因为具有神奇力量的微笑，它能够化解人与人之间不和谐的因素。有了和谐的基础就会带来相互交流的可能性，只有在友好的气氛中谈问题，才能有成功的希望。

热恋中的男女，微笑交谈是爱情的升温器和催化剂，它能促成恋爱的成功。《三笑》电影中的秋香，她那甜甜的三次微笑，每一次的“微笑”都是对唐伯虎的心灵撞击、勾魂摄魄，造成唐伯虎撼心荡腑、神魂颠倒。促使他感情的瀑布飞天而下，一泻不可遏止。这就是一对恋人微笑的魔力。当代男男女女，见面的一次微笑，造成了一见钟情的事例也不少，而没有微笑的恋爱，大都是淡漠冰冷，凉飕的状态，结果大都以失败告终。

确实，世界上没有人不愿看到别人的微笑，没有人能轻易拒绝一个人的微笑。因此，微笑就是两个人之间最短距离的表示，它具有最为神奇的魔力。真诚的微笑是交友办事的无价之宝，是社会交往的最高艺术，是人际关系永不熄灭的缘灯。因此，出现了有许多企业和公司宁愿雇佣一位中学毕业有着迷人笑容的女雇员，也不愿聘一个满脸“尊严”的博士。

深圳一家公司，老板是个非常严肃刻薄、脾气暴躁的人，他领导下的雇员、职员都对他具有恐惧心情，甚至他的家里人都避而远之。造成整个公司的气氛紧张，效益日渐萧条。他的太太深知如此下去远景不妙，特意为他请来一位心理专家，教他如何学习微笑，这位老板学微笑兴趣很浓，他一改旧习，无论碰见谁，逢人就笑，放下架子，像普通的职员一样，真诚地与人握手交谈。结果，大家的心情焕然一新，顾客盈门生意兴隆，家庭和睦夫妻相亲相爱。从这个意义上看，微笑不仅促成事业成功，同时也是一笔财富。

有一副对联是这样写的：“眼前一笑皆知己，举座全无碍目人”，横批是“一笑解千愁”。的确不错，微笑真奇妙，也真神验。一家人之间微笑相处能使感情融洽，相亲相爱，当两个人发生摩擦和冲突时，微笑能熄灭怒火，化干戈为玉帛；微笑式的谈心，能打开难以开启的心扉；人与人之间微笑交往，可以促成事情成功；微笑之花永远开在脸上，它能使你身心健康幸福。

4.妙语如珠美事办成

提示：求人办事，说好话这是必然的，但是如何把话说到好处，这里边有学问。妙语如珠，巧就在“妙”字上。此文看后，对你一定有启发：好事多磨。

说话是一种人与人沟通的艺术，也是一种智慧的表现。有时候，“语多不如语少，语少不如语好，同样的话几样的说，会说的，说得你笑，不会说的，说得你跳”。由此可见，与人办事要首先想想话应当怎么说，有些事、有些话都是相互关联的。求人办事语言沟通是重要环节，同样的话，会说和不会说，所引起的客观效果，相差甚远。因此“话犹如树叶，在树叶非常茂密的枝头，很难见到智慧的果实。”有时说者无意，听者有心，造成双方结怨。“心歹无人知，嘴坏最厉害”。刀子嘴豆腐心，讲起话来“惹人怒”。因为“说者无心，听者有意”。其实嘴坏有两种表现：一是多言；二是恶语。多言者往往是说长道短揭人隐私，惹来是非；但是恶语者，通常会引起祸端，使人怀恨在心，激起对方强烈的反抗情绪。然而求人办事者，多言者有之，恶语者则少之。而两者皆有的人也有的表现出来，当然会造成失败的结果。求人办事，如果你做出不悦的神色或恶言相对，必定是前功尽弃。

求人办事不可能是理想中的顺利，要想达到说服对方的目的，必须采用妙语如珠、接连不断的方法，讲究的是磨功、缠功，耐心反复说服千万急不得，也不能有不悦的表情。

应该知道，人性的弱点决定了人是最经不住恭维的动物。对谁都是如此，你求他办事，说些恭维的话是理所当然的。你若是用妙语恭维了他，他也会反过来重视你的请求，得到恭维的人往往是心满意足的人，他不会把你提出的请求放下不管。

在当今的社会上，会说恭维话的人，肯定是个比较受欢迎的人，这样吃香而办事的成功率也会大大提高，求人顺利也是顺理成章了。当一个领导者听到切合实际的恭维话时，心中肯定非常高兴，脸上堆满笑容，连声说：“哪里，我没有那么好，成绩不是那么突出，你真是很会说话！”即使是他后来想，明知对方所讲的是恭维话，却还是没法抹掉心中的那点高兴。因为，爱听恭维话是人的天性，虚荣则是人的弱点。当某个人听到对方妙语如珠的吹捧和赞扬时，心中自然会产生一种莫大的优越感，自然也就会高兴地听从对方的谈东说西，甚至是建议。

举个简单的例子：你到商场买衣服正在试穿的当儿，肯定会受到店员的恭维："正好，很合体，啊！真漂亮！您照镜子看看，朴素大方，有风度。"接着他还会说使你特高兴的一句："这衣服穿在你身上年轻了十岁！"结果，即便你是三心二意不一定想买，却也买了回来。这就是妙语如珠产生的效果。至于你是否上当，那就是另外的事了。

要想办事时求人顺利，首先应当尽快养成说恭维话的习惯，当你掌握了妙语如珠能恭维别人的习惯时，你办事成功的能力就会大大提高。会说恭维话的人，话说得好听，说得到位，说得恰如其分，对方便易于接受你提出的请求。否则，即便事情很简单，也很容易办砸锅。要想学会恭维话，首先要学会顺情说好话。而顺情说好话就是赞美或颂扬，世俗的说法则是阿谀奉承和溜须拍马之类的语言。但是要想把事情办成功，总得说些对方爱听的话吧，"顺情说好话，耿者讨人嫌"。若是净说讨人嫌的话，事情还能办成吗？因为任何人几乎都有虚荣心，乐意听到别人的称赞。当你对他做过的事情任何一件加以颂扬时，都会产生一种你所想要的功效。

话又说回来，恭维不等于奉承，欣赏不等于谄媚。而恭维与欣赏某个人的优点，就意味着肯定这个优点。只要是优点、是长处，对其表达赞美之情，又何尝不可呢？你赞赏的妙语如珠，对方的自尊心会得到满足，从而对赞赏者产生好感，事情的问题才容易得到解决，你的聪明才智才会得到赏识。学会说恭维话，当你求人办事时，你就会感到其中的奥妙。

有的时候，我们要求的人他采取敷衍态度，不说不办也不说办。也有时公开说"不好办"，或者说"以后有机会再看吧！"或者还说"像你这种情况太多了，给你办了，其他人怎么看？"如此等等，叫你难以再往下说。面对这样的情况，求者大都会打退堂鼓了，本能地想到自己的面子，为了维护自己的情面，不愿对方说自己厚脸皮、赖着不走。其不知“好事多磨”的用意，更应深知“会哭的孩子有糖吃”的道理。越是遇到这种情况越是不走，给他个软磨硬泡，此时此刻，你必须做到妙语如珠，语言就像机关枪一样，不断地打连发。连续几次地发动进攻，诚恳地要求对方答应请求。虽然你这样做有可能会更讨人厌，但也有更大可能让人厌烦得对方害怕招来更可怕的麻烦而干脆就答应了你的请求。在这关键时刻，你要步步紧跟，穷追不舍，要用更多的妙语来加深对方的印象。促使对方认为你是个了不起的说客，是个值得交的朋友，若是如此的话，美事还能办不成！

还有一种求人的办法是多多走动，向对方提出请求之后，每次见面都是轻描淡写地提一下，尽量争取下一次见面的机会。这样次数多了，使对方产生一种心理负担，促使他不得不考虑满足你的要求。求者不断地到家来看看，声称“坐一坐”、“看一看”、“见见面”等等，然而对方心中则很清楚你的来意。时间久了，对方自然就会感到不帮你处理那件事，就难为情、有点过意不去了。所以他会千方百计地想办法，主动帮你把事情办妥。当然，你和他每次见面，都是妙语如珠地赞美他，使对方感觉到你是个诚心诚意地办大事的人，将来说不定还有求于你呢？这次帮你办妥一件事，也是为将来他自己办事打基础。如此这样的话，你的要求还能没有希望满足！

“好事多磨”这句话用在求人办成事的目的，必须讲究磨炼之功，但切不能忘记，妙语如珠，美事才能成功。

5.运用智慧促事成

提示：智慧人人都有，只是水平不同而已。但是运用智慧把事办成功，脱离险情，则是一件难事。此文阅后，你会回味无穷：神色自若。

负责启蒙教育的母亲，要求她的孩子们解答一个谜团。母亲问：“假如有那么一天，咱家的房子被烧了，你将带着什么东西逃命?”小孩子们天真无知，大多数回答要拿着钱往外逃，因为没有钱就会没有吃的、穿的、玩的；也有的孩子说要拿着家中珍藏的价值连城的古董，有了它，还愁吃穿玩？显然，这样的答案都不是母亲出这题的目的。她进一步问：“有一种无形、无色、还没有气味的宝贝，必须带着它逃命，你们知道是什么吗？”孩子们个个摇头都表示不知道，这时母亲才说：“孩子们，你们要带走的不是钱，也不是价值连城的古董，而是智慧”。母亲紧接着又说：“智慧就是你们自己，因为智慧在你们脑海里，任何人也抢不走，你只要是活着，智慧就永远跟着你。”在母亲的眼里，任何东西都是有价的，都能失而复得，只有智慧才是身上的无价之宝，有了人的存在，才能再去拥有其他的什么东西。孩子们听了母亲的解答，恍然大悟，齐声说：“活着逃出去！啥也不带。”

别人可以抢走你的一切，但不能抢走你的智慧。有了智慧，才能拥有其他你所需要的东西。儒家称之为“三大德”的“智、仁、勇”当中，“智”被列在首位，可见“智”是非常重要的。一个成功者，并非一定要有高深的学问和才能，但他必须要有智慧。

有了智慧，还必须做到巧妙运用自己的智慧。因为智慧你有他也有，所以，智慧通常是在对比当中显现出来的。有一句名言：凭智慧战胜对手。这就是说明谁的智慧胜人一筹，就能夺冠。智慧在日常生活中的各个方面都有表现。有一个很有威望的媒婆，为人做媒之事，显示了她那超人的智慧。

媒婆对老农说：“我已经为你物色了一位最好的儿媳”。老农说：“我从来不干涉我儿子的事”。媒婆说：“可这姑娘是县长的女儿（人们都称县长为县太爷）。”老农说：“嗯！如果是这样的话……（老农未往下说意思对方很明白）”媒婆又到县长家说：“我为您女儿找了一个百里挑一的好丈夫”。县长说：“可我女儿还太年轻”。媒婆说：“可这位年轻小伙子是本县银行的副行长。”县长说：“嗯，如果是这样……”媒婆又找到本县银行行长，说：“我给你挑选了一位副行长。”行长说：“我们现在不需要再增加一位副行长。”媒婆说：“可你是否知道，这位年轻人是县长的女婿。”于是本县银行行长欣然同意再增加一位副行长的定员。就这么简单，媒婆成全了一门亲事，但她的智慧是一般人运用不了的。成功是优点的发挥，失败是缺点的积累。媒婆凭借自己的智慧，巧妙地利用不同人的心理活动和外部条件，促成了这桩美满的姻缘。

传说有一个女孩独自在家，听见有人敲门，在她开门后，发现一个持刀男子凶狠地站在门前。她心想：不好，遇到了强盗！危险的念头骤然跃入女孩的脑海，但她迅速地镇静下来，她灵机一动微笑着说：“同志，你真会开玩笑，你是昨天在街上卖菜刀的那位吧？邻居买了一把说很快，妈妈说，遇到让我也买一把！”她把他很有礼貌地请进屋。还热情地对男子说：“您很像我的表哥，他也和您这么高，见到您我真高兴，您喝茶还是喝饮料？”女孩这么一忽悠，原来满脸凶气的男子竟然改变了态度，有些拘谨起来，连忙结巴着说：“谢谢，谢谢！”接着，女孩真的买下了那把菜刀，男子拿了钱迟疑了一会便告辞了。

就在这位男子转身离去的刹那间，男子终于对女孩说：“今天，我来是不怀好意，你，你将改变我的一生……”女孩的这种急中生智、沉着、镇静，才是一种运用智慧的表现，又是一种智勇双全的创新意义的勇敢。

有时候，人到关键时刻，计上心来，敢于面对现实，拿出天不怕地不怕的勇气，学会真正的勇敢，这就是自己的沉着、冷静和智慧，敢闯敢拼，努力做到既拯救自己，又挽救了别人。

能够说出智慧语言的人，并非真正的智者，能够做出智慧举动的人，才是真正的智者。

6.成功需要成功助

提示：做事成功，这是人们的愿望。然而，成功的希望在哪里？如何少走弯路而获得成功？这里边有深奥的哲理。不信，你认真阅读此文就会明白：近朱者赤，近墨者黑。

“近朱者赤，近墨者黑”，这是人生的哲理。人们常说“挨金似金，挨玉似玉，挨着木匠会拉锯。”一个人经常和谁打交道，必会受到谁的影响，这是人人皆知的道理。你还记得吧，你小的时候，你的妈妈不让你和谁玩，而又让你去和谁玩。当时你还小，不让你和谁玩肯定是有原因的，而这个原因你今天总算是明白了吧。

人生是近朱者赤，近墨者黑，也可以说近大者大，近小者小。如果你想成功那就应该是近朱者赤，多多地跟成功的人在一起。近大者大，那就少接触小人。

请你注意观察，一个人经常跟爱发火的人在一起，就学会了发火；常跟不讲卫生的在一起，也就会变得脏乱不讲卫生；如果是常跟坏人在一起，就会变坏。尽管这些大道理人人都懂，可悲的是，不少人对自己发生的变化却熟视无睹，这就是入鲍鱼之室久而不闻其臭。我们每个人都必须生活在一个群体里，稍不留神，就会受到他人的不良影响。当你受到这种不良影响之后，往往是不能自拔，身不由己，尤其是青少年更为突出。某个中学有个三好学生名叫朱有进，一天下午放学后，同班同学李小三邀他去看录像，他说作业没写完，便拒绝了。过了两天李小三塞给他一张门票说：“今晚你一定要去，去了你就会知道那是多么有意思！”朱有进怕不去会得罪李小三，又出于好奇心，结果就去了。他第一次看到如此精彩、惊险、又有刺激的录像，真是大快人心，于是第二天，第三天接着看，从此难以自拔，一幕幕的幻觉、一个个的镜头，使他产生了“试一试”的冲动，偷、抢、杀，他都想试试看，结果他跟着李小三走进了万恶的深渊，最后成为一名少年犯，进了监牢。

当一个年轻人生理走向成熟，而心理尚未成熟的时期，最容易受周围环境和人的影响。社会为人们渲染了七彩六色，也设置了许多沟沟坎坎和陷阱，种种诱惑、种种欺诈，谁能担保自己一生不受任何影响，说不定在你身边就有个小人为你设下了陷阱，就等待你向那里迈呢。这对你来说，实在是悬在头上的一块危石，不知哪一天就会伤害你。因此，应该和哪些人交往，又不应该和哪些人交往，是个非常严肃的问题。

实践证明，社会上已经有那么多人在交友上栽了跟头，你就应该时时刻刻警惕这些潜在的祸根，时刻都要记住："近大者大，近小者小；近朱者赤，近墨者黑"。不要让怕得罪人的心理和好奇心超越了理智。否则失足成为千古恨，到那时你哭还有何用？

既然是近小者小，但也能近大者大呀。不妨让我们看看那些杰出的成功者，他们的成长和发展，就是从认真学习成功者开始的。他们确实是真正明白了近大者大的道理。并且迈开步伐以实际行动向成功者靠近。

有个年轻人一时冲动，听说种植果树能发财。但是，辛辛苦苦的结果是，果树大都不开花结果，就是有果的树也是很少很小。正当他将要砍树不想再干下去的时候，一次果树栽培经验交流会，使他改变了打退堂鼓的念头。会后，他立即下决心，要拜这位李运强为师。他敲开李运强的门说："尊敬的李师傅，我叫张立高，我想拜您为师，不知您是否肯收我这个学生？"李运强说："你为何要拜我为师？""你说成功需要成功助，这句话对我实在重要！我种了一片果树，它……它不结果！你看看这怎么办啊？"

据说在李运强的指点和具体帮助下，三年以后，这个张立高成为远近闻名的果树专家，人们都称他为"果王"。

环境对一个人的成功也很重要，离开了环境的促成，往往也会造成失败的结果。这里边私心杂念是失败的重要因素。有位农民从远方买来一种又甜又粘、产量又高的玉米种子，据说在当地家家都种收成特好。这位私心过重的农民，对于这么好的玉米种没有告诉邻居，也没有和亲戚朋友商量，就独自种了整整15亩，结果在收获的时候，这位农民发现他种的新品种，根本不像种子公司说的那样，口感既不甜也不黏，产量比邻居种的玉米还低。老农的心情不快，病了一场。病好之后，他跑到远方那家种子公司说理，说是把劣质种子卖给了他，要求赔偿损失。公司负责人很重视这件事，请来农科院专家鉴定：玉米种不是劣质，而是受了邻居田中的劣等玉米花粉传播的结果。

植物受周围环境的影响都能产生变质，何况人乎。如果你身边尽是一些消极的人，你也很难成为一个积极分子；如果你老是和那些懒汉混在一起，那你就不可能成为一个勤奋的人。比如大家都是“八点上班九点到，一杯茶水一张报”。你天天碰到的是这种情况，自然就会想到：我何必呢？他们都这样，我也这样吧，反正领导也不会专批评我一个人。

想一想，假如你想找到一条容易成功的路，那就从现在开始先去寻找那些成功的人，接近他，请教他，和他交朋友，观察他们的一举一动，一言一行，如果发现某人表现突出，你会立即想到：“原来他是这样做的！”这时你也会产生追求卓越的希望，这就是近大者大的表现。有个伟人告诫人们：“远离那些要减少你成功的人。”他还说：“那些真正伟大的人会使你觉得你也可以变得伟大。如果你要成功，少接触小人，多跟成功的人在一起。”切记：成功需要成功助。

五、忘了倒比记住好

提示：忘了倒比记住好，好在哪里？这里边有无穷无尽的味道，你想品尝吗？细阅此文，会让你回味无穷：豁然贯通。

1.痛苦是因记性好

“好了伤疤忘了疼”。这是人们常说的一句话，它究竟是“褒”，还是“贬”，这要看你如何理解。要从字面上看，伤疤都好了，疼痛已成过去，记着它还有什么意义？假若老是记住疼的滋味，岂不更难受吗？有人说：“痛苦是因为你记性好”。确实，记性特好的人痛苦多多，在这个问题上，小孩堪称是大人的老师。当一个小孩和另一个小孩发生了矛盾，甚至打得不可开交的时候，其中一个往往会说：“我讨厌你，不和你玩了。”然后便走开，过不了多久，可能是发生矛盾的下午，最迟也等不到第二天，两人就会主动凑在一起玩上了。好像以前什么事都没有发生过，他们根本不把这种摩擦当成什么事，更不用说把以前打架的事牢牢记在心上，他们总是把许多在大人看来是很大的事情简单化，从而更好地处理人际关系。若是发生在大人身上，你办得到吗？

矛盾和纠纷发生在大人身上，常常会把小事变成大事，有些是因为点鸡毛蒜皮的事为了顾全面子大打出手，甚至拼命。在单位工作，有时就因为对方无意中说错了一句话，就耿耿于怀寻机报复；最可笑的是在购买东西排队有人加楔，骂完之后又打得头破血流，更甚者动刀捅人，造成人命案。

在每个人的一生过程中，不愉快、不和谐、不理想、不尽如人意和种种让人难以接受的是是非非，太多了。当你用一种心平气和的态度，去看待你所遭遇的一切不公，认真学着去忘却、去忽略、去改变心态时，那么，摆脱烦恼与痛苦的过程，也就变成了一个成长的过程。你就会有个积极向上、坦然而宁静、健康而愉快的心情，面对新的世界。

2.能遗忘者寿命长

“好了伤疤忘了疼”。忘了疼多少有点贬义，但殊不知这其实是人特有的一种自我保护方式。那些遇事不冷静总想拼命者是社会中绝对少数。事实上，人之所以成为世界上的长寿动物，一个重要因素就是人本能地有一种自我调节机制。事实证明，这种调节机制强盛者和调节机制极弱者相比，前者比后者的寿命要延长很多年。极少数不会运用调节机制或一时冲动根本不调节者，则其寿命短而又短。正是由于人类具有自我调节机制，促使人能够及时摆脱那些不愉快的、可能会影响心情和健康的事情，忘掉那些危害情绪的是是非非。就是说反映在记忆力的问题上，人做到了忘记大多数事情，而是有选择或有意识地记住一些事情，特别是认为最该记住的往事，不断地强化，加深记忆；对那些无意义的事情或让人悲观的事情，天长日久淡化了慢慢地忘掉了，而能够维持这种遗忘机制，正是一个人获得成功和幸福长寿的关键。

想想看，当你健康时，你是不是对你的身体一无所知——身体被遗忘了。当你的身体得了病时，你才忘不了它。如果不是因为头痛，你会念念不忘你有个脑袋吗？当你的鞋子挤脚的时候，才想到鞋子不合脚，否则，你就会忘记鞋子的存在。从这种意义上说，健康就是忘却而疾病才是痼疾。

再想想看，当别人做了对不起你的错事，你总是耿耿于怀地生气。细想想，你这就是拿着别人的错误来惩罚自己。记住那些令你不快的言行和事情，是帮助别人打击自己的最好办法。你越是多“怀念”它一次，你就是多残害自己一次。反之，“报复”别人最好的办法是对他的恶意不想、不记、不屑一顾，特别是在木已成舟时能够忘记它。

3.能忍受者有修养

在你的心中或脑海里，若是有着太多与你的愉快和幸福不相干的坏东西，它们彼此冲突着，也扰乱着你的心绪，你就会感到浑身的不自在，就会觉得始终有什么在拉扯着自己，在束缚着自己，就像是飞鸟被无形的线索牵着。记性好让你不断地痛苦。

问题的关键是寻找一种解脱方式，就像一个人身上有泥污并不是问题，而是这个泥污有没有办法把它洗掉，或是及时地洗掉。比如，你约一个刚刚失恋正在痛苦中的朋友出来玩，大家绝口不提他的事情，只是讲笑话，侃闲话，然后便是畅饮。这位刚失恋落寂的朋友最终被大家欢乐的气氛所感染了，于是他便滔滔不绝地讲了起来，讲他是如何夜不能寐，讲曾经的荒唐与纯真、曾经的风雨和彩虹。正当说到兴致高潮时，有人举杯高声说：“祝贺你呀！你及时了断本来不属于你的东西，忘记才是你的幸福!”这句祝贺之辞，使他恍然大悟。然后，他酣畅淋漓地大笑起来：“忘了倒比记着好哇!”他笑过了便什么都好了。

试想想，你身边有几个令你轻松的朋友也是一件幸福的事，一般说来，一个轻松的人可以使你轻松。朋友打开窗户说的“亮”话，可以让你茅塞顿开，使你感到记着它是山重水复疑无路，而忘却它则是柳暗花明又一村。

不要让记忆来折磨自己，对自己不利的一切言语和事情，忘掉它倒比记着它好。像小孩那样简单地处理问题，则可以避免纷争。有一位老师和学生乘火车外出旅游，途中验票时，老师因为找车票慢了点受到列车员怒言相斥。事后，学生问老师，为什么刚才不反戈相击呢？老师说：“这个列车员脾气暴躁，倘若他能忍受他自己的脾气一辈子，我为何不可以忍受他几分钟呢？”老师在学生面前虽然受到怒言训斥，但他毫不在意，照常微笑着和学生交谈，因为他深知“忘了倒比记着好。”

第三章
家人离不开的是面子

提示："生命诚可贵，面子价更高，你若想活着，面子最重要，若是想去死，面子不可抛。"面子问题关系到生生死死，非常重要。然而"面子"人人有，人人用，你给他，他给你，给来给去是演戏。如何演得好，需要有技巧，看了此文就会明白："挖空心思"、"非同小可"。

第一节　面子倒比命重要

一、面子与生命息息相关

1.生命诚可贵，面子价更高

"人没脸，树没皮，王八没盖子是什么东西？"这是人们常说的"面子"如何重要的一句形象比喻。有道是面子是家中宝，丢了这个宝就意味着全家人都活不了。为什么说面子对一家人是如此重要？就是因为面子它主宰着全家人的命运。假如说全家人要是都没脸见人了，岂不是大祸临头了吗！其实居家过日子，面子是最要紧的。比如，人际关系，要靠面子来处理。家里家外左邻右舍都需要用面子来维护；社会活动，人情来往也要靠面子来操作和决定。有道是:“为了面子而去死，或者是为了面子让他人死!”这句话充分说明“面子”关系到生生死死，难道说还不重要吗？总之，人都是在为面子而活着。

丧失了面子，有时会比丧失生命还可怕。有人说:“生命诚可贵，面子价更高，你若想活着，面子最重要。你若想去死，面子不可抛。”这就说明面子大于生命，人活着时要有面子，就是死了，也要把面子留在人间。死了也不能把面子抛掉，这是何等器重面子！也说明面子比生命价值高。

丢人现眼啦，没脸见人啦，有的人不想活了而去“寻短见”。失身的少女、落榜的少年、被俘的战士，他们之所以为了自己面子而自缢身亡，不就是因为面子已丢尽，活着没脸见人了吗？由此可见，大到生命，小到生活细节，都离不开面子。就拿请客吃饭来说吧，应该请谁，不该请谁，谁应该多请两遍，谁应该口头上说说，让到是礼等等，都一律取决于面子。把客人请来之后，谁该坐正席，谁该坐旁边，也都是以面子的大小来定妥。被有威望的人物或是某个领导请去吃饭固然是有面子，而把赫赫有名的人物或是威震四方的大官请家来吃饭，也同样显出这家人不简单，说明这不是一般的家庭。在酒席上，请客的人，明明是桌上摆满了山珍海味，也得说“没啥好招待的”；被请的人，明明是口味不适，胃口不佳，但为了给主人面子，也得连连说“很好吃，谢谢”。这些面子话往往是不可少的，尽管都是客套话，说的目的，都是为了给对方面子。假如说该请的没请，把不该请的却请来了，不该请的人向该请的人透露了真情，那可就麻烦了，即便是当面不翻脸，他也会怀恨在心，找茬让你吃不了兜着走。你不给他面子，那就别怪他往“死”里整你。由此可见，生命诚可贵，面子价更高。

2．“死要面子”活遭罪

所谓“死要面子”，就是说，为了面子而去死，或者说为了面子让别人去死，以至于死了以后还得争面子。人生在世，为什么死要面子呢？道理并不复杂。俗语说："人争一口气，佛争一炷香"。人们的思想内核都有群体意识，依照群体观念，每个人都不能单独存在，是人都不可能离开家庭，也不能离开社会上的人群，而都必须生活在有一定关系的社会当中。比方说，君臣关系中君和臣，父子关系中的父和子，干群关系中的干部和群众等等。君只有在臣面前才是君，父只有在子面前才是父，干部下边没有群众，他单是一个人算是谁的干部呀？所以说，一个人一旦真的成了"孤家寡人"，那他就什么也不是了。这样，君也好，臣也好，父也好，子也好，甭管什么人，都必须有和自己"相对"的对象，也必须能够时时"面对"他人，否则就失去了"关系"，也就"不是人"了。

实际上，要面子，正是为了面对他人。如果自己没有面子，或伤了别人的面子，就无法"面对"了。比如，一个人同意另一个人的意见和观点时，他就会说："对！"也就是表示心心相印，可以面对的意思，这样，自然是大家都有面子。如果表示不同意见，则轻易不能直统统地说："不对！"往往说："你我是兄弟，是同志，没有存心和你过不去。"然后才能表示一点不同意见，这样的结果，引起对方的心理反应却比直统统地说"不对"大不一样，这就是照顾面对面的效应。两个人只要是面对面，就有关系，也就必须要照顾对方的面子，既然是面对面，就要考虑双方的面子，这是每个人的心理反应。这就是人们常说的"人怕见面"。面对面地说话办事，和背靠背地说话办事，其态度和语言当然有很大的差别。这就是人人都有死要面子的心理现象。

死要面子的人，他必然是活遭罪。最典型的就是最怕别人"看不起"。有这样一个故事：某人本来家里很穷，为了叫外人看不出穷来，他偷了一块屠户的肉皮，早晨没饭吃，他就把那块猪肉皮往嘴巴上蹭蹭，走到人群里。熟人问："您吃了吗？""您看看，我能不吃吗？"说着还故意把手往嘴上摸一摸，好显示他不但吃了，而且是吃得很好。这就叫饿着肚子装富人，面子的重要性也就充分显示出来了。没有面子，就无法"面对"。自己没面子，别人就"看不起"。

“看不起”和“对不起”，虽然只有一字之差，却有天地之别。说“对不起”的人，本质上还是“对得起”，因为“对不起”是谦辞，至少是希望对方原谅，还可以面对。而“看不起”却连一点希望都没有了，人家根本就“不把你放在眼里”，哪里还有什么“面子”可言。为了叫人“看得起”，只好偷块肉皮装富吧。宁愿饿死，也不能叫人“看不起”。

人不能不要“面子”，否则就难以生存在社会当中，然而，也不能特别顾全面子，绝不能把面子作为一个“包袱”来背着，如果是这样的生活，肯定是过于沉重、压抑甚至非常痛苦。“死要面子活受罪”，指的是一些人为了“爱面子”，可以忍受任何痛苦，即使受罪也无所谓了。为了“死要面子”，有的人四处吹嘘自己如何“有能耐”、“能办事”，甚至无限夸大自己的所谓“后台”有多硬，欺骗人们上当入圈套，结果啥事也没办成，让人家好顿揍，这不是活受罪吗？

聪明的人往往给对手很足的“面子”，他让你丢了面子，也不采取“一报还一报”的办法，而是故意给他戴高帽，让他飘飘然不知自己是谁。在他特意要威风的时候，自会有人收拾他，这一招叫“借刀杀人”。这种“死要面子”的做法，就不至于活受罪。

二、面子之所赔与补

1.赔偿面子有办法

“死要面子”，并不是说着玩的。面子至少也比身体重要。事实上为了面子，向来就不在乎“身受其害”。比方说，贸然地到别人家里做客，正赶上人家在吃饭，尽管主人再三邀请你“快来，一起随便吃点吧！”但为了面子的缘故，明明自己是饥肠辘辘，也得婉言谢绝，并往往是声明：“刚刚吃过”。这就可证明，脸面重于身体。因为身体受点损失，不过是“皮肉之苦”；而要是面子受了损失，那可是不得了，轻者不好意思，重者就是“心灵的创伤”。

一旦发生“侵面”事件，其严重性绝不亚于“人身伤害”。这时，被伤害的一方便一定会要求得到偿还，有时，还出现由伤害者自动进行赔偿，或是由被伤害者自己想方设法得到补偿。总之，俗语说:“杀人偿命，借债还钱”。伤了面子当然也得赔面子。

怎样赔面子呢？对方自动赔面子的，往往是：伤害乃是无意，而伤害的程度又不大。如果立即认赔，都能做到及时化解矛盾，不致酿成大祸。通常的办法，对方自动降格表示歉意，或拿点礼品声称“一点心意”或是说:“真是对不起”。这样一来，“一损对一损,”也就两下里扯平了。如果被伤害的对方面子原本就大，地位高，那就只好自己打自己的耳光，骂自己“不是人”，“狗眼看人低”，“有眼不识泰山”等等。总之是以贬损自己，抬高对方，以此作为赔偿。这样的办法所以行之有效，正是因为一个人的面子正如这个人本身，并不能独立地存在，而是只能存在于一定的人际关系之中。当两个人“面对面”时，一方面子的亏损，即等于另一方面子的增益。自己亏了自己，也就等于赔了对方的面子。

不过，这种赔偿办法，一般只用于平辈之间。实际上，当一个人对另一个人说“对不起”时，他并不认为自己的面子当真就比对方小。要是当真比对方小，说“对不起”就没有意义了。因此说“对不起”并不吃亏。相反，如果说了“对不起”，对方还是不依不饶，则冲突就升级。因为这意味着对方并不承认你我面子一样大。于是则出现了你“不仁”，那就休怪我“不义”。你既然是不肯承认我说“对不起”是谦虚，是客气，是自贬，是给你面子，那就只好去证明你的面子本来就和我不是一个级别，我对你的伤害原本就理所当然了。

2.补偿面子有措施

赔偿面子是别人的事。别人伤害了咱们，当然归别人来赔。不过这也得是对方的伤害乃是无意的，而且伤害程度并不大才行。如果说对方的伤害是故意的，他就不会赔；如果伤害得太重，他也赔不起；如果那面子竟然是自己丢的，当然就更是没人来管。所有这些情况，都只能由丢面子者自己去设法寻求补偿。

补偿办法也包括两种：一是“自补”；二是“他补”。

所谓“自补”，就是通过自己的努力，自己以自己的行动把面子捞回来。比如，自己因某事的出现而丧失面子，可以通过另一事情的出现所获得的面子予以补偿。但两事之间应有联系。比方说，一个战士当了俘虏，这是丢脸失面子的事，但是他被俘之后竟能越狱，而且又在越狱途中俘虏了一个敌人的军官，无形中他则可以称为英雄，把过去被俘虏至今的行动而获得了大面子来加以自补。又比如，一个少女被人强暴，应该说也是非常丢脸面的事，但是如果她能不畏强暴反手杀死了强暴者，则可仍然不失为烈女。

所谓“他补”，就是从他人那里夺回面子。因为并非所有的事都可以自己想办法去自补面子。比如这面子是别人给丢掉的，就必须用“他补”的办法来挽回面子。这就是你让我丢面子，则我也让你丢面子，也就算是把我丢的面子找了回来。

依照“等值原则”，被伤害者要是等于或大于伤害者之所受，就可理解为找回了面子。比如，张三打了李四一个耳光，则李四至少也要还张三一个耳光，才能挽回面子。最好是张三打了李四一耳光，李四则还张三两耳光，而严重程度又比张三的重，这样，它不是更挽回了面子。赵六踢了王五一脚，王五则打断赵六的腿。因为张三、赵六是发难者，是先伤害别人的，所以必须加大还手力量，才算是打个“平手”。如此下去，矛盾激化了，张三挨了两耳光，赵六断了一条腿，他俩当然也会认为是吃了亏，丢了面子，必须采取加倍的手段来报复李四和王五，否则他们也不甘心。

这就叫“以眼还眼，以牙还牙”。是人们处理人际关系的一条准则。反过来“人敬我一尺”则“我敬你一丈”；你伤了我的脸，则我一定要剥你的皮。当然，回报也不一定非得即时即地，也可以留待将来。报恩，可以是“来生做牛变马”；报仇，也可以“十年不晚”。在中国的历史上和日常生活中恩仇相报，往往也就因此而愈演愈烈。

3.圆场的办法是“讲和”

“以眼还眼,以牙还牙”,并非是解决面子的唯一途径。更何况这样的“武斗”下去,毕竟是既破财又伤身,弄得不好,还会危害社会治安,官方出来制止,很可能所有的人都会造成丢面子的局面。为此,有人又发明一种解决面子争端的办法,那就是“讲和”。

讲和又叫圆场,其中要义是“圆”。所谓“圆”,也就是让双方都有面子。这也不是办不到的事,因为冲突双方原本都是“面对面”的,都是想讨个“面子”,而现今没有面子了,无非是“翻了脸”。如能再翻过来,岂非重新“面对”了吗?问题的关键是,他们双方自己是翻不过来了,即便一方想翻,也拉不下这个脸。这就急需要有人出来“打圆场”,也就是暗中请出一个人来“讲和”。

讲和的关键,是必须有一个或几个“和事佬”。而和事佬必须同时具备两个条件:第一,他自己必须是个有威信极有面子的人;第二,他必须有办法让双方都有面子。如果只能让一方有面子,那就不是“打圆场”,而是“拉偏架”了。和事佬和运动场上的裁判一样,都必须“公正”,和事佬只能判平局,不能判输赢,俗话说,纸里包不住火,和事佬要把冲突双方的“火”都包起来,他的面子就不能是纸做的。

所以,说到底,和事佬之所以能够和事,起到关键作用的还是面子大,因为一个“有脸面”的和事佬来讲和,这本身就是“赏脸”的事,不能“给脸不要脸”。这时,哪怕心中不服、有气、憋屈,但是,不看僧面看佛面,也只好不再计较了。

第二节　面子的用、给、要

一、面子之所用

1.适时原则

有了面子,还得会用。有面子不用,固然是傻瓜,而乱用面子也是糊涂。面子就如人情，都不可不用，也不可滥用。人情用多了要亏损，面子用多了要磨损，何时用，何时不用，用多用少，都要掌握分寸。如果面子本来不多不大，又在不该用的时候胡乱用了，那就是浪费资源。如果那面子原本就是借来的，又用在不该用的时候和地方，比方说，随随便便给别人用了，到该派大用场或者自己要用的时候也借不来，岂不糟糕？总之，面子必须用得其时、用得其事、用得其所，这就是面子的“适时原则”。

2.适量原则

可以借用，这也是面子的一大特点。因为面子是有覆盖面的，也可以称是有范围的。它就像发光体一样，其光芒总有外延。于是在光照之下，资源共享，利益均沾。有关系的人既然可以“沾光”，自然也可以“借光”。所以，自己面子不够时，可以借面子，比如和高级领导合影，著书请名人作序，吹嘘自己曾和某某首长一起吃饭等等，都是面子。当然也可以直截了当地请大官有面子的人出面讲情，写条子打电话，插手干预。但这样做其代价比较大。最好是借用之后而“易主”，并不知情，或不怪罪。不过借得多了，也难免露馅。最好是少借为妙，借用要适可而止，这就是面子的“适量原则”。

3.适度原则

面子不管是借来的，还是自己的，使用的时候都要掌握好尺寸。用小面子办大事，事情办不成，还会使人看不起，这是丢面子的事；用大面子办小事，会被认为是“小题大做”，或者会被人认为是“仗势欺人”，同样是丢面子的事。俗话说“看茶吃饭，量体裁衣”。面子的使用也一样，不能“拿着鸡毛当令箭”，也不能“提着杀牛刀去杀鸡”。这就是面子的“适度原则”。

综上所述，每个人平时都要有面子的足够储备，这才能择其适用者而用之。若是储备不足，也是枉然。

二、面子的本质

看来，面子这东西，既重要又有用。说它重要，就是不可缺少；说它有用，就多多益善。于是人们都很想知道，面子这个宝贝究竟是什么？

1.面子的特征是让人看

面子的特征的头一条就是“可看性”。面子，无论大小，都是要给人看的。所谓“不看僧面看佛面”，甭管那面子是谁的，哪怕属于如来佛祖的，总归要看。如果不看，或没人看，则等于没有。实际上“面”这个字，原本就有相见的意思，如一面之交、一见如故、面面相觑。还有面目全非、面目一新等等。甲骨文称：盖面。脸部五官中最是引人注意的莫过于目，所以，“面”与“目”常常联用叫“面目”。

不过，面与目虽然都和眼睛有关，意义却不相同。目是用来看别人的，而面则是给别人看的，面目是可爱还是可憎，都不要紧。如果有人看，那就不能马虎。比如做一件棉衣，“里子”不妨用旧布，“面子”则必须用新的。又比如，平时不妨吃咸菜，结婚时则必须大摆宴席。再比如，火车站里，外宾休息室一定要比一般候车室干净体面。而单位一到有人来参观时，清洁卫生也总是要搞的，因为要给人看么！就像出门做客也必须穿的漂亮一些，否则“面子”不好看呀。

人要让人看，最为重要的是“脸”，人身上唯独脸，不但要看，能看，一见面脸是非看不可的。俗话说：“出门看天色，进门看脸色。”如果不善于“察言观色”，便很可能会无端地碰一鼻子灰，弄得好没意思。

实际上“面子”也叫脸，叫“脸面”。有面子是“有脸”，没面子是“没脸”，给面子是“赏脸”，得面子是“露脸”，失去面子是“丢脸”，而毫不顾及面子则是“不要脸”。说他“不要脸”，是极刻毒的语言，一个人，尤其是女人，倘若被骂作“不要脸”，她非和你拼命不可。甚至面子和脸还有一种生理上的联系。丢面子的人会“脸红”，有的则是面红耳赤。得到面子的人，也就是别人“赏脸”了，自己“露脸”了，则会觉得“脸上有光”。总之，人多喜事精神爽，全都写在脸上。

这样看来，面子又类似于荣誉。有荣誉固然是“有面子”，而丢面子却不一定是丧失荣誉。比如一位小姐的玉体不慎被一位男士看见了，便是一件大丢面子的事，但它与荣誉无关。所以说荣誉并非人人都有，而面子却是人人该有的。

2.面子的实质是面具

总结起来，面子的特征是：一是人人具备，一旦丧失，便“没脸见人”；二是可以更换，有时变大，有时变小，有时还会丢光；三是专供欣赏，有人看时挂在脸上，没人看时束之高阁。说穿了，它就是面具。能戴上面具与神灵对话的便是个神通广大的人，当然不是一般的人，而且是极有地位的人。因此，面子也就意味着身份、地位。一个人的身份、地位越高，面子也就越大。他们往往又叫“头面人物”，意谓群体的“头脑”和“脸面”。

面具不但表明一个人的地位，同时也表示一个人的归属，即他是属于哪个群体，哪个阶层的，类似于现在的“工作证”或“身份证”。没有这些证件，那就成了一个来历不明的人，用现代术语来说，就叫“政治面目不清”。不清也就不亲，必须加以防范。有的情况下，它比公开的敌人还可怕，因为他可能是奸细、间谍。在“宁肯错杀一千”的思想指导下，很有可能立即被杀掉。

面子既然原本就是“面具”，则它也就同时是“角色”，或者说是角色的标志。角色有大有小，有主有次，则可称之为面子有大有小。但即便是跑龙套的，也是个角色，也有面子。所以，一个人，如果自认为颇有脸面，觉得自己的面子又大又光鲜，生怕别人“看不见”或是“看不起”，多半就会故意“摆谱”，和在京剧中叫“亮相”的作用差不多。

其实，重要的不是“摆谱”，而是“识谱”，也就是要知道自己有什么样的面子，在社会上扮演的是什么角色。应该如何面对群众和其他一些人物。如果弄不清或是演不好，那就会造成“角色错位”，当然也就“对不起”了。本应各按各的角色行事，若是出现“君不君、臣不臣、父不父、子不子”的状态，那就非丢面子不可。严重一点，如宋灵公、楚成王，还会丢了性命。就是没丢性命的人，至少，也被视为“表现不好”，没演好角色。

因此，一个有面子的人，要想活得有滋味、体面，就应当“表现好”；而要“表现好”，就要“守规矩”。中国的规矩很多，但原则的讲也很简单：第一要“识相”，第二要“懂事”。所谓“识相”，就是要会看脸色，知道世事和对方有什么样的面子；所谓“懂事”，就是要懂得礼貌，知道自己应该如何表演。知道别人是什么角色，自己又是什么角色，按角色各司其事，比方说，开会时，面子比你大的角色还没说话，你就抢先发言，人家脸上已经不耐烦了，你还在那里说个没完，这就是“没眼色”、“不识相”。又比方说，一个资格老、辈分高的人给你打电话说要来拜访你，你就应该立即表示“不敢当，还是我去看您老人家”。否则也是“没规矩”、“不懂事”。

3.面子本身就是演戏

中国的很多风俗具有戏剧性，就说送礼。在甲方，不送是不行的，不送是“不相识”；在乙方，不收也是不行的，不收是“不赏脸”。所以演戏就开始了，思想活动在双方都在进行着：拒收礼物，丢了实惠还得罪人，是很不划算的事。但是贸然或坦然收下，也是不行的，有没有受贿的嫌疑先且不说，至少是一方面显得自己贪财，或没见过世面，会丢自己的“脸”；另一方面又似乎认为对方送礼是理该如此，自己是“受之无愧”。尽管最后还是要收，但收之前必有一段推让辞谢的“戏”要演。送礼者先说：“请您笑纳”或“务请赏光”。这是拿面子做武器，意谓之不收就是不给面子。收礼者则云：“你太客气了，咱们是谁和谁呀？用不着这个！”这是用人情作盾牌，因为真正的“兄弟”是无须送礼的。送礼者也只好攻之以人情：“请别见外”，这意味只有“生人”的礼才收不得。最后受礼者只好启用面子来帮忙：“那么恭敬不如从命。”意思是先前拒收，不是不给面子，而是出于对你的“恭敬”；现在收下，也不是自己“不要脸”，而是为了“从命”。这里的“恭敬”和“从命”都是面子，但“从命”的面子更大，为了给你更大面子，只好收下你的礼物。这可真是得了人情又卖乖，既给自己找了台阶，又给对方戴了高帽。所以，尽管双方心里都知道这是在“演戏”，但为了面子之故，又都非演不可，只不过角色不同而已。

提到演戏中的角色，也就是一个人的角色，也不是一成不变的。比如在儿子面前是老子，到了老子面前便是儿子。此外，随着年龄的增长、名声的得失、地位的升降、财富的盈亏、等等，都会造成和引起角色的变迁。所谓“一阔脸就变”，就是说地位高了、财富多了、角色大了、其面子也大了，对于先前和自己面子相等的人，便会不大看得起。因此，在社会交往中，要想不伤对方的面子，最好先弄清对方此刻在扮演什么样的角色。比如你的一个老朋友、老同学或儿时的伙伴此刻发达了，当了官，做了教授，出任了董事长总经理，那么，你在他的办公室里，当着他的同事或下属或学生的面，切记不可呼叫他的小名或绰号，甚至不可直接呼其姓名，免得他当场下不了“台”。因为他演的角色变了。

三、面子的给与要

人怕没脸，树怕没皮，要是人没有了脸，树没有了皮，前途已定，那就是等死吧！

1.面子该给必给，要会给

在面子问题上，只有你给了别人面子，别人才会给你面子，要是你一点面子也不给别人，那就别怪别人往“死”里整你。因此说，要面子，首先舍得给别人面子。其次是自己也得会给自己创造面子。就拿穿衣戴帽来说吧，尽管手头拮据，也要尽量赶时髦，其原因就在于服饰能直观地表达一个人的面子，衣着是人的外表，当然它能体现面子。在重要体面的场所，曾有这样的告示：“衣冠不整，恕不接待”。不难看出服饰之道是多么重要。实际上人的衣冠不整洁，就是对客人的不礼貌，也是不给客人面子的表现。因此，尽管家里很穷，只要是出门在外，也要尽量穿得像个人样，穿件好衣服也是自己给自己创造了面子。

道理很简单，因为面子的重要性人人皆知，没有面子，就不体面，不体面就吃不开，不单单是吃不开，有时还会掉脑袋。大将军失败而归，感到面子丢尽，只好自刎而终。历史上的项羽，为了他的颜面，也就是为了了却面子自杀了。古人的面子实在是不像现在有些人的脸皮厚，本来他做了很丢脸的事，只是轻描淡写地说一句“不好意思”便罢。

为了面子死，为了面子让别人去死，死了之后还要争面子，说明面子可不是说着玩的。全家人，不论大人孩子，每个人都需要面子，而且也都力争得到自己的面子，孩子考上了大学全家人都高兴，都感到脸上有光，很有面子。

交朋友，为人处世，都要懂面子。首先是要懂得如何照顾对方的面子，倘若你自觉得面子大，不把别人放在眼里，若是碰上死要面子的人，他肯定是不吃你那套。他会撕下脸皮和你对着干，结果不会对你有好处，不但会把友情搞糟，很可能造成你意想不到的灾难。

相传古代有两个大官，一个名叫钟智，另一个叫康仁。有一天，钟智去拜访康仁，康仁当时正在看书，钟智上前施礼，康仁书而不辍，旁若无人。钟智被大大地驳了一回面子，他气急败坏，于是他向皇上禀报康仁正在练兵企图谋反，这样一进谗言，让康仁上了法场，人头落地。

老子说："来而不往，非礼也。"这本来可以不必发生的悲剧，却出乎意料的发生了。这叫以牙还牙，以眼还眼，是人际关系常见的一条准则。无论是恩是仇，都要回报。不但要报，而且回报的级别，往往大于给回报者的伤害。康仁要是以礼相待了钟智，岂能遭到灭命之灾。有道是："人敬我一尺，我敬人一丈。""你伤了我的面子，我一定要剥你的皮。"其实，既然是以恩报恩，以怨报怨，那么与其伤别人的面子，倒不如给他一个面子，这样的结果，让他欠你的人情，岂不更好吗。滴水之恩，涌泉相报。甚至是今生不能报的话，来生做牛做马也要报。怎么给别人面子？说穿了就是往对方脸上贴金，说好话拣中用的说，就是贴金。贴金的表现，不会有人拒绝。对方只能高兴，也会感激你，你给他脸上贴黄金，他日后会给你的脸上贴厚厚的一层白金。这种以黄金换白金的交易何乐而不为呢？何况你对他贴的薄，他对你贴的厚哇。怎样贴？比如说，你办喜事，他来向你道贺，你要说："欢迎你的到来，沾您的光，托您的福，我所以才有今天！"这样的语言，你自己的光彩是暗了些，可是对方的面子却大大放光彩。

在另一方面，即使别人的所作所为，你有看法，有意见，说的时候也要给对方面子，你要把话说得委婉些："你的某某事情做得很好，大家的反映都不错"，然后，你可用"不过"、"但是"、"就是"等往下做文章，对方肯定知道"但是"、"不过"后面才是真正要说的话，而前面的语言必须说，因为在人们的常规来看，前边的话不是假话，更不是废话，而是为了营造亲热和谐气氛的客气话，是一种谦虚的表现，假如你把前边的客气话丢掉，直来直去的说看法和意见，对方必然会认为你故意扫了他的面子，他心中则会大起反感。你用拐弯抹角的话当做前奏曲，减少敌对情绪，这就叫做"曲线救国"。你给了对方面子，你的用心良苦，为对方着想，怕的是对方脸上难为情，这样做的结果肯定是双方都过得去。这就叫面子该给必给，还要会给。

2.面子该要必要得会要

求人办事应当先打基础，这个基础往往是先请朋友吃饭。假如你准备好之后，亲自去请帮你办事的朋友，而这个朋友不太领情，不愿意来怎么办？这时，你可不能善罢甘休，你应当学会要面子，怎么个要法？至少应当说这么一句：“看在咱们多年交情的份儿上，给我一个面子。”或者说：“你我认识这么多年，这点面子难道你还不给吗？”只要他给了你面子，他吃了饭，那么他的心情就近了许多，也算是他欠下了你的人情。以后的文章就好做了，事情总是开头难，只要是打开了局面，成功的希望不会没有。送礼也是同样道理，请对方给个面子收下，只要他肯收礼，事情就算有了着落。但是，有关这方面的面子，你得想办法去要。当你的朋友听说你要请他吃饭时，他自然会知道你是无事不登他家的门。这时，他往往端起架子来，派头大起来，无论他想不想去，总是要推辞一番。因为你有求于他，所以你必须请他赏你一个面子。要面子的话一定多说，说到位恰到好处。只要是他答应了参加吃饭，你所要办的事，也就八九不离十了。

3.面子出了问题要会补

还有一点特别注意，朋友的面子不但要给够，给面子也要给得恰当，否则，事与愿违，造成好事办坏的结果。比如说，被请之人面子很大，也就是说身价高有权威，但在请的过程中，慢待了他，或者是未受到应有的待遇。对方又是个很挑剔的人物，当场就让你下不了台，造成极伤面子的后果。

张某为了提升为科长，请了四桌，特别请来了管人事的处长作为贵宾。然而，在上菜的时候，放在人事处长的面前的一条鱼比其他三桌上的鱼小了许多，这位处长大人，顿时脸色发青，别看是处级干部，修养也不是很好，他看着另外三桌上的大鱼，大为恼火，他在大家都兴高采烈的酒桌上大声喊：“等这条小鱼长一年再吃吧！”说完便起身甩袖而去也！造的大家都非常尴尬，顶好的宴席不欢而散。为了一条小鱼，导致请者与被请者翻脸，看起来让人们不可思议。但是应当明白大鱼和小鱼之间，这里边有面子问题，吃鱼就是吃面子，这样看，你就不会再奇怪，在死要面子的人们当中，不是只有这么一个处长。

当你遇到这种不仅没能让朋友欠你个情，反而伤了人家的面子的事，那么，你还得学会如何补偿。倘若你对他的伤害是无意的，这时，你必须专门到家去赔礼道歉，说明是饭店厨师的毛病。一般都能化解矛盾，不致酿成大祸。

面子就像人的衣服一样，既可以遮掩身体，也可以用来遮羞。面子和感情不同，面子可以作假，而感情却必须是真实的。面子有大有小，感情亦有深有浅。然而，感情的深浅不以面子的大小为转移。如果说，面子里渗透进去情感，那就可以出现奇迹。感情是以内心的体验为依据，它比面子更真实。如果对方出于面子而为你办事，难免敷衍，或尽力不尽心；若是出现感情为你办事，则会尽心尽力，两肋插刀。因此，面子的善用者，一定要把感情渗透进去，公关小姐，大都是个善用面子专家，在用面子的过程中晓之以理，动之以情，所以她办事的成功率极高。你请了朋友吃饭或是送礼他收下了。他就欠了你的人情，即是欠下了情，这也是真实的东西，那还能怕他办事不尽心。

第四章
家人有出息源于成色好

提示："成色好"的含义是指人做事能力强，成功率高，这种人才会有出息。而要想有出息，还必须胆大、心细、遇事不慌。面对复杂的情况，要有超人的应变能力。读过此文定受很大的启发："豁然开朗。"

第一节　有出息源于敢行动

一、敢想敢干才有出息

1.胆略要大

有人曾一针见血地指出：世界上最可怜的人，就是那些遇事举棋不定、犹豫不决、彷徨歧路、不知所措的人；还有那些没有自己的主张、不能抉择、唯人言是听的人。这种主意不定、自信心不强的人，其致命弱点，就是缺乏敢想敢干的胆略。

有些人能力很能强，头脑敏捷，人品也很好，就是因为他有优柔寡断的习惯，一生中他处处事事都失败了。这种优柔寡断的习惯，足以使他丧失种种机遇甚至是生命延续的机会。但是，敢想敢干的胆略，并不是没有事前的考虑。这就是决定做某一件事情以前，要将这件事情的方方面面都要考虑到其中的细节的正确性，在拍板之前，运用自己的全部智慧、经验与理智做指导酝酿成熟做出决断。要是犹豫不决，将一事无成。胆略越大，才易于成功。

2.想的要多

能够做到事业有成就的人，永远是那些信任自己见解的人，不怕自己孤独的人。这个人肯定是个勇敢而有创造力，并且勇于向困难挑战的人。他想得越多成功的几率就越高。

打破常规、表现自我最重要的是勇气，无畏者方能前行。“胆怯”足以阻碍人的成功。许多人都有志于向前，有志于表现自己，但却被过度的胆怯与缺乏自信所束缚、阻挡。他们总是跃跃欲试，却不敢行动，因为害怕失败、害怕别人的讥讽和嘲笑、害怕流言飞语、害怕付出没有回报。所有这些恐惧心理，令他不敢说话、不敢做事、不敢向前冲。他只会等待，寄希望于出现神秘的力量，给予释放信心和勇敢，结果只是一个空想。可见，铲除一切阻碍和束缚我们的东西，唤回失落的勇气是多么重要。一个敢想敢干的普通人，可以胜过一个处处受束缚的天才者。所以说，想人之所不敢想的人，是一种走向成功的突破者。

3.不靠经验

事实可以证明：抑制我们不敢想不敢做事的，还有一个重要因素，就是“经验”。固守经验有时候非但无益，还会害人性命。曾有这样一个实例：一艘远洋海轮不幸触礁，葬身海底，9名船员幸免于难。他们登上了一个孤岛，岛上只有石头别无他物，没有水喝没有食物。谁都知道，海水是不能解渴的，因为海水又苦又涩又咸，凭经验是绝对不能饮用的。在炎炎烈日下，每个人的嗓子都像冒了烟一样难受，盼下雨不下，盼有船搭救没有踪影。9人有8人最终坚持不住，纷纷渴死在孤岛，只有一人快要渴死的时候，他实在忍不住而扑进海水，奇怪的是，他一点儿也感觉不到海水的苦涩，相反觉得海水甘甜清爽，非常解渴。他想：这也许是临死前的幻觉吧。于是便躺在岛上静静地等着死神的降临。当他醒来时，发现自己只是睡了一觉，并没有死。于是他每天靠喝海水度日，终于等来了救援的船只。

救援船只上的人们对这里的海水进行分析发现，这儿有地下泉水不断翻涌，所以岛边的海水实际上是甘甜可口的泉水。8名船员因为死守着“海水不能饮用”的固有经验，最终渴死在淡水边。所以说，敢于突破“经验”，才有生存和成功的希望。

4.敢闯禁区

阻碍我们成功的，往往不是不知道的事，而是一些司空见惯的事情，比如，自身固有的观念、前人的经验、世俗的眼光等，这一切都会成为枷锁套住人们的思想，让人们不敢跨出一步。要想成功，或是创新，首先要做的就是拿出打破一切常规的勇气。成功的人，往往是那些能够摆脱条条框框的束缚，并在工作中有所突破的人，这种人是各部门都急于招聘的对象。

曾有这样的一个古老的故事：有一个大户人家，老东家对新来的长工强调要求做到的一件事。他说：“谁也不要进入厢房没有锁着的房屋。”老东家没有说明原因，也没有人问为什么？大家都是牢牢记住了这个规定。

紧接着又来一位长工，老东家又向他重复了上面的规定。这位年轻长工却大胆地问：“为什么？”“不为什么”。老东家满脸严肃地回答，依旧没有任何解释。

下地干活时，年轻长工在思考着老东家这个令人费解的规定，他小声嘀咕了一句：“不让进那屋？为什么？”其他长工劝他别瞎操心，遵守这个规定就是了。但是这位年轻长工却不听邪，他执意要进那屋看个究竟。这天，他轻轻地敲了一下门，没有反应，再轻轻一推，虚掩的门开了，只见屋里有一块方形的木板，上面写着：请把这个方形牌子送给老东家！

闻知年轻长工擅自闯入“禁区”的其他几个长工，劝他赶紧把方牌放回房间，他们都表示替他保密，但年轻长工拒绝了。他拿着这个方牌真的送给了老东家。

当年轻长工把那个方牌交到老东家手中时，老东家立即召集所有长工和家里的成员，当众宣布了一项惊人的决定。他说：“从现在起，这个年轻人既是咱家的管家，又是打头的！”年轻人诧异地问：“就因为我拿来了这个方牌吗？”“对！等这一刻我已经等了快半年了，相信你能胜任这份工作，因为你有个闯劲！”老东家自信地说。

果然，在这个年轻人的带领下，老东家的家业被他管理的井井有条，庄稼种的是年年丰收，日子过得红红火火。

这个实例虽然陈旧，但它能说明一个很耐人寻味的问题，那就是勇于走进某些本来可以进入的禁区，才能打破条条框框的束缚，敢于迈进一步，会寻找到意想不到的机遇。因循守旧、墨守成规、维持现状的人，过的只能是芸芸众生的生活，不会有什么长进。

5.主宰行动

做人如果总感觉自己不如别人，尽管他实际上有能力，但他的表现往往真的不如别人，因为思想主宰行动。一个人心里怎样想的，肯定在行为上能反映出来，没有任何伪装能够把其感觉长期遮盖起来。也就是说，思想支配行动，既要反对人家，就不可能把其行为隐蔽得十分彻底。也就是说，一个人如果总觉得自己没有独立做事的能力，就不可能超越其他人，那么他就真的不会独立，只能是跟在别人的身后爬行。

有一位才女不但业务精通，文笔和口才表达能力都是无人可比。大学毕业后，在学校的极力推荐下，这位高才生被一家大报社录用，遗憾的是这样一个让学校都引以为豪的人物，在报社工作不到半年就被炒了鱿鱼。

原因很简单，她就是吃了老是躲在别人身后的亏。大报社每周都要召开一次例会，讨论下周的选题与内容，在讨论会上，大家都争先恐后地表达自己的观点和意见,只有这位才女总是悄无声息地坐在一个角落里一言不发。她原本有很多很好的想法和创意,但她总是有顾虑,一怕自己初来乍到便“妄开言论”,别人认为是张扬,是锋芒毕露;二怕自己的思路不合主编口味,被人看做是幼稚。就这样,她在沉默中度过了一次又一次激烈的讨论会。有一天她突然发现,这里的人们都在力争自己的观点,似乎已经把她遗忘在身后,于是她开始考虑要扭转这种局面。但这一切已为时已晚,她要求发言但没有人给她机会,没有人再愿意听她的声音了。在所有人的心中,她已是一个根深蒂固地、没有任何实力的花瓶人物。最后,她终于因为自己的过分沉默而不得不失去了这份工作。

你如何思维决定你如何行动;你如何行动将决定你取得什么样的成就,你的思维是等待,那只能是自食恶果。这就是应当切记的重要逻辑,而这个逻辑正是我们不厌其烦地强调思维与勇气都有重要性的原因。

我们每个人在年轻的时候都有愿望,都想有朝一日成为什么样的人物,但事实上,大多数人都因为没有勇气冲破局面而扼杀了自己的愿望。其不知敢想就会产生欲望,有欲望则应有努力行动的勇气,欲望一旦利用就是力量。老是躲在别人的身后,只会成为一个让人看不起的平庸者。

二、积极行动才能成功

只是在脑子酝酿却不去做,等于什么也没有想;只是有完美的创意而不去实现,等于是失败。想了就要去做,灵机一动需要周密的行动计划。任何伟大的创举,都将经过行动的检验,而成功也会在千锤百炼中诞生。

1.好的开始是成功的一半

人的一生由许许多多偶然和必然的事件组合而成,有时一次偶然的事件使某个人变成了大人物,也有时一次偶然的事情使某个人变成了小人物。在常人看来，大人物总是和大事件联系在一起，小人物总是和小事件联系在一起。有的人一辈子也不会做成一件大事。但是，无论大人物还是小人物，都会和一件又一件必然的小事发生关系。因此说，小事情是一生中最基本的内容。无论大小事情，好的开始是成功之半。

大事能检验一个人的智慧、才能和品格，小事情也能。如果每一件小事都能做得漂亮、舒心，那你也能得到极大的快乐和对自我的肯定。小事虽然微不足道，但不做也是不能成功的，那些常常游手好闲的人，他的成就肯定不会超过别人。这是什么原因？因为小事来得频繁，办事所花的时间也多，积累起来数量也就大；而大事来得稀少，积累起来数量也就小。一个凡人成为一个伟人，绝不是某个机遇的缘故。不断地追求才有不断的进步；不断地实践才有不断的成就；不断地积累才有不断的提高。

栽什么树苗，结什么果；播什么种子，开什么花。积累耕耘的经验就能成为好农夫，积累贩卖的本领就能成为好商人。在这种积累过程中，既有痛苦，又有快乐。但它的前提是能迈开第一步，才有积累的可能。然而在这积累的道路上，即便是取得最微不足道的成功，也已经迈出了许许多多蹒跚艰难的脚步。

你希望一口吃成个胖子，取得成功就像迈一下脚步那样简单。或许常这样想："我希望自己是个完美无缺的人。假如我有好的天赋，是个智者的话，我就会成为一个干什么事情都永远不会失败的人。"这是幼稚的懒汉成功逻辑，按这种逻辑，成功者会是易如反掌，成功者都有遗传得来的特殊天赋，都有把事情做得尽善尽美的诀窍，都是无师自通的天才。这种"马上如意"的思想是导致失败的"专家"。这种想法，终将你抛向失败的谷底，不堪回首。切记，从第一步开始行动之后，还应当脚踏实地的继续向前走。

2.思考之后积极行动

应当认识到思考是行动的种子，若是将构思转化成行动，它需要具备顽强的毅力和不懈的努力。

有了思想上的想法，才会产生行动。要行动首先要有思想，因为思想支配着行动，有了某种构想，然后才能把它付诸行动。只要你能控制自己的思想，你就能控制自己的行动。更为主要的一点是，我们不仅有思想，而且还有能支配自己思想的本领。我们可以决定自己脑子里想的东西，也可以舍弃无用的想法。还可以创造积极的充满活力的、促使成功的思想。越是有向往成功的思想，你的进步越是迅速。

思维能力上的差异，可以直接影响到一个人的成功和失败。因为任何人的处境总是在不断变化之中，因此就会有不同的遭遇。也会带来种种难题和困惑，有必要从调整自己的思维方式来解决面临的许多问题。这里主要指突破性思维，思维是人变化着的智力活动，在解决问题时需要用各种方法进行思考，而具备洞察力，能鉴别优劣并善于做出抉择的思维方法才具有创造性，即突破性。至此，积极的行动则开始了。而行动应该做到：第一，要提醒自己勇于尝试，重在参与，尽量表达自己的意见。克制惧怕，要自然地表达应表达的东西，有许多公众人物，都曾努力跨过这道门槛。第二，如果你想克服惧怕，只有一条路：坚持下去，切不可半途而废。第三，采取循序渐进的方式努力行动，做到由近到远，由低到高，由小到大。第四，要学会用开阔的视野来看待挫折，一定要学会正确评价客观事物。第五，即使你今天陷入困境的阴云笼罩，相信明天自然消散，天日也一定会重见。

事实证明，在人生的棋局上，能立于不败之地的人，都是那些敢于正视现实、接受挫折、不怕失败、锐意进取、敢于积极行动的人。

3.积极行动的三个要素

(1) 多想不如多动

灵魂的喜悦在于行动。有些人之所以不能成就大事，是因为他们没有把行动的力量发挥出来。这就像是骑自行车，当车向前走的时候，很容易保持平衡，一旦停下来，要想保持平衡就十分困难。

成功与失败的区别就在于："前者动手，后者动口，却又抱怨别人不肯动手。"意思是动手者即为之行动，只有行动才能成功；动口者，只说不练不行动根本没有成功的希望；自己不动手还抱怨别人不帮助动手。结论：心想事成只是空想，行动起来才有成功的希望，而积极行动又是成功的关键，所以说多想不如多动。

（2）确定之后不拖延

一个人在事情还没做之前便想逃避，待事到临头时会觉得更痛苦。得拖则拖，把拖延当做一种生活方式，本来可以很容易做到的事情，拖延的结果错过了时机，再想去做为时已晚，这种人却找种种借口，施展逃避去做的一贯伎俩。这种人通常还爱评论人，也就是自己坐着不动，看着别人做，并且还对人家的行为评头论足的人，往往是一个借口多端的人。最后就成为一个一事无成的人。

（3）肯花时间做准备

准备什么？知识的基础，是用时间阅读而得；智能的根源，是用时间思考而成；成功的代价，是长时间辛苦工作的结果；快乐的源泉，是经常助人的来源；消除烦忧，是经常用时间去笑的效果；健康的保障，是长时间去健身换来的；心灵的净化，是经过不断沉思的结果；永葆青春，是长时间的娱乐活动的贡献；动人的乐章，是肯花时间去爱的浪漫。以上所有要诀，是花费了许多时间做出的计划。

三、没有行动就不会有成功

事在人为的道理大都晓得，但真的一旦付诸行动，人们仍然不免犹豫不决，瞻前顾后，难以迈开行动的步伐。

1.行动受阻主要有三条

（1）心态束缚手脚

有人做事瞻前顾后，一行动就想到消极的一面，想到失败。这种恐惧心理摧毁人们的自信，阻碍人们的潜能，束缚人们手脚，促使人们遇事不敢轻举妄动。

（2）害怕出现风险

人对某事发生改变，多多少少会有一种莫名其妙的紧张和不安，即便是代表进步的改变亦然，这就是害怕风险。行动就意味着前面会出现风险，因而就左顾右盼，犹豫不决，拖延观望等等。特别是当形势严峻时，人们习惯于保全自己，不是考虑如何发挥自己的潜力，而是集中注意力如何减少自己的损失。

（3）怕行动出现不良后果

有一种理论说，人人都有自私的天性，怕行动，不愿付出。其原因是出于自我保护的本能，付出就意味着“失去”，而行动就意味着要付出。

因此可以说，行动与其说是能力，还不如说是一种勇气。而行动的障碍只有用毅力和勇气才能解决。

有一个简单的道理：说一尺不如行一寸。现实是此岸，理想是彼岸，中间隔着湍急的河流，行动则是架在河上的桥梁。只有行动才会出现结果，行动创造了成功。任何一个伟大的计划和目标，都要靠行动来实现。

如果你喜欢做某件事，那你就应该去找擅长这件事的人，和他来往接触，肯定就会有所帮助，有所进步；如果你最讨厌某件事，可是又必须学会才行，因为你要依靠它生存。这时，你就得去找会做这件事的人，主动和他交朋友，由于他的言行影响，你也会转变观念，也就不讨厌某件事了。其实，“喜欢”和“讨厌”的感情，不是先天的、绝对的，大都是因为缺乏亲近感而产生的。就像我们冷丁进入黑洞时，就会感到不适应，但过了一会，当眼睛习惯了黑暗状态，不适应的情况就会消失。当你决定追求的方向，用实际行动去接近它，那么也许曾经不大有兴趣的事也变得可贵了。

成功并不需要你知道多少，而是依靠你做了多少，所有的知识、计划、心态都要付诸行动。不管你现在决定做什么事情，设计了多少目标，关键是要你马上行动。千万不要做语言的巨人，行动的矬子。切记，只有行动才会有成功。

2.灵感源于行动

什么是灵感？它是人脑的“一闪念”而呈现的招数或办法以及事情。

一个人常会突然想到某个主意之后去行动，结果对自己以后的人生产生极大的影响。其实这种突然想到的事，并不是偶然产生的，而是和本人过去的人生经历有关联。所以，某些灵感可以说是必然会产生出来的，它是深思熟虑的结果。

很多人都有这样的经验，因为偶然产生出来的灵感，完成了许多棘手的工作。当然，这也是需要努力并抱着良好的心态才行。而这种努力和想象，也会酝酿出更好的灵感。

有一个著名的阿基米得定律，就是靠灵感才发明的：两千多年前，一个国王给一个金匠一块纯金，让他做一顶帽子即为王冠。虽然金匠做好的王冠重量与国王交给他的那块黄金相同，但国王怀疑金匠在王冠里掺了假，不是掺了铜就是掺了银。为了弄清真相，国王把这个任务交给了一个叫阿基米得的人。

由于王冠的形状很复杂，上面还雕着细致的花纹，用算术几何的方法都无法算出它的体积来。阿基米得对王冠费尽苦心，简直像着了魔一样，整天整夜的想办法，但是毫无结果。

有一天他去澡堂洗澡，他一跨进盛满水的澡盆，水就溢出来很多。他忽生灵感：盆里溢出来水的体积，不就是自己身体的体积吗？于是他从澡堂里跑出来狂呼：“我发现了！发现了！”

跑到王宫后，他对国王说：“我找到测定王冠的方法了！”随后，他做实验给国王看。他把相同重量的纯金和王冠先后放在盛满水的盆子里。因为金子比重大，在重量相同的情况下，体积比较小，而王冠掺进了别的金属，比重较轻，体积增大，排出的水就多了。国王的怀疑被证实了，金匠也不得不承认偷了金子。结果被国王处死。

就这样，阿基米得一时的灵感闪现，不仅揭开了王冠之谜，还发现了浮力定律，即著名的阿基米得定律。

想成功，必须行动才能实现。只要是积极地干事业，勇于思考，敢于面对困难，办法总是有的，灵感就会涌现出来。只要有信心、有信念，就可以得到很多灵感，成功也会更快到来。更重要的是，要看你有没有决心，凡是要办成一件事，就必须有决心。决心是行动的动力，决心又是灵感的前提，有决心的工作才会动脑动手，只要是动脑动手的行动起来，灵感就会酝酿其中。

产生灵感之经验有以下几点：

第一，头脑中要有一个亟待解决的中心问题，这是由灵感的专一性所决定的。

第二，对要解决的中心问题，要反复地、紧张地、艰苦地、长时间地思考，也就是说，要进行超出常规的过量思考。

第三，搁置一段时间。在进行过量思考使思路进入到僵局状态时，便可以把要解决的问题暂时放一放，让大脑放松放松。也可以从事一些其他工作或去玩一玩、散散步，改变一下原来的环境，缓冲一下紧张的思考。

第四，要有足够的知识储备及有关资料和信息资料的积累，这也是产生灵感的一个必要条件。

第五，灵感产生于人脑的“一闪念”，一旦形成，即表示灵感已到来，关键是要及时地抓住它，并通过自觉的思维活动来对待这突然而至的“宝贝”，才能在创造中起重要作用。

当然，灵感的产生并非一定要经过上述的全部或其中某个过程。比如，有的人不需要“搁置”阶段就可产生灵感。但是，不管怎样，我们必须明确获得灵感的艰巨性。正如爱迪生先生在自己获得成功时说的：“天才是百分之一灵感加上百分之九十九的汗水。”

3.先行一步是良策

不管做什么事，总是步别人后尘的人是成不了大器的。要是如此一来，成功永远属于别人，自己得到的只是残羹冷炙。聪明的人不随大流、目光独到，在别人还没“睡醒”之前就已经行动了。

在某一事业或领域的“领袖”，几乎都是起步比较早的人，他们不一定比别人做得好，但是，因为起步早他们有更多的机会调整错误。所以说卓越的成功者在做每一件事时，都要比别人早一步，都要比别人更迅速地掌握未来的动态、资讯和走向。

成功者都积极活跃，尽管他们有时心目中并没有很多明确的目标，但是他们感觉敏锐，变动的非常快，以行动作为自己的努力方向，尝试新的途径、接受新的信息，能做到先于别人下手。所以，经过一番奔波忙碌之后，必然取得某些有价值的成就。

有一个8岁的男孩，一天在庄外边玩耍时，捉住了一个嗷嗷待哺的非常漂亮的小鸟，男孩决定把它带回家喂养。在他往家走的时候，他突然想到妈妈不允许他在家里养鸟，于是，他就把小鸟放在门口的柴草垛里，急忙跑到屋里请求妈妈，在他的哀求下妈妈终于破例答应了。

小男孩兴奋地跑到柴草垛跟前，不料漂亮的小鸟不见了，只见一只黑猫正在意犹未尽地舔着嘴巴。小男孩为此事伤心了很久，但他从此也记住了一个教训：“只要是自己认定的事情，决不可优柔寡断。”这个小男孩长大后成就了一番事业，名扬海外。

有人说：“作战方法贵在控制别人，而不被人控制。”控制别人就把握了成功，被人控制就抛弃了成功。而想控制别人，贵在抢占先机。抢先一步容易控制别人，落后一步容易被人控制。还有人说：“先发制人，后发制于人。”要想创大业干大事，就要千方百计抢占先机而不落于众人之后；就要使人追随我而不是我去追随人。

“用兵作战要使自己先发制人，必须掌握作战的先声、先手、先机、先天。”先声是指在声势上首先压倒敌人；先手就是交战时抢先下手；先机，即把握作战的先行良机；先天，不用争夺而制止了争夺，不用战争而制止了战争，胸中早有了不战而屈人之兵的韬略。先发制人最重要，而先发制人的各种手段中，又以先天最为重要。

不论什么事，要是做到先人一手、先人一着，就有取胜的把握。等他人追赶的时候，你大步向前，又拉开了彼此的距离，因而你会永远处于领先的位置。要想永远领先，就要处处争先，永远争先。总是比别人先行一步，即使他人奋起直追，而你又大步向前，始终保持着原来的距离，你将永远领先。

4.努力、努力、再努力

“努力是成功的途径，而且是成功必须付出的代价。”应当说，每一个成功者都是非常努力的，成功者有成功的想法，也有成功的方法。结论肯定了成功者一定是经过努力的。如果有人说，努力的人不一定会成功，这种说法对吗？回答也是肯定的，这是错的！如果说他没有努力到可以找到成功的方法，事实上他还是不够努力。

一个伟大的艺术家要成就一件传世之作，不知道要吃多少苦头和多少年的磨炼；一个作家要成就一部优秀的作品，不经过几番痛苦的思考与构思是写不出来的；一支部队要赢得一场战役的胜利，就必须做出巨大的牺牲。这些艺术家、作家和战士都是用艰苦的努力和辛勤的汗水铸就成荣誉的桂冠。

同样是大学毕业生，实践证明，出校以后的成就与在校成绩并没有什么必然的联系，但和他们踏实的性格密切相关。平凡的学生比较务实，能做到自律，比别人更努力，所以有许多机会落在这样学生的身上。平凡的学生如果加上勤能补拙的特质，成功之门必然向他们大方地敞开。

一个肯于不断扩充自己能力的人，总有一颗热忱的心，他肯干肯学，能够多方面向人求教，就能在各种不同职位上增长见识，扩充能力，他就能成为一个耀眼的人物。

成功的人永远比一般人做得更多，当一般人放弃的时候，他总是在寻找如何自我改进的方法，他要加倍努力总希望更有活力，他要付出更大的行动。他时刻记住，成功永远不在于一个人知道多少，而是在于采取了什么行动去做。他知道：所有的知识必须化为行动，因为只有行动才有力量。

我们是凡人，生命不是无限的，不可能放弃自己的一切去听从别人的指挥，由他人操纵自己的一生，否则，到了晚年就会悔恨自己，也会埋怨他人。与其如此，不如从现在开始就走自己的路，计划自己的生活。切记：受苦是成功与愉悦的必经历程，肯干就能成功，但必须做到比他人更加努力。

第二节 能成功源于应变快

天地间没有不变的事情。万事万物随时而变、随地而变、随社会的发展而改变，随人的生理、情感、观念而变。学会应变、善于应变、精于应变，能够随着时势、事态的变化而从容应变，是一个人做事时必须具备的本领。不能认清客观形势的变化，不能跟着客观形势变化而变通的人，最终将什么事都做不成功。

一、因人而变才能把事做好

在你做事时，应当特别注意因人而异、视人而变，切不可不分场合，不顾人物性格，没有分寸地为所欲为，也不可在任何情况下总以同一方式“以不变应万变”。假如你用固定招数对待每一个人，这样吃亏的是你、失败的是你、不得人心的还是你。

1.对拘谨之人怎么办?

过分拘谨人的特征是：就算你很客气和他打招呼、寒暄，很热情地主动与他说话，他也会表现得很冷漠，甚至不理你，不在乎你说的话。碰到这种人要想和他交往，必须仔细研究观察一下他的一举一动、兴趣爱好，寻找出他真正关心的事情来，你就会得心应手。开始时，你可以用提话引话的办法和他闲聊，只要他能够简单地回答或是有细微的反应，接下来就好办了。你继续用他感兴趣的问题，引导他充分表达他的意见和看法，促使他逐渐投入到与你交谈之中，让他打开话匣子。至于以后的事情那就不用多说了，你需要他办的事，可以施展你的技能，你的目的则可以顺利达到。这种人，你必须始终注意把握的一点是，以他感兴趣或关心的事情为契机，然后有意触及你关心的或是需要做的事情上来，他便会“滔滔不绝”地和你交谈。因此，你要恰当地掌握并利用这类人的性格和心理，就能成功地与这类人交往。

2.对善于表现之人怎么办?

有这样一些人，不管遇到什么事情，他都喜欢表现自己，特爱发表一些他自己的看法，也不管他自己行还是不行、是对还是错，他都主动上前表现一番。如果他露了脸，他便会到处张扬，要是砸了锅，也不要紧，他还有成千上万条理由可以拿来搪塞。总之，他处处事事忘不了表现自己。对待这种人，最好的办法是站在一旁静静地观看，因为有时你明知他会出纰漏，你要是好心提醒他，他不但不领情，反而会认为你嫉妒他，甚至记恨你，等他真的出了问题更会怪罪你，说是你使了坏。这类人很少冷静下来思考问题，他总是处于热血沸腾、跃跃欲试、做事不假思索、草率决断，甚至为了表现自己的所谓“果断”而招致意料不到的损失。所以，当你遇到类似这种人时，一定要记住不要阻止他的自我表现，要想办法利用他的表现来为你服务。“顺情说好话，耿者讨人嫌。”偶尔做一次配角似乎并不算什么，但这样的配角往往是为了自己的目的而至。切记，为了避免由于他草率和“果断”而造成的麻烦，尽量在适当的时候牵制一下对方，或在必要时候提醒一下他冷静从事，以免不让他掉进万丈深渊。

3.对城府较深的人怎么办?

这类人不肯轻易让别人了解其心思和想法，故而圆滑，不情愿被他人操纵，或是总想使人不知不觉中落入其精心编织的圈套。这种人最大的特征是说话不着边际，一旦涉及正题便“环顾左右而言其他”，使你产生摸不着头脑和不知如何应付的感觉。事实上，在他的不着边际和“环顾左右而言其他”之间，他能迅速了解和掌握你的思想和动机，然后争取主动，使你处于被动和服从的地位，无形中被他牵着鼻子走。也有的情况，纯粹就是为了逃避矛盾，保全他自己，使他永远立于旁观者的地位，这样的结果你只会感到无从下手。对待这种人，不妨以其人之道，还治其人之身，最好是彼此之间保持一种平等而互不干涉的局面。当你必须要与这类人交往和合作时，你就有必要先花一番心思去探察对方的真实目的和想法，然后运用诱导的方式使其露出“庐山真面目”。不怕难交往，就怕不认识，只要认识其真面目，不愁没办法对付他。这时候，你可以干脆省力坦率直言，直截了当地说穿问题，使对方也来了个措手不及，并请对方也实话实说。如此如此可以减去揣测、诱导手段带来的情报不准确的麻烦。

4.对傲不讲理之人怎么办？

确实有这一类人，他们自视清高，目中无人，总是以一种傲视一切、举止无礼的面目出现在人们面前。如果你身边有了这种人，一定经常发生不愉快的事情。而且周围的人对这类人持排斥的心态，很显然这样的人是典型的最不受欢迎的人。既然现在我们必须面对这种人，就应当想想办法对付他，不卑不亢是对待这种人的第一办法。不论他怎样盛气凌人，我们绝不自认卑微或同样地虚张声势，那样的话我们不但会白费神力，甚至会两败俱伤，带来不良后果。因此，不卑不亢是良策。第二个办法是少跟他啰唆。在这种人面前，我们说话应干净利落，少跟他磨牙，免得给他增添气势，无形中为他增加无数的机会。如此一来他就不得不有所收敛了。

二、因事而变才不会把事办坏

因事而变，才能做好事情。当然，事情有难易之分，也有大小之别。有的事情和自己的切身利益紧密相连就一定去做，有的事情和自己关系不大则可做可不做。如果你对自己即将要做的事情可以做到，就要义无反顾地去做。但要切记，凡事都有变化的可能，应当注意因事而变的技巧，千万不要墨守成规。要是不以“不变应万变”，吃亏的那就是你了。

1.利弊要权衡

做事首先要权衡一下该事情可能出现的种种情况。人无远虑，必有近忧。聪明人做事，在注意其利益的同时，也不能忽视与之相伴的害处，要兼顾利害得失。

雍正皇帝是权衡利弊的榜样。雍正的前任皇帝康熙，亲手创造了一个所谓的“太平盛世”。留下了非常严重的后遗症：吏治腐败、税收短缺、国库空虚。堂堂大清帝国，竟是一个空架子。国库空虚，关系非浅，新皇帝岂能坐视？然而钱粮的亏空，不是简单的经济问题。各地亏空的钱粮到哪里去了？雍正心中很清楚：不是上司勒索，就是自己渔利，国库的银粮，被那些权贵们在“不借白不借”的心理支配下，侵吞了。这么多人来挖国家的墙角，国库还有不空的道理？由此可见，亏空关系到吏治，而吏治关系到体制，这是一个连环套。这个连环套上的每一个环节都含糊不得。如果说打江山要靠枪杆子，那么治江山就得抓钱袋子，所以亏空不能不补，吏治的腐败是最大的问题，所以根治腐败不抓不行。雍正把这一切看得十分清楚。由于雍正皇帝权衡了利弊，在康熙皇上去世刚好一个月时，下令户部全面清查亏空钱粮，也就今天所说的彻底反腐败。雍正不顾其父“尸骨未寒”，就要对康熙留下的积弊大动干戈，可见其决心之大，也可见事情之紧迫。这一举动关乎国本，也关乎帝位。一旦半途而废，不但雍正自己身败名裂，国体也可能为之动摇。因此只能胜，不能败，只能进，不能退。雍正信心十足。雍正之所以信心十足是有道理的，他确实不是糊涂皇帝，更不是不识时务者，与其父康熙相比，他还有一个优势，就是洞悉下情。各级官员有什么鬼心眼，小动作，官场上有哪些流习和积弊，他都一清二楚。他深知，下级对上级，地方对中央，向来就是“上有政策，下有对策”。中央的政令到了下面，没有不打折扣的。清楚亏空牵扯到那么多官员的切身利益，岂有不研究对策之理？那好，你研究，我也研究。你有对策，我更有对策，而我的对策是；先研究你的对策，再出台我的政策。我的政策是针对你的对策的，看你还有多少对策！结果，贪官污吏全都傻眼了。这就充分说明，兼顾利害得失者，无论办什么事都不会陷入困境。

2.轻重要分开

人世间，有些事情是有轻重的，处理时当然要加以区别，轻重缓急分不清就会耽误大事。然而对某个人来说在分清事情的轻重上也有所不同，在别人看来是重要事情，但在某某人看来，却认为不足为重。

举个例子来说：汉宣帝时代有个宰相名叫丙吉。这年春天，丙吉乘专车经过繁华的街道时，碰见有群人打架，死的死、伤的伤，但这位宰相却若无其事地通过现场，什么也没有说，告知随从继续往前走。走着走着又看见一个牛车，这拉车的牛吐出舌头气喘吁吁，丙吉急忙停车派人去向牛的主人问到底这牛是怎么啦？随从们看到这一切都觉得很奇怪，为什么宰相对群众殴斗事件不闻不问，却担心牛的喘气，如此岂不是轻重不分，人畜颠倒了吗？于是有人鼓起勇气请教丙吉。丙吉回答说：“取缔斗殴事件事关公安的职责，身为宰相只要每年一次评定他们的勤务，再将其赏罚上奏给皇上就行了。而我之所以看见耕牛气喘吁吁要停下车来问明原因，是因为时值初春，而牛却吐舌头气喘不停，我担心是不是阴阳不调（发生疫情）。宰相的职责之一就是要注意顺调阴阳，因此，才特意询问原因何在。”众随从听后恍然大悟，纷纷称赞宰相视事情的轻重而办的行动非常英明。

这就说明，我们平时做事，要特别注意自己的身份，哪些事情为重？哪些事情为轻？不该你做的事少管闲事，该你做的事情，要根据事情的轻重采取行动，应该知道什么是自己该干的，什么是可以委托他人干的，什么是可以干的，什么事应该先干，什么事应该后干。切记，做事情要因事而变，因身份而干。

3.大局要顾全

从大局出发，舍卒保帅是一种深远的谋略，是一种宽柔的智慧。人世间，许多仁人志士甘愿名誉受污而成就更大的事业。古语说："立名难而坏名易"。好的名声的建立是很难的，而破坏名声往往在一时一事之中。所以说名节上的损失绝非小事，勇于牺牲名节必定是为了更大的目的，这就是在顾全大局。对于这个大局来说，个人名节就是卒，为了保全大局这个帅，舍卒往往是不可避免的。

要做到首先顾全大局，就必须临危不乱，关键时刻不能患得患失于小利小益，要善于分清眼前利益，能够舍卒保帅，为了更大、更长远的利益舍弃眼前的利益。在相对小的利益面前装糊涂、不动心，是每一位渴望成功的人所必备的素质。

古人云："爱出者爱反，福往者福来。"意思是人世间的事情有了付出才有回报，没有无回报的付出，也没有无付出的回报。付出越多，得到的回报越大。只想别人给予自己，那么"得到"的源泉终将枯竭。切记：顾全大局，才能得到更多的回报。

三、因势而变才能保全自己

因势而变,就是在恰当的时机由恰当的人选做该做的事。所谓势,就是促成该事情成功的同时具备的外部条件,即恰逢其时、恰好合一的某种大趋势。具体说来,这种"势",也就是由人、事多种因素交互作用而形成的一种合力,也叫做助成"毕其功于一役"的合力。

这里所说的"人"，是指具体做事的人，一件事，不同的人会做出不同的效果，即使相同能力的两个人，这个人做得成功的某件事，另一个人却不一定能做成功。这里所说的"事"，是指具体将做之事。一定的时机做一定的事情，同样的事情此时该做亦可做，彼时却也许不可做亦不该做。可做时则一做即成，不可做时则绝无做成之望。这就是因势而变的哲学。

1.做事要懂得顺势而行

真正聪明的人必然是顺风而动，乘势而行。因为做事应当借势而起，借力而发，这对成功人士来说轻车熟路。因为他能顺势而行，许多看起来难做的大事。居然顺顺利利地做成了，就是因为他懂得乘势的缘故。

比如说，新中国成立前，有这么一家姓崔，祖祖辈辈以打油维持生活，因为他家生产的花生油质量好，销量大，遭到几家从事打油人的嫉妒。于是，有人向他家使坏，说他家私通共产党，给八路军提供军用物资，扬言要没收崔家的财产，还要抓人。当时时局是国民党的天下，要是有私通八路的罪过，那还得了。正当老崔家为难之际，有个人主动上门找崔家主人谈判，这个人提出一个条件，那就是合伙经营，将崔家销售总额中提取10%作为酬金。如果答应这样的条件，他保证国民政府不追究崔家私通八路的罪过。

这个条件虽然非常苛刻，但能免去私通八路的罪过，更不至于没收家产和家人被抓之苦。崔家权衡利弊，别无他法，只好接受了这个条件。来人谈判一结束，立即去国民党党部，要求党部撤销惩罚崔家的计划。他说：“我是国民党员，又是党部成员，崔家油房从现在起就是我的油房了，所以我拒绝党部的惩罚。”党部负责人顿时无语可说，只好同意来人的要求，撤销了行动计划。但在不久之后，国民党军队败退，共产党接收了政权，崔家油房一点损失也没有受到，又开始正常打油了。这就是崔家顺势的结果，如果崔家不答应来人的条件，其恶果必然出现，那样，崔家就惨了。

2.逆势而行也要适当应用

在做事的过程中，有时会出现双方思想情绪的对立，你要他向东，而他偏要向西，你让他打狗，他偏要去打鸡，你从正面讲理，他偏要从反面理解。有这样局面出现时，就是人们互相间产生一种内发反向力量的结果，这种心理状态构成一种抗体，阻碍人们对别人的行为进行有效控制。

在双方对立反向的情况下，则可以利用对方的对立思想情绪，有意识地反过来说、反过来做，促使对方与你唱反调，也能达到自己的预期目的。

举个简单的例子来说：在敌人岗哨封锁很严的一个桥上，很多人被卡住，挡了回来，桥的两边聚集很多人，南来的不准往北走，北来的不准向南走，敌人卡的目的，就是要断绝南北方向所有人的来往。年轻小伙偷看已久，他清楚敌人的目的，于是，他乘机故在桥的中心线处反向行走，岗哨冷丁一看他向北走，马上跑过来命令说："你回去！想过去吗？一眼看不着叫你钻空子，快往回走！"结果，这个年轻小伙目的达到了。

唐朝有个叫张晓明的二品官，为官执法无情，刚直不阿，满朝上下得罪了不少奸臣，他还屡次上书直言，因而又得罪了皇帝。在奸臣的挑拨下，皇上大怒决心对张晓明治罪，想叫他充军边远无人烟之地，张晓明知道皇帝和一帮奸臣欲置自己死地而后快，便对皇上说："臣之罪，罪该万死，皇上要将我充军，这是对微臣的宽恕，不过请陛下答应我一个小小的请求。""你有什么请求？"皇上问。"宁去荒沙千万里，不去家乡把人丢。皇上有所不知，家乡人都恨死我了，要我充军到家乡，那里的人肯定会把我千刀万剐。"皇上沉思不语，心想，哼！你不是怕丢人吗？我偏要你丢人，让你家乡人收拾你，也叫你尝尝千刀万剐的滋味。皇帝立即下旨，把他发配到云南充军。

张晓明知道皇上不会饶恕他，一帮奸臣更是落井下石。如果从正面请求，其结果会完全相反，云南是他的家乡，他原本是想回到家乡与家人团聚，于是张晓明利用对方的逆反心理，提出与自己意愿相反的请求，结果是歪打正着，遂了自己的心愿。

3.因势利导是做事技能

因势利导，就是要学习水的精神。孙子兵法中说："兵形像水。"在孙子认为，最理想的作战方式应该像水一样，水中隐藏着巨大的力量，却没有固定的形状，能依容器的不同而改变形状。所以，孙子以水比喻兵，主张作战时应该因势利导，就像水没有固定的形状一样，打仗也不可能有固定不变的态势。必须视敌人的态势自在地变换战略，方能掌握胜利之机。

做事有时也要因势利导，要以事情变化而采取自己的策略，将孙子这一理论导入做事之中，就是要把握大的原理、原则，不可僵硬死板、墨守成规。

因势利导的情况很多，举个案例来：有一个很出名的律师，有一天，他得悉他同学的儿子小强被指控为图财害命，已初步判定有罪。他以被告律师的资格到法院查阅了全部案卷。他了解到，全案的关键在于原告方面的一位证人名叫李永和，因为他坚定地说，在9月19日的月光下，他清楚地目击了小强用斧头打死了死者。对此案律师要求复审。在这场精彩的复审中，请看如下的对话。律师："你发誓说看清了是小强吗？"李永和："是的"。律师："你在草堆后，小强在大树下，两处相距25米，能认清吗？"李永和："看得很清楚，因为月光很亮。"律师："你肯定不是从衣着方面看清他的吗？"李永和："不是的，我肯定看清楚了他的脸，因为月光照亮了他的脸。"律师："你能肯定时间是在夜晚11时吗？"李永和："充分肯定，因为我回屋看了挂钟，那时是11时10分。"

律师问到这里，就转过身来发表了一席惊人的谈话："我要告诉大家的是，这个证人是个彻头彻尾的骗子，他一口咬定9月19日夜里11点，在月光下看清了被告的脸。请大家想想，9月19日那天是上弦月，晚上11点月亮已经下山不见了，哪里还有月光？退一步说，也许他对时间记得不够精确，时间稍有前后。但那时，月光是从西往东照，草垛在东，大树在西，如果被告的脸面对草垛，脸上根本不可能有月光的。”

听了律师合情合理的陈述,听众先是一阵沉默,紧接着大家都明白了,掌声、欢呼声连成一片。这时李永和傻眼了。

律师以引导的方式,是论辩的常法,也是因事利导的方略。律师步步为营,一点一点地营造有利于自己求证的局面,最终得出了李永和作伪证的事实。因此说,运用因势利导的方法,有时可以把很复杂的问题简单化,为人们之间的疑问和相互沟通提供了有利的说明。

四、因环境改变而变是策略

做事因环境而变，是最有效的措施，也是成功的策略。做事必须随着环境的不同而随时改变自己的策略，因为环境改变了，若不改变做事的手段和技巧，就不可能把事情办得成功。这里所说的环境，是指社会环境、地理环境、技术环境、人际环境等，这些环境发生了改变，说明其中有很多因素发生了质的变化，若不随之改变做事谋略，肯定产生事与愿违的结果，成功就谈不上了。

1.社会环境要考虑

新中国成立前和新中国成立后，社会环境是两种截然不同的社会，在新中国成立后如果再用新中国成立前的手段对待工人，那肯定是行不通了；反过来说，工人们干活，要用新中国成立前的行为对待工厂，那就吃不开了。两种社会两重天，社会的变革，很多因素随之发生天翻地覆的变化，所以，做事必须把握住社会环境。因此，一个人只有不断地进步才能跟上社会的发展，切不可墨守成规而被固定的形式所束缚。

当前，人类社会是在不断发展中前进的。科学技术水平随着人类的不断发展而提高，而不断提高的科学水平，又促使人们产生出更高的生活要求以提高生活质量。这就是社会环境不断发生变化，人们必须随着这样的变化而不断改变自己的思维方式，不能总用过去的思想看待今天的新生事物，只有不断进步才能适应变化了的社会环境。

2.地理环境要慎重

“靠山吃山，靠水吃水”。这是地理环境给人们创造了一种生存依靠，所以说做事不能离开地理环境。

农村庄稼人靠种地生存，本来这块土地适合种植花生，你却硬性开发水田，结果是劳民伤财，造成经济损失，又浪费了资源。适合种植花生的土地也不可年年种，要是每年总是种花生，它会减产，需要调茬，更换一下作物品种之后再种花生，就能丰产；玉米和小麦调换着种，这块地就能产生理想的收获。

地势本无心思，山水本无奢望。你不利用它来为自己做事，它也不会主动为你服务。如果你能很好的利用它，那么它就可以送给你很多财富。我们不能捧着金碗去讨饭，住在宝地却喊穷，那样的话就是典型的不识地利。切记，无论做什么事，都必须有一种因地制宜的思想。

3.特殊环境要特办

在日常生活中，有时出现让人尴尬、莫名其妙的事态，霎时间弄得不知所措。因为事先没有思想准备，也没有临场应急的经验。此时此刻，难以从容、洒脱地对待这意外的窘境，更难消除僵局。怎么办？特殊环境特殊办！

一天晚上，在漆黑偏僻的公路上，年轻司机的汽车轮胎爆了，换轮胎他没带千斤顶。他远远望见一座亮灯的屋子，决定去那家借千斤顶。

在路上，年轻人不停地想：“要是不给开门怎么办？”“要是他家没有千斤顶怎么办？”“要是有不肯借给我怎么办？”顺着这种思路想下去，他越想越感到所处环境特殊，当他走到那房子前，敲开门后，女主人出来就热情拥抱着他不肯撒手：“我等了你到半夜，你才回来！”女主人以为是她丈夫回来了，弄得年轻司机非常尴尬，不知所措。而对方知道她拥抱错人时，就像犯错误的小孩一样，呆立在一旁。年轻人赶紧解释说：“我绝对不是坏人，我的汽车轮胎爆了，是来借千斤顶的。不奇怪，我家的媳妇也这样错抱过别人！”“是吗？”年轻人最后一句话打破僵局，女主人很快帮他找来了千斤顶。顿时，尴尬的气氛在两人的笑声中消失了。

可见，在特殊的场合遇到特殊的情况，千万不要拘泥于僵持，要用特殊的办法打破僵局，否则，有可能导致更为难堪的局面。具体情况要想办法具体对待，将原则性的问题用灵活性的语言化解难为情，事情就容易办妥了。

第五章
家人的闲话是非多

提示：闲话人人都曾说，也曾被人说。其中的区别只是说的程度不同，虽然热衷于说闲话的人必定是少数，但影响却大，所以人人都害怕。怕有什么用，越怕越厉害，不如由他去。此文读完后心中就亮堂了：“等闲视之”。

第一节　闲话的产生和危害

一、闲话种种震人心

家里有人爱说闲话，招惹来许多是非。但是，几乎没有一个家庭、没有任何人，彻底与闲话断绝关系。全国各地大都存在这个问题。关于闲话的种种说法，并非都是坏事，有些闲话只不过是逗人一乐罢了。只是那些贬低人、挖苦人使人听了难受的闲话才会招来是非。闲话的名称在全国各地都不相同，比如，东北叫“啦呱”，上海叫“吹牛”，北京叫“侃山”，西北叫“谝传”，成都叫“摆龙门阵”，闽南叫“化仙”等等。这种种说法既形象又有意思。就拿“吹牛”来说，就是道听途说的事情加上自己的想象，放大几倍、几十倍、甚至几百倍，胡乱说他一气。吹牛者往往是把自己吹成天王老子、家大业大、没钱说成有钱、没能力说成能力大得无边，简直是天花乱坠，乌烟瘴气。

闲话有两个意思，一是闲暇时乱说的话；二是非正经场所、非正式说的话。当人们闲下来的时候，不能老是打官腔，多少得来点幽默的信口开河，因此才产生了闲话。

1.闲着没事找乐趣

闲着没事儿，说点儿闲话，既打发了时光，也好歹算是做了点事情，没白闲着。所以，闲话也不完全是“白说”。其实，“啦呱”也好，“吹牛”也罢，都不是那么容易，得有点精神，也得要点水平才行。说的人不累，听的人不烦，这才能引人入盛。这就叫闲着没事找乐趣。

2.农闲之时广流行

闲话在农村特别受欢迎。农村的生活节奏是比较慢的，农民白天虽然忙碌，晚上却有的是时间。何况还有“农闲”季节，一到冬天，就没什么事做，只能猫在家里，找几个情投意合的人，不说闲话干什么？中国人是极其注重人际关系的。有事没事，大家都想聚一聚。走亲串门，枯坐闲聊，久则乏味，只有闲话才感兴趣；请客吃饭，劳神费力，没有闲话难以持久。何况请客吃饭要有借口；走亲串门要有话题。朋友聚会可以增进友谊；家庭团圆可以共享天伦之乐。说说闲话，图的也是融洽关系增进感情。但是，闲话就是闲话，与己无关，无足轻重，既不必劳神费力，又不会因观点不同而陡起纠纷，正是融洽关系的好方式，自然是人人爱讲个个爱听。所以，说闲话也是会上瘾的。“十亿人民九亿侃，还有一亿在发展。”这就说明中国人都说闲话，只不过是说的程度和内容不同而已。

3.酒席桌上是道“菜”

闲话是酒席上最重要的一道菜，说它是调料也行。没有闲话，大家都正襟危坐，沉默寡言，温文尔雅，那餐饭一定吃得寡淡而特累。想想也是，凑在一起吃饭，原本就是为了联络感情发展关系，为此，就不能“冷场”。如果主人不善言词，就得请个善侃健谈者作陪客，而陪客不是“说客”，他的摇唇鼓舌，不是为了说服别人，而是要活跃气氛，因此，他不是讲道理，只能说“闲话”。有时还一套一套地讲“闲话”，从内容上讲，则有荤有素有黑有白，荤的也不一定就粗野，婚宴上有人撰得一联戏语赠新婚夫妇，说道：“军进娘子关，英雄胆战；炮打珍珠港，美人心惊。”这以“时事”来影射“性事”，让你不能不服“真亏他想得出！”引得大家哈哈大笑。还有一副以数学为题材的幽默对联，让人们从想象中开怀大笑。上联是：解方程分因式产生因子；下联是：过切点做垂线通过圆心；横批是加减乘除。

这就好了，讲闲话要的就是效果，调节气氛、放松身心、解除戒备、拉近距离。你想，当大家都因为一个荤的闲话，而笑成一团时，彼此之间，还有什么隔阂、防范或陌生感呢？自然会“打成一片”。

二、闲话的危害很可怕

闲话的范围很广，内容很多，而且也没有一定之规。但它的危害程度重者把人杀死，轻者让你丢脸。

1.闲话牵扯众人群

对于闲话爱好或传播者来说，评张论李，说三道四，大嚼其舌头，比嚼口香糖有味道得多，这样的人倘若一天不说闲话或无闲话可说，则会像犯了大烟瘾一样，浑身不自在。这样的闲话传播者，在中国几乎遍地都有，所以说中国的成年人便差不多都和闲话有了瓜葛。不是自己说闲话，便是听到别人说闲话；不是说别人的闲话，便是被别人说闲话。被别人说闲话固然不好，因为那多少意味着自己有什么“话柄”捏在别人手里。尽管这话柄也许根本就不成什么“话”，或根本就不在“话”下，但无端地被别人“话”了一下，总归心里腻歪。然而，不被别人说闲话，也是不好的，因为那就意味着别人根本就不把你放在眼里。如果放在眼里，时时处处盯着你，怎么会一点闲话也没有，岂不是怪事!

同样，爱说闲话，固然是不好的。因为太爱说闲话的人，总会给人以不那么正派的感觉。他怎么那么爱说闲话？自己的事都管不好，怎么那么爱管闲事？八成是有毛病。然而，完全不说闲话，也是不好的，因为大家都说闲话，就你一个人不说，就显得“不合群”，也给人以有毛病的感觉。所以除非你自命清高，存心和大家伙过不去，坚决不说闲话，但他也逃脱不了别人说他“清高”的闲话。

于是，在中国，凡有人群的地方，就有闲话。在茶馆、街头巷尾、饭店、单位、各个家庭、宿舍，到处都会出现闲言碎语，飞短流长，真是所谓“春城无处不飞花”。照这样，其危害和问题就出来了。

2.闲话杀人不见血

然而却很少有人能想到这闲话竟是可以杀人的。

比如《红楼梦》里的尤二姐，就是用闲话杀死的。王熙凤先是私下里“好心好意”地把闲话倒给尤二姐听，说是：“妹妹的名声很不好听，连老太太、太太们都知道了，说妹妹在家做女孩儿就不干净，又和姐夫来往太密……”这个王熙凤然后又使了很多法子，果真闲话传得满世界都知道。“除了平儿，众丫头媳妇无不言三语四，指桑骂槐，暗相讥讽”。弄得这尤二姐要死不能，要生不得。最后没脸见人只好走上绝路。像这样被闲话杀死的人，特别是在封建社会的农村女人，究竟有多少，无法统计。

3.闲话使你把脸丢

闲话可以让人“丧命”，也能让人“丢脸”。

闲话之最常规的作用，还是让人丢脸。别的不说，先是被人说了闲话，便觉得非常“丢脸”。因为别人都没有被说闲话，唯独你被说了，成了“另眼相看”的人，丢脸不丢脸呢？再说，为什么不议论别人，偏偏议论你呢？可见你有“问题”。至于那问题是不是“问题”姑且不说，而一个本来应该“没问题”的人居然“有问题”，当然也就非常丢脸。

第二节　闲话的作用和对付办法

一、用闲话作为斗争武器

“闲话”其实不“闲”。说它“不闲”，就是有人用它来作斗争的武器。它怎么能成为斗争武器呢？这似乎匪夷所思，然而却是事实，且有道理。

1.“窝里斗”最适用

从中国历史上的斗争来看，基本上都是窝里斗。既然说是“窝里斗”，当然是指朝廷内、家族内、圈子内、自家人斗自家人的内部斗争。其特点是不能“公开化”。一旦公开化，不但会造成“家丑外扬”，让外人看了“笑话”或钻了“空子”，而且自己的脸上也不好看。再说，自家人“抬头不见低头见的”总不能公开翻脸吧？见了面，总得“皮笑肉不笑”吧？总不能“当面锣对面鼓”地直说吧？所以，无论心里面如何地咬牙切齿，暗地里如何地弄拳踢脚，表面上的“安定团结”还得维持。故而不能公开“鼓噪”，只能背后“嘀咕”，这就是用闲话来造“舆论”。这样一来，“闲话”就成为暗斗最适用的武器。

2.能攻又能守

闲话确实是人人爱说，个个爱听。运用“闲话”做武器，就容易被大家所接受，所容许，它能够保证自己“立于不败之地”，即便露了马脚，被人发现了也不要紧。理由是：不就是说闲话吗？难道你没说过？自然是也说过的。那么只准“州官放火，不准百姓点灯？”“和尚摸得，我摸不得”？你能说闲话，我不能说？何况，我说了你，你也说了我，两下里也就“扯平”，你还闹什么？由此看来，用“闲话”这样的斗争武器，既能进攻，又能防守。

3.杀伤力非常强

中国历来都是“头家”说了算。在国家是皇帝说了算，在家内是父亲说了算，在家族、行帮门派内部是族长、帮主、师父们说了算，制度既为“一言堂”，则这些“头家”们要想体察“下情”，就只好去听闲话。只有不动声色地听“闲话”，才能知晓足以致人于死的舆论。“闲闲”地娓娓道来，其结果即能“惊动头家”，又能确保自身无虞，真正实现“言者无罪，闻者足戒”的成效。它可以做到杀人不见血。

何况“君父”等“头家”们也是人，也爱听闲话。对于他们来说，听闲话好处甚多。“言者无心，闻者有意”，因为“无风不起浪”。对那些说闲话的人，头家要想整治，可以说他“别有用心”；而要想包庇纵容，则可说他“有口无心”。是故意诽谤还是随便说说，从来就没有一个客观科学的标准。全凭握有生杀之权者的一句话。闲话的杀伤力就在于它可置人死地而后快，因为被人说了闲话，是一件非常“丢脸”的事，这本身就是一种伤害。而且，说的人越多，就越是没面子，于是还没有开战，便落了下风。况且，被人议论却不能追究，被人笑话却不能解释，被人伤害却不能反击，只能闷在心里生“闲气”，久而久之肯定就闷出病来，甚至活活被气死，你说杀伤力有多么强。

4.传得快是暗箭

用闲话做武器，妙就妙在“传播速度”。俗话说：好事不出门，坏事传千里。闲话的传播速度是很快的。快的原因，当然在于闲话所言，多半不是“好事”。

闲话既然是讲坏话，那么，坏话为什么就传得快呢？道理很简单，就是因为坏话多半是“背地里”说的话。人们认为背地里说的话，比较有“价值”。一是真实可靠；二是神秘诱人。所以，越是不能公开讲的事情，就越是有人爱听，一传俩，俩传仨，七十二个传八十，你说快不快。听到别人被说了“坏话”，就产生一种优越感。因为别人被说了坏话，就证明自己很好；别人被说了闲话，则证明自己没有被说。光是“没事偷着乐”还不行，还得把闲话传出去。不传，则喜悦无人分享，得意无人证明。而且，为保证效果，传的时候要添油加醋，还得言之凿凿，神秘兮兮。

真实可靠，就有人信；神秘诱人，就有人传。因为能够听到不能公开讲的话，证明自己面子大，路子广，手眼通天，消息灵通。如不向人展示，其优越感何以显示？再说，把“不足与外人道”的闲话倒给别人听，也可用来拉交情，套近乎。它还往往意味着“如果咱俩不是哥们姐们，怎么会告诉你？”这就是面子，也是人情。倒闲话，体验了优越感，又得了面子和人情，一些人认为当然是很划算的买卖。

闲话有时还故意传给本人听，因为“坏话”是别人说的，而自己传给他，则全因为彼此“贴心”之故；否则，又不关我的事，谁吃饱了饭没事干，管这闲事来？正因为咱们是铁哥们，怕你被人暗算还蒙在鼓里，特地来给你“提个醒”。这份人情，对方当然不能不领。

“明枪易躲，暗箭难防”。“闲话”本身就是难防的暗箭。用闲话做武器，妙就妙在“不负责任”。闲话就是“不说白不说，说了也白说”的话，负什么责任？何况说闲话时，一不记录，二不备案，三不存档，“来如春梦无多时，去似朝云无觅处”，你上哪儿追究责任去？即便找到责任人，又拿什么做证据？谁要去追究大家便会觉得“好笑”。

至于当事人本人，更无法追究，还更无法出来“辟谣”。因为那会有“此地无银三百两”之嫌，越解释，越说不清。闲话嘛，“姑妄言之”又“姑妄听之”的事，认什么真呢？还是“心里有鬼”吧！所以，对于闲话，最好一笑了之。

其实,闲话的作用,最为伤脑的就是难防的暗箭。我们知道,闲话主要不是说给当事人听的,而是说给别的什么人听的。这就难保不会有某个重要人物“听话听声,锣鼓声音”,“疑心生暗鬼”。如果这疑心之人又是厉害相关者,暗中采取措施,则会对被议论者产生极大的危害,暗箭难防的行动产生了。更糟糕的是,这种疑心往往无法证实,而且也不会表露出来,结果很可能出现中了暗箭自己还蒙在鼓里,稀里糊涂地就被“断送”了生命(或是政治生命等等)。

二、对付闲话的办法

闲话不但杀伤力强，而且难以应付。其所以难以应付，除了无法追究，不能解释以及找不到还手对象外，还因为它有“提起来千斤，放下去四两”的特点，说它重却很重，能压死人；说它轻轻如鸿毛，闲话者，无非是些鸡零狗碎、鸡毛蒜皮、陈芝麻烂谷子、不登大雅之堂，也就无法摆开阵势和它“对打”、“过招”。它就像毛毛细雨，打起伞来很可笑，不打伞吧，又弄得浑身湿漉漉的难受。所以，被闲话包围的人，就像得了传染病、艾滋病，自己没法应付，别人还老躲着你。你说可怕不可怕？闲话就是让人可怕而不可解的玩意儿，于是有人想出办法来对付它。

1.用闲话对付闲话

那么,闲话果真就是无法对付了吗？有办法。一个直截了当的办法,就是用闲话来对付闲话。比如别人说你偷奸,你就散布谎言说他搞破鞋;有人说你搞鬼,你就说他耍滑;别人说你谋私,你就说他舞弊。总之,谁说你的闲话,针锋相对,你就说谁的闲话,并且是加倍的散布,找不准对象,你就海里摸锅瞎说一套,这叫以牙还牙,以闲话对闲话。但是,这样方法,未免以小人对小人,以缺德对缺德,最后的结果,会使自己也会变成恶人,而闲话之可恶,亦在于此。

2.泰然处之不管它

对付闲话的第二个办法，就是泰然处之，他说他的，你干你的，根本不把闲话放在眼里，心中无鬼，还怕夜半人敲门。不做亏心事，更不怕人说人。闲话满天飞，稳坐钓鱼台，只有不怕，闲话就不起作用，久而久之，自消自灭。

3.瞅准时机放暗箭

对付闲话的第三个办法是放暗箭，这个暗箭可以多种多样。尽管这个办法狠毒，但它可以立竿见影，瞅准时机，给他迎头一棒，叫他找不到南北，更不知何人所为，等他醒过神来，一切的一切无影无踪，使用这个办法是担风险的，非在不可解之际是不能使用的。切记，用此办法绝不是一棒子置人于死地，叫他不疼不痒地吸取教训，叫他管住自己的嘴，别再乱传闲话了。

第三节　说闲话有男有女有专家

一、说闲话者男女有别

1.女人比男人爱说

男人和女人比较，谁爱说闲话？也就是说，谁和闲话更有缘分？女人。

女人比男人爱说闲话。“三个女人一台戏”，因为女人和女人在一起，总是有话可说，什么天气啦、物价啦、孩子啦、衣服啦、闲言碎语啦，大多是些“闲话”。所以，如果要刺探情报，最好找女人说闲话。只要她说到兴头上，那么，不等你提问，她就会不打自招，主动“坦白交代”了。

女人对闲事比男人更有兴趣。热心于给别人介绍对象的，多半是女人，女人一般比男人更有“闲心”，也比男人更有“同情心”。有同情心就有“动机”，有闲心就有“条件”，一来二去，就形成了对闲事的好奇心。因此，邻里之间，一旦要打探别人家的“私事”，要派探子去，十有八九是派女人最为方便。

女人比男人更有“想象力”。女人擅长于直说与想象。故有男人“认死理”，女人“想当然”之说。而说闲话恰恰是不能推理，只能想象，不能认死理，只能想当然。女人和女人在一起，大家都想当然，说起闲话来，也就没有障碍。

用闲话作斗争武器，也是女人比男人多。因为女人比男人更容易受歧视、受欺负，又比男人更细致、更敏感，也更容易感到不平。因无法排遣，就往往“想不开”。想不开就要宣泄，就要报复。而女人的报复则多诉诸语言，这就是说“闲话”。

2.女人爱说也被人说

女人被人说闲话，首先是被女人说闲话，因为女人比男人更关心自己的同性，而这个“关心”，有的不是爱，是一种暗地里的“较量”或“提防”。

女人不但关心和注意女人，而且眼光也格外挑剔。于是任何女人都难保不被挑出“毛病”来。一旦挑出毛病，也就有了话柄，则闲话也就油然而生。如果这个女人是“众矢之的”，则闲话的流散也就格外迅速、广泛。可以说，一个女人闲话的多少，往往是与她受到公众注意的程度成正比的，越是引人注目，闲话也就越多。如果是说自己身边的女人，就没有那么客气了，不把她剥得一丝不挂、批得体无完肤，是决不住口的。如果这个女人出了“事”，丢了“脸”，则那份幸灾乐祸的快感，就会溢于言表。如果说，有些女人最不能容忍的，就是自己身边眼前的女人比自己过得好，那么，女人之于女人则悠然得不得了。

女人说闲话惹出的是非有时是罪大恶极的。扯闲话搅得四邻不安，哥兄弟反目成仇；扯闲话让一个好端端的媳妇上吊自杀；扯闲话造成的后果是人命关天，妻离子散；扯闲话引狼入室自食其恶果。

3.男人的闲话更厉害

男人只要不带功利目的，不是为了报复谁、搞垮谁，谈起女人来，倒是地地道道的闲话。其心情是舒畅的，其态度是闲适的，其眼光是欣赏的，话题也比较集中，无非是闲扯些性感漂亮之词。如此看来，男人似乎与闲话的后果较少瓜葛。其实不然，在中国，男人往往是和女人一样爱说闲话，而且说起来要比女人还厉害。男人不说则已，一说，就会说出大事来。

男人倒闲话至少证明了三点：第一，男人也倒闲话，而且也不见得少说；第二，男人倒闲话，多半是有目的，甚至是用于搞阴谋；第三，男人的倒闲话，也着眼于他人的隐私和私生活。这就比女人倒闲话更可怕。男人一般是不爱说闲话的，不爱说而说，大都是“别有用心”。单位上，家乡里，用闲话来损人、整人、害人、置人于死地的，也多半是男人。

男人倒起闲话来，那就没谱了，弄不好就整得别人丢官送命，家破人亡，岂不可怕？而堂堂男子汉大丈夫，不干正事扯闲话，岂不下作。然而，有一种男人所以倒闲话，只有一种解释，那就是被逼出来的，谁逼他们来着？事道不公或有话不让公开讲；比如专制主义和专制制度等等，大家有话不能公开讲，就只好私下讲；不能当面讲，就只好背地讲。私下也好，背地也罢，都称“阴”。阴者，偷偷摸摸、鬼鬼祟祟之谓也。而有心理阴暗的人，又怎么可能光明正大？这样的男人往往就是“闲话阴谋家”。

二、话说“闲话阴谋家”

这里所说的“闲话阴谋家”大都有以下几种表现：

1.争夺宠爱之心

这类人物，本人没有独立的人格，也没有什么自由意志。总是依靠或依附某个人（也包括某个团体），想的是攀龙附凤，以为之晋身之阶，这必然要“争夺宠爱之心”。但因得宠是相对的，别人得到了宠爱，就意味着自己没有得到宠爱。即便是自己已然得到宠爱，也还有更多更高的宠爱要得，还得继续“争宠”。但是，恩宠这玩意儿，又不是想争就必然争得的，得由上司给。为达目的就要投其所好，阿谀奉承，见风使舵，甚至要你出卖灵魂。为此，此种人大多有“两件宝”，即是“好马、快刀”。马什么马？吹牛拍马。刀什么刀？两面三刀。吹牛拍马就得说假话，两面三刀就得倒闲话。

2.对他人进行告密

告密是争宠题目中应有之义。因为一个人是否得宠，主要看他表现好不好，而表现的好坏，又是相对的。别人表现好，就意味着自己表现不好。要是反过来说更确切：只有别人表现不好，才能显得自己表现好。因此，要争宠，就得让上司认为别人不好，这就需要对他人进行告密。既然要告密，就得引起上司注意，惊动圣听；既然是告密，就得神不知鬼不觉，对方既无还手和争辩的机会，这样，自己也可以捕风捉影，无事生非，造谣编谎，至少能添油加醋。当然，同时也还要显示出自己忠心耿耿，是一个铁杆保皇，也就能争得更多的恩宠。

3.没事找茬寻事

告密是争宠的配套工程,而没事找茬寻事则是告密的前提。告密虽然可以诬告,但总以有据为宜,哪怕捕风捉影,蛛丝马迹。这就需要没事找茬寻事。鸡蛋里挑骨头,找来找去无非两类,一是政治问题,二是生活作风问题。即便两者皆无,也要瞎编一套,用政治问题整人则“狠”，用作风问题整人则“毒”，前者能把人“打倒”，后者能把人“搞臭”。最好是两者都有，则最能大快此类小人之私心。

4.对他人诬陷造谣

如果遇到一身正气，谨言慎行的人，找不到毛病抓不住把柄时，只好造谣。想造谣也容易，因为只要是人，就总会有所动作，有所表现。如附会演绎，指鹿为马，无限上纲，便不难课以大罪名，制造新闻。比如其人外出调研，则可以说成去看情妇；某人房间里曾有年轻女子出入，自然则可说他泡小姐。那么，请问有证据吗？嘻嘻！这你就傻了。这种事情，哪有留下证据的？信不信随你好了！反正是闲话。结果，越是表示不在乎你信不信，就越是有人信，被诬陷的人即便浑身是嘴也说不清。

5.歪理邪说的解释

要是不用造谣的办法，用另作解释的手段也可至人于罪过。这就是把已然存在的事实另作解释。这样更便当，只要存心找茬，随便什么事都可往坏里说，而且种类还挺多。比如他自然的“笑”，可以解释为“幸灾乐祸”、“笑里藏刀”、“皮笑肉不笑”。他悲伤的“哭”，可以解释为“兔死狐悲”、“猫哭老鼠”、“刘备哭荆州”。他不笑也不哭也有解释，可说他“冷酷无情”或“心怀鬼胎”，要不然就说他“故作镇静”。这样一来请问你笑了没有？哭了没有？所有这些，实在是防不胜防。

在上述一切鬼把戏中，闲话都充当了重要角色。罪名大多从闲话中收集。假如用闲话的办法来告密，万一查无实据，也不会构成诬告，因为那原本是闲话。而闲话都是些道听途说，也就是别人说的，自己不必负责任。再说，某某领导闲话这么多，至少也可证明他口碑不好，就算这些闲话都是谣言，那么别人怎么没有哇？

问题是，一旦阴谋得逞，成了气候，那就不是倒闲话的问题了，就要做大文章，甚至大开杀戒了。历史上那些奸臣们不都是这样做的吗？

虽然像上述这类小人，人数并不多，但危害却不小。我们还真的不可“小看”他们。

第六章
家的人情来往看做人

提示：开门过日子，家家都有人情来往关系，这是很值得重视的事情，人情不可少，往来不可无。如何把人情往来做得好，其中有很多做人的说道，也有一些奥妙。要想知道其中的说道和奥妙，读了此文便可明白了："大显神通"。

第一节　深奥的世故与人情

一、世故、人情皆学问

"人情、世故"这里边大有学问，它招来所有人都必须认真琢磨其中的奥妙。它是做人的必修课，有的人耗尽一生精力，才能懂得其当然，却不知其所以然。

1."世故"与做人的问题

单说"世故"是指人世间的一切事理。也统称"世面"，这里的"面"，有新有旧。"故"的解释是指先例和成规。简化一点说就是经验和教训。一个人见的世面多了，脑海里的故事、成规、经验和教训，也就多了起来，成为"深于世故"的人。

（1）做人真难

世故有何用？它是用来指导做人的。做人，只要是活人，就是必要的头等大事,因为世上没有谁可以不做人。然而,做人又是多么难呐!比如说一个人在单位上班,是应表现好一些呢?还是表现差一些呢?其不知这好与差都有难处,表现太好遭人嫉妒,表现太差被人批评,不好不坏甘居中游,则又被视为平庸。又比如,你对某人某事某问题有看法,是说还是不说呢?要是说则是"锋芒太露",不说,则是"城府太深";私下里说是"两面三刀";公开地说是"目中无人"。再比如,有人托了人情来求你,要办一件很难办的事,是答应好呢,还是不答应好?如果不答应是"不给面子",要是答应之后事没办成,便成了"骗人";实情相告则是"推托",含糊其辞又被视为"滑头"。诸如此类,不胜枚举。于是乎,人们常常感叹:"做人真难!"

做人难,就难在这"人"原来不是自己要做,也不是为自己做,而是为别人做的。这就很不好办,如果是自己要做人,或者是为自己做人,事情就比较简单。做什么样的人以及怎么做,都由自己决定。做好做坏,也都是自己的事,别人管不着。而为别人做人,就麻烦了。做什么,得看别人的意思;怎么做,得看别人的脸色;做得好不好,也归别人说了算。责任是自己的,批评权却在别人手里。这就叫花了钱,出了力,还不一定讨好。一不小心,便是"香也烧了,菩萨也得罪了";或者是"讨好了土地爷,得罪了灶神仙"。比方说,婆媳关系不好,做儿子也就是做丈夫的,夹在中间就很难做人。弄不好,便成了"风箱里的老鼠——两头受气"或者说是"猪八戒照镜子——里外不是人"。

为别人来做人已是很难,何况这"人"还必须做出来给别人看!一个人会不会做人,做得好不好,甚至是不是人,都取决于别人的"看法"。别人看着好,就算好;别人看着不好,就不好。然而,要想让所有的人都说好,又是何其难呐!"一娘生九子,九子九条心",每个人的立场、观点、方法、标准都不一样,哪里会统一起来?"萝卜白菜,各有所爱",又怎么能让人人叫好?更何况"横看成岭侧看成峰,远近高低各不相同"。即便是同一个人,站在不同的角度,也会有不同的看法。看法不同倒也罢了,问题在于他们还要说出来，而且大家都认为有资格有义务说出来。更糟糕的是，这些看法我们自己还不能不听。其道理很简单：我们做人，既然是为别人而做，又是做给别人看的，当然也就由着别人品头论足，说三道四，这就是那个人前不说人。这就好比演戏，既然是演给观众看的，观众当然也就有资格叫好或者喝倒彩。

但是，做人毕竟不是演戏，戏种类很多，而人只有一个。演戏，可以根据观众的好恶来安排节目。观众爱看什么就演什么。做人就不行了，必须始终如一。如果“见人说人话，见鬼说鬼话”，见风使舵，两面三刀，那就“不是人”。再说，演戏和看戏都是自由的。而做人就没有那么自由，你不能挑选“观众”，也不能选择“剧场”，更不能“罢演”，除非自杀。但即便是自杀，也不管用，因为那只会招来更多的猜测和议论，结果便是做鬼也不会安宁。

（2）做人难免“假”

由此看来，做人确实很难，而且又是难免“假”。比方说，面对面时“做人”，背靠背时“搞鬼”；有人看时“规矩”，没人看时“胡来”。这也不奇怪。做人不为自己，能不假吗？做人要给别人看，能不难吗？又假又难，还做得好吗？真真假假是做人的奥妙。

这样一来，也就只好世故一点，正像鲁迅先生说过：“与名流学者交谈，对他所讲的，当装作偶有不懂之处。太不懂被看轻，太懂了被厌恶。偶有不懂之处，彼此最为适宜”。这样，道理很简单：完全不懂，显得自己无知、幼稚，甚至是弱智，丢自己的面子；句句都懂则显得对方不过如此，并无高深之处，不像“名流学者”，便会让对方丢面子。因此，最好是“偶有不懂之处”这才叫对方既高深，自己也不是弱智，大家都有面子。可见完全不懂和完全都懂是不行的，非半懂不懂不可。又可见人们之所以要有世故，实在是因为做人太难了。

2.像话不像话的问题

然而，人们一方面抱怨做人太难，另一方面却又有意无意地给做人进一步增加困难，比如随便说人“太不像话”就是例证。

(1) 太不像话

“太不像话”这句话，也是人们的一大发明。从逻辑上讲，“太不像话”这种说法是全然说不通的。话，是一种语言，怎么去“像”呢？因为对“不像话”者的言行没有统一的道德标准，个人有个人的见解大都有不同的看法。比方说一对小夫妻，恩恩爱爱、卿卿我我、同出同进、体贴温柔，像不像话呢？在旧观念比较传统的人看来，也许就说他们“不像话”；而在接受了现代文明的人看来，这是好的现象，无可非议。对那些打老婆、当爷们，视妻子如奴仆的做派才叫“太不像话”了。总之，像话不像话问题，全看别人如何说话，根本就没有什么客观标准可言！

显然，所谓“太不像话”，只不过是表达一种愤怒和鄙视的情感态度，是属于“人情”范畴的东西。它加之于人，既不是法律惩处，又不是道德谴责，在训人的分量上，也不像缺德、卑鄙、下流、无耻、丧尽天良等语言那么严重，正因如此，则可滥施于人。反正是随便说别人“太不像话”，不必负法律责任，顶多被回赠一句“你说人家，我看你才太不像话。”

在什么情况下用“太不像话”来说人呢？用得最为得心应手的情况是：自己认为“看不惯”或“看不顺眼”以及“看不下去”的人和事时，表示愤慨和鄙视的一句口头语。比如男欢女爱的事，背着人怎么亲呼都行。如果在公共场合当着众人的面，搂搂抱抱，亲嘴接吻，便会被视为无耻，遭人白眼，甚至有人出面干预，肯定是说他们“太不像话”！说穿了，不可容忍者，并不在于他们的行为举动，而是在乎他的“态度”，这就是“居然不怕别人笑话和议论”，岂不是“根本不把旁人放在眼里”？本来他们自己不知羞耻，已是“很不像话了”，还不把周围人放在眼里，简直是“太不像话”。

(2) 夹着尾巴做人

做人为什么要别人看着顺眼呢？因为这“人”原本是做出来给别人看的。换句话说，每个人从小就有“注意影响”的传统，从小就被施以“注意影响”的教育，懂得不要授人口实、留话柄、招来议论等人言可畏的道理，从而总是“夹起尾巴”小心谨慎地做人。自己辛辛苦苦地“做人”，别人却看着不顺眼，岂不是亏本生意。然而，“注意影响”也不容易做到，因为人们这个“观众”并不好打发。比如人们是不喜欢“张狂”的，因此做人就得收敛一点，但是人们也不喜欢“窝囊”，因此又不能一点“尾巴”都没有。怎么做人呢？最好是深藏不露，若有若无。“寻常看不见，偶尔露峥嵘”。而且，藏的时候看不出来，尾巴是夹着的，露的时候又不让人知道是怎样出的手。这就是做人的诀窍，也就是世故深沉的人。

其实，就连“世故”这玩意，也是件麻烦事儿。不懂不行，吃不开，太懂也不行。完全不通世故，就不会做人，让人讨厌；太懂世故，又深于城府，成为人尖子，让人害怕。大概也只好是“偶有不懂之处”为最适宜。难怪鲁迅先生要说，“说一个人‘不通世故’固然不是好话，但说他‘深于世故’，也不是好话”。就像人的脸皮，没脸皮是无耻，脸皮太厚也无耻，厚脸皮、薄脸皮都不行，所以说做人之难，在这里可以是说尽了。

3.世故与人情的问题

(1) 好心无好报

的确“世故”正如人们有时不得不说假话，而说假话至少有一半以上是逼出来的。费力不讨好的事到处可见，就拿“做人情”来说，便很让人为难。不做固然不行，但好心也未必都有好报。比如说做媒，如果能帮一个嫁不出去的老姑娘找到如意郎君，或帮助年过40的老光棍娶上媳妇，当然是天大的人情，人家说不定会感激一辈子。但这种没有爱情基础的婚姻，其前途完全是个未知数。如果婚后女方觉得嫁非其人，男方觉得娶不如意，则会把感激变成悔恨乃至怨恨，甚至连带他们的家人和亲属，也会把婚姻的失败，完全归咎于媒人，抱怨这都是媒人“干的好事”。严重一点的，还会找媒人算账，弄得朋友之间反目成仇。媒人辛辛苦苦却落了个浑身的不是，岂非太不划算？好心为什么得不到好报呢？接下文补充答案。

好心为什么得不到好报反而遭灾祸？有一个寓言故事，能说明这个问题。寓言中说有一个富翁家里养着一条看家狗和一头拉车兼推磨的小毛驴。狗和驴夜晚一同睡在院棚里，它们是好朋友，彼此都忠心耿耿的为富翁服务。然而，这个贪吝的富翁却总认为狗是个白吃饭的家伙，而毛驴拉车磨磨很辛苦，所以他常给驴儿配些好吃的东西犒劳它，至于狗么，只能喂点剩饭菜汤之类的食物糊弄着。天长日久，这种分配不公让狗产生了不满情绪……

这天夜晚,院里进来了小偷,狗故意不叫,毛驴却着急了,驴对狗说:“朋友,有贼进院了,你快叫醒主人哪!”狗回答:“你睡你的觉,这事与你没关系。”驴儿很生气地说:“没良心的东西,你为啥不叫?”狗儿说:“因为主人对我不好,我要给他一个教训……”

好心的驴儿眼看小偷动手拿东西，于是它张开大嘴，用足了全身力气：“阿哧，阿哧……”叫个不停，小偷听到如雷般的驴叫，终于扔下东西吓跑了。

由于驴叫噪音太大，持续时间又长，惹怒了主人，富翁气急败坏地拿着木棍骂道：“臭驴蛋，坏东西，夜半三更你叫个啥，真是欠揍！”主人照准驴的嘴巴狠狠地大打出手，木棍打成两截，又拿来顶门杠，继续打个不停。因为驴叫打扰了富翁的美梦，然而他却不知小偷没有偷走他的财产。这是因为驴叫不是进贼的信号，而狗叫才是正当防卫……

在现实生活中，类似驴叫而受灾难的事并不少见。驴的好心没能好用，招来挨揍是因为驴代替了狗的作用。“各尽其职，各司其事”，是人们心中的处世原则。好心人要是越出自己的职务范围，去处理别人所管的事务，就是“越俎代庖”招来灾祸往往是有口难言，好心无好报其原因也就昭然若揭了。

（2）难还的人情

同样，没有人情不行，而人情太多也麻烦，因为人情太多算不清账。比如甲欠乙的人情，后来找到一个机会还了。在甲看来已然

“两清”，而乙则很可能认为并不等值，自己付出的多而得到的少，心理不平衡。甚至则认为甲这样做是“耍滑头”。这样，双方就可能结怨，甚至可能由积怨而致结仇。不但人情白做，弄不好连朋友也丢了。其原因就在于人情不但有情感意义，也有功利性质。这就让人为难。如果是纯情感的，就不必斤斤计较；如是纯商品的，就不妨明码实价。现在，第一，一方面是要讲功利，另一方面又要顾面子，结果当然是表面上强颜假笑，心里面却是没完没了地嘀咕。第二，即便承认人情是商品，其价值也无法估算。既不能公开标价，也不能明确议价，当然更不能签订合同，也就不能按质交货，照价付款。第三，人情关系既然被视为“非商业行为”，则人情的偿还，就必须有机会，否则，“交情”变成了“交易”，大家脸上都不好看。如果是机会难等，则出现扯不清的局面，双方都不是滋味，则好事也就变成了坏事。

C.人情的奥妙

知道了世故与人情的这种关系之后，就不能不让人变得世故起来，其奥妙就在于以下几点：

第一，必须懂得如何让别人欠下人情。

深于世故者，其一，善于察言观色，又消息灵通，在他人尚未开口或不便开口时主动上门服务，有时甚至已经把事办好，让他“受宠若惊”、“喜出望外”、“佩服得五体投地”；其二，不动声色，举重若轻，事前不张扬，事后不夸功，甚至让他明知是你却“不认账”，当然也绝口不提回报的事；其三，不计利害，甚至无妨让自己吃一点不大不小的亏，担一点“有惊无险”的“风险”。以上三点，都能感动对方的“真情”，产生一种“怎样也报答不了”的心理。其效果是：本钱虽未必多，其红利却相当可观，甚至是没完没了的收获。

第二，必须懂得如何不欠别人的人情。

因为人情是必须回报的，但何时回报，如何回报，应该回报多少，却从来就没有一定之规。如果欠的人情小，还的人情大，岂不吃亏？如果欠的难还，成为负担，岂不糟糕？所以，不到万不得已，切记不要轻易受贿于人，欠下“情债”。有的情况无妨吃一点亏，不过，亏要吃在明处，绝不能吃暗亏，至少要让对方心中有数：“不欠情”。

第三，必须懂得如何“做人情”。

“做人情”有以下三点应当考虑：一是“看准对象”，凡对方要求迫切，并有明确表示将有回报，且有能力回报，或者是特别“重情义，懂规矩”的人；如对方人情资源丰富，关系网络庞大，社会背景非同一般，即便一时没有回报，也可以放长线以备钓大鱼，总之，人情不可“滥做”。二是“做足文章”。如果人情做小了，对方不当回事，则你的人情就等于白做了。只有把人情做足，让对方一辈子也忘不了，才不是亏本的买卖。即便是“顺水人情”，也不可做得太“顺手”、“太简单”，以免对方“小看”了自己。当然，这种技巧只能用于对方不知底细的时候，以免对方看穿把戏。三是“轻易不用”。假如你十分卖力地做了人情，对方不费吹灰之力举手之劳就还了回来，这就是亏本。而且人情用过一回，下回就不可再用。所以“投资”之后，不要轻易用之，要用时就要用足。一方面文章做足，另一方面人情用足，才能起到一本万利的效果，才是做人情的高手。

由此看来，“人情世故”，这也实在太可怕了。叫你知道人心险恶就是如此，做人情的世故人，算计也是如此。那么，世间还有真情在吗？回答是肯定的：真情是有的，世故也是有的。这里说穿世故，正是要保住那真情。因此，说真话者必然不世故，而真正深于世故者，也断然不会把这底细公布于众的。

二、做人的怕与爱

1.可怕的势利，可爱的良心

做人的艰辛，知道了深于世故者的可怕，其实，比世故更可怕的还有，这就是势利。

(1) 势利者可鄙

势利与世故是不同的。从表面上看，它们都是以己之私利来考虑问题。但是，世故者在谋私的同时，尚能顾及他人，或也能顾全大局，而势利者则只有自己没有他人；世故者尊重人情法则是“回报”，只不过利用人情法则为己谋利，或在不违背人情法则的前提下打小算盘；而势利者则从根本上违背人情法则，并对此法则起到一种破坏作用；世故者往往特别顾面子，无论如何谋私，面子上总得过得去，而势利者则完全不要脸面，赤裸裸地表现出对权势的巴结，对名利的追逐；世故者为了更长远的利益可以牺牲眼前小利，甚至有意吃亏；而势利者则鼠目寸光，见利忘义，在人格上也更为卑下。所以，人们对世故和势利，也就产生了不同的情感态度。对于世故者是一方面批判，一方面却有意无意地加以提倡或暗中学习；对于势利者，则只有批判，而且又是表现出极大的蔑视。

势利者不但可鄙，而且也很有害。试想，一个人，得势时门庭若市，车水马龙，众人趋之若鹜，一旦失势，便是“树倒猢狲散”，甚至是“墙倒众人推”，岂不可怕？又试想，群体兴旺时，大家都来吃它用它依附它，一旦面临危险和危难，便“作鸟兽散”，谁也不来保卫和维护，这个群体岂不在顷刻间土崩瓦解？显然，为了保证群体的存在，绝对不允许这种严重后果的产生。于是就产生了“良心”和“义气”。

(2) 良心者情义

什么叫良心？从字面上看，就是善良之心。但在日常生活中，却并非一切善心都叫良心，也并非一切恶行都是“没良心”。比方说，见他人遇难而挺身相救这叫“同情心”；损人利己，损公肥私，在公共场所胡作非为，是没有“公德心”；在光天化日之下干不要脸的事，应当叫没有“羞耻心”。这些都不能叫“没良心”。只有那些知恩不报、见利忘义、卖友求荣、吃里扒外的行为，才被斥之为“没良心”。比如，一个人，先前受过别人的资助，后来别人有了困难，明明自己有能力帮助他，却不肯伸出援助之手，反倒装聋作哑，作壁上观，便是没有良心。可见，良心是专门用于人情回报的一个道德范畴。

有良心就是有情义，就是美，也是好，合起来叫“美好”。没良心就是无情义，就是丑，也是恶，合起来叫“丑恶”。“美好”人人爱，“丑恶”人人憎。一个人，如果不通人情，不讲良心，那就是内心丑恶，不但他人憎恶，嗤之以鼻，自己也应羞愧，无地自容。这样，就会造成一种心理压力，使那些“不讲良心”的人，无法“心安理得”地活下去。

(3) 义气者义举

由此可见，在有恩必报、有仇报仇的一般回报原则之上，还有一个更高的原则就是“义”。义与利是不相兼容的。“君子喻于义，小人喻于利，”义是势利的克星。一个人做了坏事，如果既未受“良心谴责”，又不能“良心发现”，其他人就有理由制裁他，制裁的行为就叫“义举”，而制裁的动机就叫“义气”。这样，一个人如果因“势利”威胁利诱而不顾“交情”，那么，他即便不怕良心的谴责，也要忌惮义气的制裁。江湖中人之所以比别人更讲义气，就是因为在充满危险的江湖道上，利的诱惑和害的威胁都更大。一个人，如果只是“不讲良心”，也许只不过是“心”无所安；如果“不讲义气”，那就可能“身”受其害。这可不是闹着玩的，紧跟着制裁使他难以活下去。

2.有意思的人情味

良心和义气可以说是人情法则的哼哈二将，不讲良心被人“诛心”，不讲义气则可被人“杀身”；一个是“诛心”，一个是“杀身”，也就是一个唱红脸，一个唱白脸；一个陶冶于内，一个制约于外。如此，则人情法则的贯彻，也就畅通无阻了。不过这哼哈二将，也只是对付非常之人和非常之事的非常之物。在平常的人际交往中，是用不着开口良心闭口义气的。一个人，有事没事的，又没有谁招他惹他亏他欠他，动不动就说什么良心啦义气呀，那样就没意思了，而最可爱的是“人情味”。

(1) 世人都有人情味

人们的社会生活极富有人情味。比如，“你耕田来我织布，我挑水来你浇园”……这是多么有人情味的唱词，就连陌生人见面，也极富有人情味：您好！您好！早晨好，晚上好！总之，人们简直就是生活在一个充满人情味的世界里。事实上，在中国，人情味比许多东西都重要。一个人，可以没有钱，没有权，没有知识，没有文化，但绝不能“一点人情味都没有”。如果是一点人情味都没有，那他根本就不是人了。

人情为什么有味道呢？因为人情是美好的。人们认为，人的心灵之所以美，全在“有情”。这个情字从心从青。“青”表声，也表意。“青”的本义是“春季植物叶子的绿色”，它是生命的象征。对于我们这样一个热爱生命，而且以农业生产为主的民族来说，“青”也就是最美丽的颜色，如天空之美者曰青天，季节之美者曰青阳，年华之美者曰青春，妇人之美者曰青娥，头发之美者曰青丝，合金之美者曰青铜，目光之美者曰青眼，楼宇之美者曰青楼。用之于造字，则心之美者曰“情”，言之美者曰“请”，人之美者曰“倩”，目之美者曰“睛”，情既为“心”之美者，则有情者必心灵美，心灵美者必有情。

所以说美的也就是有味道的。凡是说“有味”，便是赞美之词。比如说一盘菜“有味道”，就是说它好吃；说一个女孩子“有味道”就是说她可爱，而人情味既然是人情的味道，或因人情而生的味道，当然更是“美”，所以人们喜欢人情味。

（2）人情味意思深

人情味与人情有关系，但它不等于人情。我们可以说一个人欠了人情却不能说他欠了人情味。因为人情都有实际的内容，比如帮人调换了工作，帮他找了个对象等等，而人情味却只是一种态度、一种倾向、一种情调，并无什么实际内容。也就是说，人情味只是人情的调子和滋味，是一种形式和感觉，它是某事、某人、某物的“形式感”。而这种形式感虽然无实际内容，却也一刻不能没有它，要是真的没有它，人们的生活就会“枯燥平淡”，活着就会

"没有意思"，"了无趣味"。要是人们都感到活着"没有意思，"那成了什么世界？所以，中国是很看重"意思"的，动不动就说"意思意思"！比方说，一个朋友，大老远来看你，你就是再忙、再累、再不耐烦，也得意思意思。这是人之常情，也是人情味。否则，就是"不通人情"，也就是"没有人情味"。

一个人不通人情是不行的，有没有人情味却大不一样。因此，一个人如果有了困难和麻烦，要找某个领导说情或求情时，便往往在下班后找到他家里去，就是因为家里比办公室里更有人情味。同理，在单位上班同事们尽管天天见面，一到逢年过节仍要组织联欢、郊游、聚餐一类的活动，也并非当真就是要吃、要喝、要玩，而主要是增加单位的人情味。对于这类活动，不论个人愿不愿意，都应尽量参加，否则便被人视为孤僻、孤寒、不合群，也就是说他没有人情味。没有人情味的人活着就没意思了。

第二节　情面之所在，有情则有面

一、人情与面子双重论

1.面子里饱含有人情

人情与面子的关系很密切。可以肯定地说，有人情必有面子，给面子也就是送人情。比如有个人，以前帮助过你，你就欠了他的人情。下回他来找你帮忙，你就不好驳他的面子。同样，如果你给了某个人面子，则他也欠下了你的人情。甚至这面子与人情还能够转让和借用，比方说求情，或说情时讲"不看僧面看佛面"，意思就是要你看在某某的情面上，或者请与你有恩有情的人来"出面说情"。这就是把你最难于驳情面的人请来了，看你怎么办？但是，即便是佛祖出面，也还是“人情”所在，得了好处的人要“领情”有恩情之人面子大。由于人情和面子是如此的相互依存，所以人们常常把它们合起来称作“情面”。

2.世人都讲情面而又都顾情面

情面是一种任何人都不能不顾的东西。顾就是回头看，看看他过去对你怎样。正如一个人，正往前走，要去办“正事”的，情面却从“后门”进来了，你就不能不回头去看一下。情面来光临，你连头也不回一下，面子上就会“过不去”，也是“给脸不要脸”。因此至少也得打个“照面”，然而这一“顾”一“照”不要紧，非得“照顾”一下不可。原本要公办的事，也就多半“私办”了。除非你一开始就不“照面”，比如躲起来，装病，甚至不接电话。然而，情面这东西，是轻易躲不掉的。躲得初一，躲不了十五。陌生人还好说，同事、邻居、熟人、朋友，又岂能永远不见？既然终究要见面，就不能不讲“情”。结果，有的人，对天理王法之类这些东西，也就只好暂时放在一边了。中国的法制难以健全，至少有一半原因在于“情面”。

情面不但可以使某些人生，也可以让某些人死。西方的杀手为金钱杀人，而中国的杀手往往为情面去杀人。所以说，情面实际上比什么都贵重，因为“黄金有价，情义无价”。

二.情面的储备与运用

1.情由面生，见面是储情

情面虽然无价，却有用。又岂止是有用，简直就是法力无边。所以说，任何中国人都不能不讲情面，也不能不为将来可能的需要，而预先为自己储备情面。

储备和制造情面的办法很多，但其最重要而又最关键的办法就是多多见面。因为情由面而生，如果从来也不曾见面，就是亲外甥、亲侄儿，甚至是亲儿子，其情由何而来？同事、同学、邻居等等之所以比较有情面，就是因为经常要面对之故。因此有“远亲不如近邻，街坊不如对门”的说法，夫妻情分最重，也是因为天天形影不离，天天都要面对，既然是有情人终成眷属，即便真成了眷属，老是不见面，天各一方，就像亲戚、朋友不常见面一样，久而久之，感情就会淡漠，甚至会趋向于零。所以有“人在人情在”和“人一走茶就凉”的说法。人在，难免“抬头不见低头见”不能不顾情面。假如说，人不在跟前，人不在了，就会产生一种反正不怕会有见了面不好意思的感觉，也就可以不讲情面不情面了。

2.旧情不忘，面子未失

当然，并非所有的人都那么薄情寡义。所说的“人走茶凉”不能实用于所有的人。有的人仍然是不计利害地报恩还情，就是人已经逝世，他还要不断地挂记和认定过去的情面，维持过去情面的有效性，他就会被舆论肯定和赞扬。相反，如果忘本，或是翻脸不认人，一阔脸就变，转背就忘情，则会遭到舆论的谴责，甚至有可能被骂做人面兽心，不是东西。比如一个人刚死，他身边的人就翻脸，便会有人出来打抱不平，说“某某尸骨未寒,你们就……”。那么,反问一句,如果“尸骨已寒”是不是就可以如何如何呢？要是这样,也就等于承认了“人一走茶就凉”。“人在人情在”毕竟是一条规律,而“情”延续的时间比“面”稍长一些,不能一下子就无情无面,要真的情、面皆失,就会造成“兔死狐悲”的局面,想起来“寒心”。

三、储备情面，走动走动

1.聚一聚情面生

你想要维系人情、储备情面，最可靠也最有效的办法，还是想方设法多多相见，情由面生。比如，有事没事的，经常去串串门，走动走动，或者找种种借口，在一起“聚一聚”。如此说来，中国人是很有办法，而最好的机会，又莫过于过年。拜年很重要，关系的亲疏、人缘的好坏、地位的高低、权利的大小，在这个节骨眼上都一望可知。一个人，如果连过年时谁都不上门，应该说是很没有面子的。相反，如果门前车水马龙，家里常开流水席，则面子十足，风光体面得很。如果来拜年的竟是上司，各位领导、首长、前辈，那就更加体面，足以成为向他人炫耀的资本。

2.红白事是储情

婚事和丧事也是如此,所以非大操大办不可。假如并不想大操大办,贺喜者或前来吊唁者仍络绎不绝,那就面子更大,人情更多。此时此刻,来的人一定要怪:“怎么也不知一声?”主人则一定要赔罪:“没敢惊动大家”。不敢惊动,是对别人的体贴,当然也是人情;而闻讯立即赶来,那就更是人情了。因此,也有办红白喜事故意不声张的。而不声张的好处甚多,一是做事低调不张扬,显得谦虚(为官者则还可以避嫌);二来也可以检验一下自己人缘的好坏以及关系的亲疏。不论是刚刚听说还是早就知道,也不论是立马赶来还是延误多时,主人也都得领情。你想爱国尚且不分先后,早来晚来又怎能计较呢？只要来了就是人情、就是面子,就是有情面。时谚云:“走动走动,向上浮动,不走不动,向下滑动”。讲的就是这个道理。

四、见与不见，情有可原，但有“度”

1.故意不见是绝情

见面生人情，如果不想与某人发生人情关系，或必须马上“绝情”，则必须设法不和他见面。偶尔相遇，眼睛往别的地方看，甚至绕道而行。对方来访时，装作不在家或者故意趁别人不在家时去拜访。故意不见既然意味着不友好，而无意的不见就可能被视为或误解为不讲交情。所以，一个人回到故乡、母校、原单位，就应该尽量设法和所有的亲朋故友都见上面。如果不小心漏掉一位，他就会认为你不给面子，甚至怀疑你对他有意见。意见就是“意”见

"面"而不见，如无"意见"，为何不见？俗话说："宁可漏一门，却不能漏一人"。这种漏掉一人的后果是严重的，因为别人都已见了，唯独他未见，而他也就觉得特别没面子。说不定，本来没有意见，这回可真的有意见了。有了意见他很有可能对你进行报复，这个麻烦是很不划算的事。

2.故意常见有弊病

无意的不见，会引起误会；故意的常见，也会引起疑心："这家伙有事无事的老来找我干什么?"显然是"别有用心"，这就得防着点。更何况，不断地见面，也有弊端。第一，见得太多了，难免厌烦，至少不再有新鲜感。第二,关系特别近,难免随便,一不小心，就会伤了对方的面子,一旦反目,比仇人还可怕。第三,见得多了,就容易发现对方的秘密,还可容易看透,知根知底,弄不好连个人隐私也保不住,这样一来问题就大了,会发生人命关天的大事。

3.见与不见应有度

当然，平时不见面，或见面连个招呼都不打一个，有事时贸然地找上门去，就更不妥。因为"平时不烧香，临时抱佛脚"，便是在菩萨面前也不灵的。总之，不常见面，固然难免生疏；若是常常见面，也容易"熟"得过分，最好是亲而不过近，敬而不过远，若近若远，恰到好处。俗语说："亲戚远来香，邻居高搭墙"。当然做到适度很难。故曰"世事洞明皆学问，人情练达即文章"。这文章里的学问是人人都得要做的，因为人人都得做人。

五、会做人的人不能有私心

1.无私者做真人

做人首先必须"通人情"，不通人情不是人。比方说，别人有喜，应该欣然于色；别人有悲，不能无动于衷；别人有难，应当相助；别人遇险，不能袖手旁观。否则，就是“麻木不仁”。当然，对谁都是“麻木不仁”的人，他也休想得到别人的同情和帮助。就会自绝于社会和家庭及群体，真的变得“不是人”。

显然，所谓“通情达理”也就是“通晓人情”，最主要的是要有一种“设身处地”、“将心比心”的情感体验态度。具体来说，又表现为正反两个方面。从正面讲，就是要“己欲立而立人，己欲达而达人”。比方说，自己肚子饿了要吃饭，应该想到别人肚子饿也要吃饭，从而“推食食人”；自己身上冷了要穿衣，应该想到别人身上冷了也要穿衣。从反面讲，就是要“已所不欲，勿施于人。”比方说，自己不想死，就不要杀别人；自己怕丢面子，就不要伤害别人。说话的时候，要尊重对方，做事的时候，要想到对方。称呼上要掌握分寸，不要直呼其姓名；对方的请求和给予，即便是做不到或不能接受，也要婉言辞谢，不要断然拒绝；对方有了错误，即便是下属，也不要当众指责叫他难以下台；对方向你说事，即便不愿听，也不要粗暴地打断，而应该在适当的时候岔开话题；对方与你争辩，即便说得不对，也不要“得理不饶人”，只图一时痛快，把对方逼进“死胡同”，让他“下不了台”。否则，不但对方觉得太伤面子，恼羞成怒，造成矛盾激化，在旁观者看来，也会认为你“太过火”、“太不像话”。所以这些虽然说起来都是小事，但会不会做人，也就往往体现在这些小事上。

总之，会做人的人，总是能够表现出关心他人、尊重他人、处处以他人为重、时时替他人着想的心理倾向。比方说，见了面问人家“吃了没有”、“身体好吗”？这叫“有人情味”的表现。又比如，朋友搬家去“凑一把手”，邻居外出代为“看看门”，见到别人遇到费劲的活“伸把手”等等，这些都是“通人情”、“会做人”的表现。

2.存有私心假做人

由此可见，要做人，必须是实实在在的去“做”。只说别人自己不做，同样“不是人”。但是，有些人，虽然也热衷于关心帮助他人，但“做”了好事以后，又生怕别人不知道，到处宣扬，或在被帮助者面前，以施恩者自居，时时提醒对方得了什么好处，结果弄得对方有反感，他人厌恶。真心地帮助他人，应以“不计报酬”、“不求回报”为前提。如果嚷嚷得满世界都知道，不但被帮助者会觉得很没有面子，也会让人觉得你其实不会做人。

六.人缘好者有“缘人”的能力

1.情感源于“缘”字

用“人缘”这两个字来表示“人际关系”是非常精确的。所谓“缘”的本义是“衣边”的意思,因此也有“边缘”之意。所谓边缘,也称为两物分界之处,同时也是两物相连之处。两物如“相缘”,也就有了“关系”。所以说两个人,如果关系极深,便说“千丝万缕”;如果说两个人之关系似断非断,便说“藕断丝连”。因为人情如丝,细微而又有弹性和韧性,拉拉扯扯,纠缠不清,“剪不断,理还乱”。所以用“缘”字来表示情感关系,实在是再恰当不过了。

2.人缘好源于“情”字

人际关系既名之曰“缘”，则建立新关系便叫“结缘”，比如“喜结良缘”、“广结善缘”。良缘也好，善缘也好，都是一种人情，即把情感之丝打成“结”，使之更为牢靠。如果两个人以前素不相识，只是由于偶然的机会相遇，或通过他人的介绍相交，却一见钟情，或情投意合，便会觉得彼此十分“投缘”，并把彼此的偶遇和相识，视为一种“生前命定”的“机缘”，认为彼此之间有“缘分”。所谓缘分，即是人情再加天意。人与人之间，本来在气质、性格、阅历、境遇等各方面都有差异，要想真正情投意合，原本就很难；而安土重迁的所有人，又很难有机会在茫茫人海中去寻找知己。这样一来，人情加天意的缘分，就显得更加弥足珍贵。一个人如在“可遇而不可求”的机遇中得一知己，那就不但是“缘分”，而且也是“福分”了。

切记，说一个人“有人缘”或“人缘好”，却并不说他有些缘分或福分，反倒是说他即便无此缘分或福分，也能结交朋友，受人欢迎。或者说他有“缘人”的能力。有此能力者就能处理好自己的周边关系，使自己的“边缘”聚满了人。这种良好的人际关系，完全是他自己努力的结果，是一种情感能力产生的，所以说是“人缘好”，源于“情”字。

第三节　人情来往的实质是回报

一、人情来往有原则

有关人情来往的基本原则就是回报，这是没有疑义的。因为每个家庭都很看重人情的回报，而人情来往的具体回报原则：“有恩报恩，有仇报仇，有情还情”。这是天经地义的。

1.恩仇回报有说法

有恩不报固然是小人，而有仇不报亦非君子。两者比较而言，人们重视报恩，而甚于报仇的。一个人，如果他忘恩负义，便不是东西；如果恩将仇报更是“丧尽天良”。但是，假如报恩的程度大大超过了施恩，则会受到人们的一致赞扬。报恩，无论怎样加倍回报，都不被视为过分。“滴水之恩涌泉相报”则成为人们赞扬的壮举。而报仇则不同了，首先是仇的大小，如果伤害的程度不大，或是无意识的得罪，这种情况最好是以和为贵，不必“以眼还眼，以牙还牙”。本着“冤家宜解不宜结”的原则，不能大报冤仇。如果人家只是横了你一眼，也要进行加重报复，舆论就说你“过于计较，不好相处”，也就会弄得自己没人缘。二是报仇的分量，一般地说，以等量为宜。如果人家不过只是踩了你的脚，而你却要砍人家的腿，便太过分，也太“不像话”。三是复仇者与结仇者之间地位和力量的对比。如果地位力量相等，那就是他们自己的事，舆论界一般只作“壁上观”或是坐山观虎斗；如果是弱者向强者复仇，便对弱者给予同情、支持和敬佩；如果是强者向弱者复仇，事情就比较麻烦了。因重人情的人们，其同情心总是站在弱者一方的。往往会有人出来打抱不平。

人们之所以鼓励报恩，而对报仇作一定的限制，是因为报恩只会加强人与人之间的和谐关系，有利于群体的团结和社会的安定；而报仇则可能造成人与人之间的敌对情绪，不利于安定团结，甚至会破坏社会秩序，造成动乱。如果睚眦必报，则更会没完了，天下大乱。总之，鼓励也好，限制也好，都是为了“群体意识”。

2.恩仇回报有办法

但是，不管怎么说，回报总是必须的。如果能力不足以回报，便寄希望于“天意”；今生不足以回报，便寄希望于“来世”。报恩，可以是“变牛变马”、“结草衔环”；报仇，亦不妨化作厉鬼前来索命。故民间谚语说：“为人不做亏心事，半夜不怕鬼敲门”。这鬼不是别的，便正是受害者的冤魂，以及同情弱者专打抱不平的厉鬼。人们相信，“善有善报，恶有恶报，不是不报，时机未到，时机一到，一切都报”。总之，肯定性的情感（如恩爱）也好；否定性的情感（如仇恨）也好，都必须回报，不懂得这一点便是“不通人情”。

人情为什么一定要回报呢？就是因为人的情感是要有回应的。比方说你爱一个人，而人家的回应是却不爱你，这就爱不下去；你恨一个人，而人家却不恨你，就恨不起来，何况人情在中国人来说，并不只是一种内心体验，更是一种重要的行动手段，是用来维护群体的，因此说非回报不可。

维护群体的办法、手段、条件很多，但都不如人情可靠。比如法律，法律当然是很有权威的，但它管得了行为，却管不了思想，也就是说法律只能管“迹”，而管不了“心”。只能保证大家循规蹈矩，却不能保证大家同心同德。更何况对于王法，人们虽不敢硬顶，却敢软磨。什么“上有政策，下有对策”总能“化千斤为四两”，哪里靠得住？

利害就更靠不住。有利时趋之若鹜，有害时作鸟兽散，遇难时团结一致，胜利后又自相残杀，所以说酒肉朋友最不可靠。有酒有肉是朋友，无酒无肉如路人，甚至为了争夺酒肉，反目为仇，刀兵相见。

就连面子也很可疑。面子毕竟是“面”，它是表面的东西。这就难免“当面一套，背后一套”。面对面时称兄道弟，背靠背时你死我活。人情就不同了，它的本质上是“情”，而情感是发自内心的，也就最为可靠。面子可以作伪（假面），情感却必须真实（衷情）。面子有大小，情感也有深浅，但情感的大小并不以面子的大小为转移。出于面子为人办事，难免敷衍，或尽力不尽心；出于情感为人办事，则会尽心尽力，两肋插刀。当一个群体的每个成员都是出于情感而团结在一起的时候，这种团结就是心甘情愿的，而这样的群体也就势必是坚不可摧的了。

所以中国人要讲人情，而且要讲回报。你敬我一尺，我敬你一丈，你投之以桃，我报之以李。如此往返相报，则情感更深厚、友谊更绵长、关系更密切，群体也就更巩固。

二、人情来往难处多

1.送情容易还情难

说起人情回报这事，认真做起，有时也让人左右为难。大家知道“还情”的前提是“领情”。一个人好心好意把人情送给你，你当然要领受，并表示感谢，这就叫“领情”。这事看来简单，其实不然。因为第一，人之所送，未必是我之所需。如果自己并不需要，那么，是收还是不收呢？不收是不通人情，收下又没有用，还要平白无故地增加一个负担，因为收下的人情终究是要还的。但人家是一片好心，岂可拒人于千里之外？也只好来者不拒，照单收下，然后再琢磨着如何还回去，怎么还回去，难办！细想起来这是何苦！

2.送情心意领会难

还有，送人情的方式有很多种，有的明明白白，有的不清不楚，有的大张旗鼓，有的不动声色。这样，有时别人可能是“暗送秋波”，你可能还“蒙在鼓里”，当然也就无理由表示领情，不表示领情，这又会无端地得罪一个人。于是，为了不得罪人，就得时时小心翼翼，不要忽视或漏掉别人的人情。但是，如果人家原本并无让你还人情之意，而你却当作人情认真回报，岂不自作多情？假如每件事都这样琢磨一番，麻烦不麻烦，窝囊不窝囊，累不累？而他送情是啥目的？领会起来真叫难！

3.情感之情没法还

领情已属不易，而还情就更是困难。因为在人们的人情关系中，施送的并非都是“物质”，而有很多情况是“情感”。即便施送的是物质（比如在一家突然遭受火灾大家送衣送粮），也同时还有人情。甚至有时候，真正要送的不是东西，而是人情。物质的东西是容易回报和偿还的。比如你请我一桌，我还你一席，看得见摸得着，又能算出价钱。还没还，报没报，大家都看得清清楚楚，当事人心理也明明白白。而情感则不同了，它是无形无价的，不能测量，也无法估算。还没还，报没报，或者说还没还够，大家心里都没底，只好完全凭“良心”办事。有些特别讲良心的人，只好估量着以数十倍的代价去偿还，这就人们常说的“滴水之恩，涌泉相报”。

“人情”是一种说不清的东西，就连“还是不还”，也是问题，说它是感情，又不纯粹是感情，这就很难办。假如纯是感情，就不必还；假如纯是商品，就容易还。最怕的就是说不清楚。还吧，像做买卖；不还，又好像占了人家的便宜。这可真是左右为难。

4.衷情、表情难分辨

更麻烦的是，所谓“人情”，其实包含着两个内容。一种是真正的感情，称为“衷情”。它是发自内心，是不求回报的。你如果执意回报，反倒伤了感情。另一种则是表面化、程式化或仪式化的东西，称之“表情”。如果你把“表情”当做“衷情”，人家就会认为你这家伙太不懂规矩，太不会做人，甚至说你没良心，或太不像话。反之，你如果把“衷情”错当“表情”，用常规方式加以回报，则对方便会感到伤心，甚至会产生“愤怒”：“你把我当成了什么人？”这当然也同样糟糕透顶。朋友之间，最容易发生的就是这种尴尬事件。回报吧，显得见外、不贴心；不回报吧，又似乎太夹生，不懂味，是个“半吊子”。总之，人情的回报，这里边有说不清的问题，很难掌握得恰如其分，往往使人左右为难。

第七章
宽容待人通四海

提示：宽容了别人实质是善待自己，这样的辩证关系，如果您还没有彻底理解时。应当阅读此文，当您知晓了宽容的来龙去脉之后，自然就会明白如何对人施以宽容：“意义深远”。

第一节　宽容待人意义深

有位名人告诉我们：一个宽宏大量的人，他的爱心肯定多于仇恨，他的一生总是处于乐观、愉快、豁达、忍让的精神境界；而是少有悲伤、消沉、焦躁、恼怒的氛围。他对别人的不足之处，总是以爱心劝慰，晓之以理，动之以情，使听者动心、感佩、遵从，这样他们之间就不会存在感情上的隔阂，行动上的对立，心理上的怨恨。总之，他做到了宽容地对待他人。名人还告诉我们说：当你宽容别人的时候，你就不会感到自己和别人站在敌对的位置上。

一、宽容待人有学问

1.宽容是做人的艺术

人活一天就得做一天人，尽一天责任，就得讲一天修养。只要还有一口气，修养就一刻也不能放松。做人是一门艺术。同样是人，做人的艺术却不一样。从普通平凡提升到不普通不平凡，从不普通不平凡提升到超凡脱俗，再从超凡脱俗提升到鹤立鸡群、卓尔不群，这就达到了“做人艺术”的最高标准、最高境界。

2.宽容是做人的气度

细想，那么做人的资本究竟是什么呢？首先是要有一颗宽容的心，这颗心的容量要大，可以这样说，心的容量有多大，人生的成就就有多大。不是有人说：“海纳百川，有容乃大”这句话吗？不管什么是是非非都去计较的话，你这一辈子就没有办法生活了。诚然，在我们生活的社会里，有许许多多的事情，尤其是一些小事情，如果你要是看开一些，自己的心胸就会宽，还能起到延年益寿的作用。古人云：“君子忍人所不能忍，容人所不能容，处人所不能处。”这里边说的就是“宽容者”博大胸怀。法国作家雨果也说：“世界上最大的是海洋，比海洋大的是天空，比天空大的是胸怀。”可见，以宽宏大量的襟怀比喻人的宽容，歌颂人的气度，中外尽然皆知。

3.宽容是做人的胸怀

“只要有一种看透一切的胸怀，就能做到豁达大度。把一切都看做没什么，才能在慌乱时，从容自如；忧愁时，增添几许欢乐；艰难时，顽强拼搏；得意时，言行如常；胜利时，不醉不昏，有新的突破。只有如此放得开的人，才是豁达大度之人”。这段名言值得我们多读而深思。

经常有人用“宰相肚里能撑船”来形容人的大度量。而一部分人却斤斤计较，眼里容不下沙子，肚里容不下气，甚至因气量小而闹出病来，这部分人称自己气量小就强调自己不是宰相。其不知：“生气是拿别人的错误来惩罚自己”。但是，我们也应懂得，我们自己本来不是宰相却要伪装宰相，在一些重大原则问题上不作必要的斗争，一团和气，破坏原则造成重大损失的做法，也是不正确的。讲宽容并不是无原则的宽容。应该做到大事清楚，小事糊涂，这样气量就会慢慢大起来。气量大，有涵养，能容人，这些都是在实际生活和社会交往中磨炼出来的。

生活中有许多事当忍则忍，能让则让。必须明确，忍让和宽容不是怯懦胆小，而是关怀体谅。哲人说：“宽容和忍让的痛苦能换来甜蜜的结果。”这话是千真万确的。

4.宽容是做人的素质

忍让和宽容说起来简单，谁都会说，而做起来并不容易。因为任何忍让和宽容都是要付出代价的，甚至是非常痛苦的代价。一个人的一生，都会有个人的利益受到他人有意或无意侵害的遭遇。为了培养和锻炼良好的心理素质，你要勇于接受忍让和宽容的考验，即使在感情上无法控制时，也要管住自己的嘴巴，管住自己的大脑，忍一忍才能抵御急躁和鲁莽，控制冲动的行为。只有这样，才会避免不良的后果。宽恕别人是眼光长远的表现。

宽恕是文明的自罚。只有在有权力责罚别人时而不责罚，才叫宽恕；只有在有能力报复别人时而不报复，才是宽恕。宽恕了别人就是宽容了别人，它的后果要比责罚和报复带来的后果强得多。

宽容不仅是爱心的体现，更是做人不能缺少的资本，表面上看，它是一种放弃报复的决定，这种观点似乎有些消极，但实际上，宽容是一种需要巨大精神力量支持的积极行为。宽容更是一种不可少的做人的素质，是一种正确的做人自我意识的体现。一个人只有正确地认识自己，才会有宽容的胸怀。做人做到了宽容，它将会得到意想不到的收获，同时也会得到收益，还有人际关系的协调与和谐。

二、宽容待人是一种境界

宽容的本身是有对象的，比如宽容朋友、宽容对手、宽容人和人，也包括宽容自己，这都是一种至高至纯的一种境界。它是一种无比至上的精神，在这种境界的照耀下，它能使阳光明媚，万里无云，它能让你振奋。既然说宽容是一种境界，它究竟包括哪些内含？

1.宽容是风度

学会宽容，将使你活得更美好，人生更有意义。你尽管不必为一些琐事而烦恼忧伤，也不会因为一些鸡毛蒜皮之事而斤斤计较了。学会宽容就是有了一种美德，也自然会产生一种气质，使你拥有了别人不能拥有的一切。学会宽容，你将拥有一份胜利的喜悦，你将永远是一个充实的人。

古人云："金无足赤，人无完人。"因此我们必须学会宽容。宽容别人则处处显示着你的纯朴、你的坚实、你的大度、你的风采。如果你能够常常宽容他人，那么，在这块土地上，你将永远是胜利者。所以说，宽容是一种有利于个人美好的风度。

2.宽容是洞察

你看世界上充满矛盾，也可说是由矛盾组成，任何人或事情都不会尽善尽美。无论是"患难之交"、"亲朋好友"、还是"金玉良缘"、"模范丈夫"，都是相对而言。他们之间不可能没有矛盾，也不可能没有一点儿苦恼。他们的矛盾和苦恼常被掩饰在成功的光环之下，而掩盖的工具恰恰是"宽容"。不必羡慕人家，也不要苛求自己，要常用宽容的眼光看世界，你的事业和家庭及友谊才能稳固和长久。

3.宽容是忍耐

同事和领导的批评、朋友的误解，过多的争辩和"反击"实不可取，唯有冷静、忍耐、谅解最重要。要相信这句名言："宽容是在荆棘丛中长出来的谷粒"，若能退一步，天地自然宽。明白这样一个道理，就应有一种忍耐的精神。

4.宽容是忘却

可以说人人都会有痛苦,也大都有伤疤,动不动就揭,或者添新的创伤,旧痕新伤难愈合。忘记昨日的是是非非,忘记爱人曾经有过的一段浪漫,忘记别人先前对自己的指责和谩骂,时间是良好的止痛剂。学会忘记,才能丢掉包袱,生活才有阳光,你才会有欢乐。

5.宽容是原谅

切记,责难他人就好比是朝天空吐唾沫,早早晚晚会落到自己身上。要明白,与人相处,须记住并非所有的人都有理性,而又都是有感情、有自尊、有虚荣心的灵魂物体。批评往往是无用的,有时的批评是危险的,你要是伤害了他那宝贵的自尊,毁损了他的名声,肯定会激起他对你的报复,引起他行动上的反抗,甚至会下毒手。就是夫妻之间也要注意相互原谅,有一个生动的故事值得借鉴:一位老妈妈在她50周年金婚纪念日那天,向来宾道出了她保持婚姻幸福的秘诀。她说:"从我结婚那天起,我就准备列出丈夫10条缺点,为了我们婚姻的幸福,我向自己承诺,每当他犯了这10条错误中的任何一条的时候,我都愿意原谅他。"有人问,那10条缺点到底是什么内容呢?她回答说:"老实告诉你们吧,50年来,我始终没有把这10条缺点具体地列出来。每当我丈夫做错了事,气得我直跳脚的时候,我马上提醒自己:算他运气好吧,他犯的是我可以原谅的那10条错误当中的一条。"

这个故事告诉我们:在婚姻的浪漫旅程中,不会总是艳阳高照、鲜花盛开的季节,也同样有夏暑冬寒、风霜雪雨。面对生活中的一些小矛盾,如果能像这位老妈妈一样,学会宽容和忍让,并给予原谅,你就会发现,幸福其实就在你身边。

朋友之间互相宽容的一定是长年同舟;互相宽容的夫妻一定百

年共枕；人与人相互宽容的世界一定和平美丽。于是，宽容有一个度的概念。你在多大程度上学会宽容，你就在多大程度上掌握人生，所以说，宽容实质是一种很高的境界。

三、宽容待人是一种智慧

1.宽容是智慧的结晶

一个人要是能做到以宽容的态度处事，不仅仅显示了他做人的美德，也可以说明他有一定的智慧。因为他面对的是不同环境中不同层次又是不同职业的人，要不具备一定的智慧就很难达到宽容的目的。我们不可能仅凭自己的观念或喜好去和别人相处或从事社会活动。这时，宽容就不仅是人际情感交流的润滑剂，更是人生这棵树上滴翠的绿叶和吐艳的花朵，散发着迷人的魅力和神韵。这里面有智慧的参与。

宽容呈现的是一种人生智慧。将军额头可跑马，宰相肚里能撑船。宽容者定然是善良睿智而又是胸怀大气之人。所以，宽容应当是有为人生的态度，是生命中一道亮丽的风景。堪称是智慧的结晶。

2.宽容是睿智的包容

宽容者大多具有内在的品德，他总是不断地审视自我，从而营造出人与人之间那份美好的情缘，那份真切的爱意。这便有了“身是菩提树，心是明镜台，”有了“时时勤抚拭，莫使惹尘埃”的品位和感悟。

宽容者心胸宽广，它有利于身心健康。一个不懂得宽容的人，会显得阴郁、粗暴，心胸窄则肝火燥旺，而导致血脉失调毁标损本的后果。反之，宽容者总能拥有泰然自若的心情和云水襟怀的气度，凭借智慧总能跨越“山重水复”的困境，去品味“柳暗花明”

的喜悦，从而保持身心和谐的境界，获得祛病消疾的效果。

“小不忍，致大灾”，“忍一时之气免百日之忧”。古往今来，人世间多少憾事，多少不幸，多少悲剧，多少恐怖都是因为人与人之间争强斗胜、不能相互宽容而发生。

据有关资料统计，近几年来，因人际关系矛盾激化，情绪偏激、不能容忍，而致恶行凶者，占全部凶杀案的60%。而作案者大多是血气方刚、涉世不深的青少年。有理由认为，人们如果变得冷静了，明智了，宽容了，世间就不会发生太多的悲剧，也不会出现太多的恐怖。“和为贵，忍为高”。聪明的人懂得退让，智慧者懂得容忍，因为容忍能带来幸福。很多时候，两强相遇，狭路相逢，双方如果能够明智地各退一步，那么，大家都有一条生路。双方如果互让一步，肯定都是智慧的拥有者。

宽容不是放任、不是纵容，不是消极的无所作为。宽容意味着尊重、信任、理解和沟通。宽容是宽松气氛的刻意营造，是不同主张的彼此交融。宽容是“海纳百川，有容乃大”，宽容是“渡尽劫波兄弟在，相逢一笑泯恩仇”。其实，有很多心灵的创伤在宽容中弥合，有很多无谓的纷争在宽容中云消雾散。

宽容他人就是宽容自己；宽容缺点就是宽容优点；宽容家庭就是宽容社会；宽容个性就是宽容共性。宽容是水，给别人以清爽；宽容是秋，给自己以成熟；宽容是大海，汇聚了涓涓细流湾湾江河，撑开无垠的胸襟；宽容是宇宙，能够无限地容纳一切客观存在的物质与观念。总之，宽容待人饱含睿智。

四、让宽容造就人的一生

1.宽容需要磨炼

宽容是修养、是品德、是内涵、是心态。在宽容面前，争吵和计较大可不必，即使你拥抱着真理，也不妨学温柔些，因为有朝一日说不定你也会犯下不可挽回的错误；在宽容面前，赌气和忌妒都是不好的表现，不能善待别人的长处和毛病，你将会养成叫别人难以亲近和忍受的坏脾气；在宽容面前，过激行为值得警惕，此时，应该好好学学宽容。

有人说，一个人干事越多缺点则会越多，也免不了得罪一些人。于是乎告状的、打小报告的甚至检举揭发的接踵而至。面对所有这些，我们应该淡然处之，照吃自己的饭，照睡自己的觉，照干自己的事，照玩自己的牌。俗话说：没做亏心事，不怕小鬼来叫门。哲人说：得意时淡然，失意时坦然。既然有那么一种人靠嚼舌头、告黑状、捏是非、造谣言过日子，就叫它去吧，跟这些人计较也太看得起他们了。人心都有一杆秤，那秤砣就是自己的良知和群众的口碑，身正不怕影子歪嘛。大概这也是一种境界，一种宽容。

人都在大自然中求生存、求平衡，这就是天意，是规律，就像人生气的时候就要发泄，有话就要倾诉一样。当你埋怨别人，怨气和怒气就要发作的时候；当你感受到朋友对你不恭敬，即将赌气离开他的时候；当你实在不能再忍受指责，正酝酿要报复的时候请张开你的嘴，做几次痛快淋漓的深呼吸，调整一下自己的情绪。然后再来看看自己有什么事要做或者还有什么话要说，这时，即便真的到了无话可说的地步，真的要反目成仇、明争暗斗、恶意中伤，那么，就是你发表意见，做出决定的最恰当的时机或最成熟的时刻，不是在争吵之中或者是在赌气之后，而是在云开日出、相处最自然融洽的时候，因为这时刻最为理智而又是最少情绪。也就是说，在你表达了宽容之后，其结果必然是最理想的。因此，宽容是需要磨炼的。

2.有道德才有宽容

宽容是德性，它饶恕所有令自己能接受或不能接受的是是非非。所以说，宽容是智慧，是修养，是一种处于变化而不惊的气度。在日常生活中，经常会发生一些意想不到的情况，宽容便是一种大祸临头面不改色的潇洒。别人批评了你，想想自己的过失；同事误解了你、邻居伤害了你，想想别人的难处；甚至是朋友出卖了你，想想终于又看清了一个人的为人。要知道，天下没有渡不过的河，也没有过不去的山，同时也没有解不开的疙瘩。人生就是这么几十年，不管是什么事，没有必要非得要耿耿于怀，搞得经常处于不开心状态。记住，生别人的气，就等于拿别人的毛病来惩罚自己，想得开，就是要开开心心地生活和工作，保持身心健康比什么都重要。

高山因为承受着土石树木，所以才变得雄伟；大海正是容纳了百川，所以方显得辽阔。弥勒佛像两边的对联是这样写的“大肚能容，容天下难容事；开口常笑，笑天下可笑之人”。如果对任何不顺心的事都能一笑了之，生活中还有什么事能使你不开心的呢？切记：处理任何事情千万注意不要激化，退一步都是海阔天空。

世界上没有和你完全一样的人，能够共同生活在这个世界上，其本身就是一种缘分，也是一种幸运。让我们抛弃勾心斗角，扔掉尔虞我诈，让心与心相容，让情与情相通。宽容不是剃头的挑子一头热，应该是相互的，一家人兄弟姐妹需要相互宽容，妯娌之间更需要宽容；领导与领导之间、同事之间都需要相互宽容。千万不要想到天底下只有自己最聪明，如果你真是那样想，首先就说明你并不聪明。要相信，太阳每天都是新的，就算是世界上少了你，太阳一样会照常升起。在家庭生活中，上一辈与下一辈之间，丈夫与妻子之间，兄弟姐妹之间，妯娌之间，同样需要宽容，因为对我们每个人而言，都是只有今生，而没有来世之说。

3.宽容要从小学起

宽容既然是一种品格，又是一种境界，要想宽容别人，有时就得委屈自己。但是，人并非天生就是圣人，要养成宽容的品格，就要从小开始认识，只有认识了宽容的意义和不宽容人的危害，才能有做事、处理问题能宽容别人的心理，在一些小事上不苛求别人，尊重别人，也就是尊重了你自己。可以肯定地说，没有宽容之心，就不会有你的幸福生活，让宽容的心态来造就你的一生。

第二节　待人宽容做真人

一、宽容者懂人生

1.宽容是容忍的堤坝

猛虎毒蛇尚可避，暗箭冷枪却难防。在人生的长河里，总会有血气方刚，总会有人疾恶如仇。没有一段漫长的经历，就不可能懂得人生。差不多走过生命一半时间的人们，已经容忍小舟在波涛汹涌中逆行，紧握住自己的双桨，躲过暗礁与旋涡。这时，他们懂得忍一分海阔天空，让三分风平浪静、风清云净。他们让一切有意或无意的讥讽，一切令人心灵颤动的悲愤、失意、难堪与激怒，都冲不垮容忍的堤坝，让容忍之心成为一道密密的防护林，阻挡随时而来的风暴。直到这时，他们才真正懂得了人生。回首往事，他们才真正理解，在生活中学会宽容吧！这样好处多多，切身体会到：没有宽容就没有他现在的结果，现在来认识自己，已成为一个真诚的人，而今他会感到身心都是愉快的。

2.用恕己之心恕人

穿梭于茫茫人海中，面对一个小小的过失，一个淡淡的微笑，一句轻轻的歉语，都会带来包涵与谅解，这就是宽容；在人的一生中，常常因一件小事而不被信任，却不苛求任何人，而是以律人之心律己，以恕己之心恕人，这也是宽容。所谓“己所不欲，勿施于人”也寓于此。

3.老年人更懂宽容

宽容，是一个人良好心理的外壳，它往往折射他的处事的经典。宽容，是一种待人处事的艺术，含有良好的涵养。要学会宽容，需要吸收多方面的“营养”，需要自己时常把视线集中在完善自身的精神结构和心理素质上。否则，一个只会咄咄逼人，得理不让人的人，定是一个不知宽容为何物的人，恰如一个缺乏现代文明阳光照射的贫知儿，只会是一个被人们嗤之以鼻的人。

俗话说：“姜是老的辣”。老人更懂宽容，更知人生。一位老人写了一首诗：“宽容是蔚蓝的大海，纳百川而清澈明净；宽容是高阔的天空，怀天下而不记仇恨怒愤；宽容是灿烂的阳光，送你甘霖，送你和风；宽容是延续生命，生命的辉煌也只有闪烁的一瞬；宽容大度才能超越局限的自身，一语宽容，雨露缤纷，一生宽容，心系乾坤。”

人到老年，仿佛湍急的河流渐趋平缓，曾经激昂的情绪归于平和，曾经浮躁的心态变得踏实，曾经有过的怨和恨也渐渐淡化，许多人生故事都变成美好的往事……

老人随着岁月的流逝，逐渐地懂得宽容会给人生带来愉快和幸福。回首往事，更加珍惜友情亲情。因为当你苦过、累过、笑过、哭过，让人伤害过，被人宽容过，这时的你，把人世间的一切看透了，所以你才明白人生如戏。再认真其实不过是匆匆的几十年，当你走过的桥比别人走过的路多时，你才领悟到：人活着，没有必要事事认真，为鸡毛蒜皮的事去计较。生活造就了老人知道如何宽容。

4.实践宽容出真知

宽容了别人，等于善待了自己。它能使自己的生活变得轻松与快乐。经历过风和雨，才能领悟到人生的苦和乐，爱和恨；才知道人生中应该忘记什么，记住什么，放弃什么，学会什么，那样才是举重若轻。最该忘记的是你曾经帮助过的人，你最该原谅的是曾经伤害过你的人；最该放弃是功过是非、名利得失，最需要学会的便是宽容别人。

因为宽容之于爱，正如和风之于春日，阳光之于冬天，它是人类灵魂里美丽的风景。有了博大的胸怀和宽容一切的心灵，宽容自然会散发出浓浓的醇香。宽容能使我们活得轻松，还能使我们的生活更加快乐。

5.有成就者是真人

“天地本宽，而鄙者自隘”。这句话可称其为警世之言。“精明者，不使人无所容。”我们常说的“得饶人处且饶人”，也是这个理儿。事实上，宽容并不代表无能，却恰恰是一个人卓识、心胸和人格力量的体现，即所谓“海纳百川，有容乃大”。有句含哲理的话：“天称其高者，以无不覆；地称其广者，以无不载；日月称其明者，以无不照；江海称其大者，以无不容。”一个人要想成就一番事业，就必须有恢弘的气度，自古至今皆然如此。

有人这样说：“人之心胸，多欲则窄，寡欲则宽。”这个结果便是：“腹中天地宽，常有渡人船。”归根结底还是那句话，宽容处事者，做真人。

二、宽容了别人等于善待自己

1.宽容的种子会发芽

有位著名作家说过：“一个人善待自己的最好办法是善待别人，善待别人的最好办法是宽容别人。”反之，如果你从来不善待别人，更谈不上宽容别人，难道说你能够受到别人的善待和宽容吗？“种瓜得瓜，种豆得豆”然而，你春不播种，秋怎么会有收获呢？

高尚者的心灵世界比大海更深沉，比天空更广阔。所以，我们的家庭或是邻居，都应该互相和睦相处，抬头不见低头见，谁都会用着谁。“平时不烧香，临时抱佛脚”恐怕有些事就来不及了。只有撒下宽容的“种子”才会发芽。

2.宽容大度是高尚的根

当然，“容人之过，却非顺人之非”，我们允许别人犯错误，但不是允许别人坚持错误。对于错误，我们更应该正确地指正，而不能迁就和纵容，那样就适得其反了。因此说，“宽容也包含正确接受好心人的批评”就是别人批评的不够准确，也应以宽容相待，要辩证地来分析宽容的内涵。

有人说过：人不一定都能成为伟人，但人可以不断地使自己高尚起来。宽容大度是高尚的根，有了它，才能正确对待成功与失败，清醒地认识荣誉与批评，辩证地理解奉献与索取。所以，为人处世应光明磊落，坦诚相待，助人为乐，做到宁可人负我，切莫我负人，常以责人之心责己，恕己之心恕人，这样，急难之时自然有人来相助。相反，如旁若无人，自命清高，就像崇山峻岭，趾高气扬，那还有谁敢与你接触，和你亲近呢？然而“宽容”别人，也有时会给自己带来难以忍受的痛苦。

深研“宽容”二字的内涵，可由一个高僧的故事最能诠释。说的是终南山有位高僧，寺旁有一少女，她与仇家之子相恋，暗结珠胎，足月后生下一子，其父责问是谁的儿子，此女被逼无奈，又怕心上之人吃亏，就随口说是高僧的。其家人把新生儿送到庙中，并对高僧百般羞辱，这位高僧什么也没说，就把孩子抱入庙中，他把同道的冷嘲热讽当做耳旁风。为了使新生儿活下去，他每天下山为孩子找奶吃，任人们往脸上唾口水，毫不在意，只当是自己的亲生儿子一样。后来两家和好，相爱的年轻人终成眷属，而两人至此才说出真相，女方家很是不好意思，连连赔礼道歉。当人们知道了真相后，纷纷为高僧鸣不平，大家一起上山向高僧表示歉意。而高僧什么也没说，把已经会走的小男孩交给了小两口，就进庙去了。高僧的无言，不正是对“宽容”二字的最好的注释吗？然而，这位高僧换来的是广大群众的真诚爱戴，高僧的宽容别人，付出了高昂的代价，最终收获的就是人们对他的善待。

俗话说：“泰山不辞土壤，所以泰山才会高大；大海不拒细流，所以大海才更宽广。”我们只有拥有宽容，我们的人格才会更加崇高；只要我们人人都能相互宽容，我们的世界就会变得更加温馨、和谐，家庭更加美满幸福。

永远记住：宽容了别人，就等于善待了自己。

第三节　宽容的实例震撼心灵

一、贼心促使人变“鬼”

1.新娘深夜去做贼

老刘家院里有棵大桃树，因树高、果大，桃儿特别甜，人们称它为桃树王。又因多年总是果实累累又叫它“仙桃皇后”。每到桃熟的季节，村里人都等着吃象征吉祥如意的“仙桃”。秀才编词说：“吃了刘家仙桃，出门步步登高，办事能够顺利，确保平安更牢，全家吉祥如意，运气走向高潮。”这就是大家盼望吃“仙桃”的原因。其实，老刘头从来也没有卖过一斤桃，等桃熟透了的时候，老刘头把桃子摘下来，每家都要送上二斤，让大家尝个鲜，满足大伙吉祥高照的愿望。老刘头年年如此的举动，村里人都感到不好意思，因为大伙都有这种过意不去的心情，于是有人提议给点儿钱。老刘头说：“要是大家看得起我，那就别提钱！我们看做一家人，难道还说钱吗？要提钱那是外人话。”这样一来大家都是乡亲不是外人，也就没人再提钱的事啦。但是，全村人不论男女老少，都认为那是自家的桃树，大家伙都自觉地保护这棵大桃树，从来没有人偷着去摘桃，老刘家的院门昼夜都是敞开着的。

这是一个漆黑的夜晚，年过50岁的老刘头，觉有点儿渐少。深夜出来方便，走到院里，突然，他发现桃树下有个黑东西，走近细看，是有人放了一把椅子。莫非有人来偷桃？于是，老刘头不声不响地走到树下，他慢慢地移开了椅子，就地而蹲。他想，若是大声呵斥，把人吓掉地，摔个好歹的那就不好了。不一会儿，果真有人从树上下来了。黑暗中踩着老刘头的脊背跳下树来，当她双脚着地之后，才发现她踩的不是椅子，而是老刘头的脊背。模糊中老刘头认定：这是李小二刚娶来才三天的媳妇呀！深夜来偷桃？不可思议。此时此刻的新媳妇显得很尴尬，顿时惊慌失措，张口结舌，不知如何是好，呆立在树下等待训斥。但出乎她意料的是老刘头并没有训斥她，只是用平静而温和的语调说："深夜天凉，快回去吧！"老刘头宽容了新媳妇，把她摘的一小篮桃子也让她拿走了。老刘头认为宽容也是一种无声的教育。他不想张扬这件难堪的事情。

2.贼心贼意说"真相"

然而，事情并非老刘头想象的就此完事那样简单。作为刚结婚才三天的新媳妇，深夜去偷邻居家的桃子，若是张扬出去那还了得，没脸见人还不算，这一辈子要背一个贼名。新媳妇躺在炕上左思右想，计上心来：假如这个老刘头把她偷桃的事喧嚷出去，他不仁我也不义，我就给他个死不承认，我要说他在厕所门口企图强奸我，反正没有人出来证明是怎么回事，想把我的名声搞臭他也甭想好！我根本就没有去偷桃，一口咬定看他有何法？

老刘头万万没有想到，这个新来乍到的媳妇会有如此狠毒的打算，她要用倒打一耙的把戏来个节外生枝。老刘头这边是没事了，然而这个新媳妇却正在施展她的伎俩。早晨起床之后，她对李小二说："你睡觉真死，有件事我得告诉你。""啥事呀？"李小二边穿衣服边问。"昨夜晚上我上便所碰见了邻居老刘头，他在厕所门口对我动手动脚地摸了我！"新媳妇边说边做出要哭的样子。李小二虽说是个老实巴交的人，但他也是个深知好歹的人。他听媳妇这么一说，感到事情非同一般，于是他半信半疑地问："是吗？有这事？不能吧？老刘头不是那号人哪？"李小二晃晃脑袋接着又说："你要知道，我娶你，全靠他的帮助，借给我钱还借给物，一切都是他张罗的！"新媳妇既然想用恶毒的手段来对付老刘头，当然就要丈夫首先明白所谓的"事情真相"，所以她必须把事情说个"清清楚楚"。于是她进一步果断地说："知人知面不知心，哪个男人不好色？猫见了鱼还不动心。都说我长得漂亮，难道不惹人馋？"李小二还是有些疑："照理说，凭老刘头的人品，不能啊？"新媳妇急眼了："不能！不能！他要是没做，这样事我能瞎编吗？这种事是乱说的吗？要不是我身强力壮和他支巴，说不定他会把我给强奸了。"为了使李小二确信不疑，紧接着她又补充一句："我跑80里嫁到你家，和谁也无冤无仇，我怎能诬陷好人呢？"李小二被媳妇说得无言可对，立即穿好衣服："太不像话了，我去找他！"新媳妇赶紧阻拦："千万别去！事情没有发展到那个地步，他只不过是摸了我几把，别人还没喧嚷，你去找他咋说呀？""那？那你说这件事咋办？"李小二这才信以为真，然而却不知如何是好了。"有办法！"新媳妇胸有成竹地说："沉住气，看他今后的表现吧，他要是不再那样，也就算啦，你知道他是个什么人就行啦！"新媳妇用恶人先告状的手段，让李小二明白了"真相"，就算达到了她的目的。

3.外表很美心很丑

说起李小二娶来的这个漂亮媳妇，还真的叫人们很感兴趣。特别是村里有几个年轻小伙凑在一起，组成一个不成体统的"研究小组"，专门研究本村新媳妇的相貌如何，并按项打分以便排成名次。尽管不张榜公布，但可以私下流传，对李小二的媳妇当然要进行研究一番。这几个小伙子参加完了婚礼之后，就坐下来认真地讨论研究，最后统一认识并形成了文字，分数也就定妥了。共有九项内容，评价是："头发黑油油，脸蛋白又嫩，柳眉弯睫毛长，樱桃小口真美，眼睛大而亮，腰板细而软……，个头很标准"。合计

99.9分，结论是“名列前茅”。把原先定的赵之虎的媳妇98.9分降为第二，全村李小二的媳妇最漂亮。

然而，“研究组”的成员们，谁也没想到全村最美的新媳妇，娶进门来才三天，就在深夜去偷邻居家的桃。这种外表最美而心灵最丑的反差如此之大，是出乎全村人意料的。这要是将新媳妇深夜去偷桃之事喧嚷出去，岂不成为爆炸新闻！

新媳妇为什么深夜去做贼？这得从她在娘家当姑娘来说起。新媳妇的大名叫崔娇娥，提起这个崔娇娥在她家乡三里五屯无人不晓。她从小爹妈娇生惯养，给她养成了很坏的习惯：嘴馋得特别厉害。半夜里她馋饺子，她母亲立即起床去包。为了遮丑他爹说她肚子里有馋虫子，是否确实也没有到医院检查过。20来岁的大姑娘因嘴馋而出了名，就近各村没人敢娶她。李小二是从80里以外娶来的这个崔娇蛾。

新媳妇崔娇娥，她想吃的东西如果吃不到嘴，她就睡不着觉。当她听说邻居家的桃非常好吃时，心里就琢磨着怎样才能吃到嘴。她动脑筋想办法，细细考虑如何行动。白天她借上厕所之机，侦察好了地形，并做了周密安排。她认为她的行动是绝对的万无一失，她考虑她才过门三天，绝对不会有人怀疑是她偷的桃子。然而，天有不测风云，她万万没有想到她偷桃让老刘头抓了个正着。事发之后，势逼着她不得不想办法如何应付当前的局面，而首要的任务是先让李小二明白“真相”。

二、宽容让“鬼”变成仁

1.风云突变天降祸

再说老刘头，他的大名叫刘日宽。在村子里是个有名的活雷锋，他有他的人生座右铭。他人缘特别好，谁家有个大事小情，红白喜丧之事，不用请，他会主动到场。谁家出现了困难，他总是尽量相帮。他帮助别人总是不声不响而又是不求任何回报。昨晚上他宽容了崔娇娥，但他却没有料到崔娇娥已经对他采取了措施。现在的李小二已经对老刘头产生了很坏的印象，给他罩上了不是好人的阴影。

因为新媳妇崔娇娥深夜偷桃的事，刘日宽并没有向任何人讲，此事也就没有引起风浪。然而，李小二见了老刘头，总是有一种说不出的滋味，有时还用不中听的言语说些刺话。但是，由于刘日宽的正派表现，天长日久也就把坏的印象慢慢淡化了。促使李小二淡化的原因是刘日宽对他始终是关怀备至，对他媳妇根本没有作风不正的表现。还有一件事让他纳闷，那年刘日宽给他家送桃的那天，竟然在一个空缸里发现还有一篮桃子，他怀疑是她偷来的，但后来他不敢问她。而这个问号经常在他脑海里闪现。

崔娇娥好吃懒做，李小二怕老婆闻名全村。挨打受气是家常便饭，最让他寒心的是不给他饱饭吃，好吃的更甭提，她都独吞。儿子出生之后，家境越来越糟糕，全村数他家最穷。村中百来户人家，几乎没有一家他家不欠债的……，崔娇娥的头发白了许多，靠借钱过日子的滋味实在难熬。偷人家东西的事不断发生纠纷……

改革开放以来，农业包产到户，李小二拼死拼活，温饱问题总算解决了。崔娇娥不再偷人家东西了，这是她最大的进步。经过几年的发愤图强，李小二家的日子才有了点儿好转……

有道是天有不测风云，人有吉凶祸福。又过了8年以后的一天晚上，崔娇娥慌忙地跑到刘日宽的家，她是来借钱的。说她丈夫李小二遇到车祸，脾受伤在医院抢救。她恳切地表示："我知道你是不愿借钱给我的，可我走投无路，万般无奈，硬着头皮来试试。"说着她呜呜地哭了。

刘日宽见她为难的样子，从感情上无法接受她。见到她，8年前的往事又浮现在眼前。想当初老刘头借钱给她丈夫娶了她，那么多年都过去了，没提过要他家还钱。当刘家盖房遇到困难，正当李小二家猪崽卖了4千多元，老刘头只想讨回借给李小二的一部分钱。出乎意料的是李小二借故躲出去，崔娇娥死活不认账，一口咬定早就还清了，她家根本就不再欠他家钱了。气得刘日宽生了一场病，在刘日宽生病期间，他老伴两次去她家要她家还钱。崔娇娥蛮不讲理，还动手打了老刘头的老伴，还喧嚷出很多侮辱老刘头人格的坏话。两家的矛盾激化了，已经断绝几年来往的今天，她突然又来借钱，刘日宽气不打一处来，每想到她那个蛮劲，总是气愤难平。刘日宽沉陷在心中的不愉快之中……

2.宽容的恩情震撼心灵

在老刘头沉浸在极度痛苦的时候，他忽然想起作为他人生座右铭的一段话："人世间最宝贵的是什么？是宽容？宽容是世界上的稀有珍珠，善于宽容的人，总是在播种阳光和雨露，医治人们的心灵和肉体的创伤。同宽容的人接触，智慧得到启迪，灵魂变得高尚，襟怀更加宽广"这段话老刘头背得滚瓜烂熟，他平时是运用自如。此时此刻，刘日宽在想：按着她的人品，不应该再同情她。但是，过去的事已经过去了，再纠缠也没有啥意思了。我刘日宽是个日日都宽容人的人，难道今天就……不能和她一般见识，现在的李小二生命垂危，自己怎能见死不救啊……然后，老刘头跑进屋，拿出他家现有的全部现金1 500元，交给了她，并诚恳地说："这钱拿去先给你丈夫治病，你家有难处就不用还了！"老刘头知道她还有个儿子正在读高中，眼下无能力还钱。另外又给了她价值300元钱的他自用的营养品，让她一定给李小二手术后好好调养。刘日宽的如此举动，是崔娇娥万万没有想到的，在震惊和感动的同时，她扑通一声就跪在地上，泪流满面地说："宽大叔，我这一生对不起很多人，而最对不起的就是你呀！我不该说你的坏话，我不该赖账不还。我欠您家的钱，包括以前欠下的钱，我这辈子还不清，传给下辈，实在不行我来世做牛做马也得报答您的大恩大德，我给您老人家磕头！"她说着头碰地嗵嗵响地连连磕头……看到崔娇娥如此表现，刘日宽是又悲又喜，眼泪情不自禁地流下来，此时此刻的老刘头心情是复杂的，他说不清是同情还是宽容。

从此以后，两家和好如初。刘日宽的心情轻松起来，一生中让他最恨的人，他都原谅了，他还有什么做不到的呢？她让他进一步地学会了宽容，让他一生无憾了。同时，也使他又进一步懂得了宽容如何实践，让他尝到了宽容别人之后的滋味。虽然他给了她1 500元，权当是交了学好宽容的学费。因为宽容之于爱，正如和风之于春日，阳光之于冬天。它是人类灵魂里美丽的风景。有了博大的胸怀和宽容一切的心灵，宽容之光辉自然会散发出浓浓的醇香。宽容能使人活得轻松，还能使人的生活更加快乐……

3.宽容结果“鬼”变仁

又过了10年之后，崔娇娥和李小二的年事已高。但他们夫妻俩把老刘头待他家的恩情，果真传给了他们的儿子，没想到这个儿子发达了，当上了某公司的董事长。有一天他回家看望父母，在他的轿车刚停在家门口的时候，只因刘日宽的孙子得了急性阑尾炎，急得崔娇娥团团转的当儿，她立即命令儿子：“快！送孩子去医院！”结果老刘头的宝贝孙子得救了。当刘日宽去她家表示感谢时，崔娇娥抢先说：“这点儿小事算什么，您家的恩情我家是永远报答不完的，我俩家要一代传一代的永世相好，您同意吗？”老刘头赶紧回答：“同意！同意！”

又是一个“仙桃”成熟的季节，在吉祥如意的桃树下，村长召开全体村民大会，传达县政府表彰决定：“崔娇娥勇救落水学生，挽救了两名年幼的生命。特此表彰奖励。”村长宣读完毕，请崔娇娥谈谈感想。这是崔娇娥有生以来第一次受表彰，她说：“我生在野鸭子屯，善于游泳，还能见死不救吗？要让我谈感想，我这行动，是跟邻居宽大叔学的。他的为人，是我们全家永远学习的榜样！我家现在如此温馨、和谐，也都是向他家学习的结果。”

天变地变人在变，人们对待崔娇娥已刮目相看。

第八章
待人真诚天地宽

提示：真诚不真诚，就看言与行。说真诚看行动，真诚的最高境界是忠诚。想知忠诚如何做？阅读此文就明白："实践出真知"。

第一节　待人真诚效益"深"

一、真诚者前方闪绿灯

1.真诚的结果

有许多人用权力、智慧、阴谋等，千方百计都得不到的东西，却凭真诚，轻而易举就得到了。当然这需要一个过程，也不是非常容易就会出现如此结果的。

有道是以真诚待人，别人将会以十倍、数十倍甚至超过百倍、千倍的真诚来回报你，这事你信吗？古往今来数不胜数的实例可以验证这个道理。刘邦要不是以真诚之心求贤若渴，怎么会换来萧何、张良、韩信为他打下汉家天下；刘备要不是以真诚之心三顾茅庐，怎么会换来诸葛亮为他运筹帷幄，攻城略地，谋刘天下的忠心。因此说，做人做事最要紧的是一个诚字。古人的"精诚所至，金石为开"就是至理名言。真诚并不是智慧，但它却常常放射出比智慧更诱人的光泽。因为凭智慧难以获得之物，而凭真诚则可得到，这不是比智慧更加灿烂吗！

2.真诚的特性

真诚本身具有它的特殊性，这就是以真诚待人的目的，绝不是为了要别人也以真诚来回报。如果其动机是以自己的真诚要换回什么回报，或是换回来别人的真诚，这种出发点的本身已经已不够真诚。因为真诚是一种高尚的品德，它不该含有任何杂质。

真诚之心不应告诉别人，如果别人理解了你的真诚，你不说别人自然会知道；如果别人不理解你那份真诚，你要是表白往往适得其反，把事情弄的更糟。

有时候，我们受到了别人的欺骗，这是生活在告诉我们：什么是不真诚，而并不是告诉我们：应该放弃真诚。要做到真诚，首先是不去骗人，其次是要小心不受人欺骗，把握住这两点我们就可以堂堂正正地做一个真诚的人了。

3.绿灯照耀真诚行

由真诚的结果和性质可以推断，真诚就是人生的“通行证”。绿灯是可以通过的灯光，真诚待人的结果，你会感到身心都很轻松，轻松的结果，你就会不断地被一种愉悦的氛围所包裹，走到哪里都会闪绿灯。而一个虚伪者，他会常常感到精神上的疲惫，疲惫的结果，他将被不断袭来的沮丧情绪所笼罩，再往前走，他将看到的是红灯。

真诚者的前方闪“绿灯”，并不是说真诚者不受挫折，但凭着他具有绿灯的“通行证”，最终会走向人生的彼岸。因为人们的误解只是暂时的，真诚人格的力量终将征服众人心。若是没有真诚这盏绿灯，家人就会发生矛盾，夫妻之间便会不合，同事之间就无法合作，商人之间就做不成生意，国家之间就会引起战争。所以说，世界上时刻都需要真诚，他是人与人之间和谐关系的基本纽带。

在现代社会，随着物质生活的日益丰富，一部分人失去了真诚这个绿色灯光，为了谋求私利，他们渐渐丧失了待人真诚的理性，他们忘记祖宗的遗训，他们在精神的底板上刻着“欺骗”二字，达到六亲不认的程度。他们欺骗家里的亲人，出卖朋友，损人利己，使人与人之间竖起了一堵墙。这堵墙促使人们不能相互见到善良的心，造成人们听到的都是谎言，看到的都是虚假，家家户户的防盗门越来越坚固，越来越复杂，形成了人与人之间的关系互相戒备，导致社会上经常发生悲剧。

4.真诚的反面是虚伪

虚伪是人类最恶劣的品质，它的后果就是以害人开始，以害己而告终。有的人尽自己虚伪之能事，欺上瞒下，指鹿为马，一时权倾天下，到头来必然是身败名裂，遗臭万年。历史上的太平天国中的洪秀全、杨秀清、韦昌辉、石达开，他们要是都能以真诚待人开诚布公，相互间真诚不疑，互相间不搞阴谋诡计，本来初期那么兴旺的太平天国何至败得那么惨重。再看当今世界，由于家庭夫妻互相不能真诚相待，结婚没有离婚快。还有很多大集团公司，当初创业，同心合作，曾一度辉煌。当事业有所成功的时候，股东之间猜疑者有之，互相攻击者有之，导致互相拆台，一个好端端的公司，由于人与人之间的不信任被搞得分崩离析，终于以破产而告终。由此可见，有了真诚相待则会不断发展而成功；虚伪则必然失败，结论：成败仅仅在一字构成，那即是“诚”字的有无。

二、真诚是敞开的良心

1.真诚具有说不尽的赞扬

真诚是向世人敞开的良心，其善意的通俗解释，是美的真实渊源；真诚是为人最为有道德的品质，它有着朴素与深刻的哲学意蕴；真诚是正直善良的体现，是完美人格不可缺少的元素；真诚是最纯洁的表现，只有心地纯真的人才愿意并敢于面向世界袒露胸怀；因而真诚还体现出一种无私无谓的精神；真诚源自美好善良的心灵，其心灵之烛照出愈显明亮的光辉；真诚是人格高境界的成熟，是大彻大悟的反射，真诚到了一定程度，便成为真正的深沉。

人类世界需要真诚，人类也非常渴望真诚，真诚难以失而复得，因此珍惜真诚是对人类精神文明的捍卫。不真诚者应当学会忏悔，这是使他心灵走向崇高的修炼。

用真诚待人的那种美好的天真，为了助人而不想回报又不怕吃亏的那种天真，为尽到自己的责任而情愿吃苦的那种天真，想念人生之乐以服务为目的的那种天真，在当今社会里，在低待遇下而努力工作尽心尽力的那种天真……所有这些说不完的无穷无尽的天真，正是因为这些天真能彻底保持住一个人内心的真诚，使这个人的容貌永远让人觉得那么可亲可爱。这就形成了对真诚者有说不完唱不尽的赞歌。

2.真诚是心灵之桥

以真诚之心待人，就是在可以信赖的人们之间架起让人感到幸福的心灵之桥，通过这样一个美丽而舒畅的桥，可以顺利而轻松地打开对方心灵关闭的大门，并可以在此基础上携手共进，合作共事。由于自己真诚实在，肯于表露真心，能够做到“敞开心扉给人看”，对方自然会感到你信任他，从而消除戒备猜疑，进而把你作为知心朋友，也就会乐意和你诉说他的一切，结果心心相印勇往直前，共同克服各种困难。

应当认为，每个人的心灵深处，都有内隐封闭的一面，同时也有渴望他人理解和信任的一面，也可以说具有向你开放合作的向往。但是开放都是定向的，即是向自己信得过的人开放。遇到以诚待人的对象，当然是一种幸运，能够获得他人的信任，发现一个开放的心灵，就是争取到一位帮助自己的亲密朋友。这里的前提是如同过河首先应当架桥，这心灵之桥，必须有人首先架起来，而架桥的真实行动，就是以诚待人，而以诚相待的具体表现就是向人捧出一颗真诚的心。因此，没有心灵之桥，就不能完成心灵见心灵的沟通，只有心换心，才能做到心心相印，这就是以真诚换来的真诚。但是，没有心灵之桥是难以达到如此地步的。与人交往如果能用真诚来取代防备、猜疑，就会获得最为理想的结果。

应当特别告诫的是:以诚相待,必须看准目标。也就是知人而交,当你捧出赤诚之心时,必须认定站在面前的人是何许人也？切记,没有认清之人或是不可信赖的人是不能敞开心扉的,否则适得其反。

第二节　真诚待人前程“秀”

一、忠诚坦率显前程

人与人之间，只有忠诚坦率的相待，才能成为真正的朋友，谁要是欺骗朋友、算计朋友，那就等于自己欺骗与算计自己。而“精明”和“圆滑”都是虚伪的表现。同时，要是以精明和圆滑和人交往，只能是兔子尾巴长不了，更不会做事赢得成功。而真诚的最佳表现形式是忠诚待人。

1.忠诚之人有前途

一个真诚者，不仅仅对外说话办事从不骗人，就是对待自己的家庭里所有人更是真诚。这就是真诚的最佳的表现形式——忠诚。越来越使人精明的现代社会，常常有人在不自觉，不经意间忽视忠诚的规则。有的人见利忘义，有的人六亲不认只认钱，有的人自私到不管父母死活，处处设陷阱设圈套让人们上当受骗，尔虞我诈、欺世盗名，从而演出了一幕幕违背良心令人痛心疾首的悲剧。这些不忠诚之人往往因小失大，目光短浅，斤斤计较，见人就说谎话。以谎话起家是不忠诚者的前奏。

中国的家庭最鄙视说谎的孩子，大人对孩子进行说服教育时，首先让孩子知道说谎所产生的后果。比如：“狼来了，狼来了”的故事家喻户晓。教育孩子说谎的结果真的被狼吃了。狼没有来时他说谎骗人，招来了一群人来打狼，久而久之，再说狼来了没人信，结果这次狼真的来了，这个小孩就被狼吃了。

说谎话是不忠诚的一种潜意识深层次内涵，因为凡是说谎者都不承认自己在撒谎，而是以谎当真来骗人，被骗者需要辨认或实践之后，才知道某某人当时说的谎话。一旦知道某人是个爱说谎的人，以后的交往则要对这个人提高了警惕，或是根本就和这个人断绝了来往。

商家卖东西，只要你的商品有一件是假货，你这商店的全部商品就都会受到质疑。说话也是如此，假如你说了一小时，其中有一句话是谎话，你所讲的全部话语都会受到怀疑。

有道是“忠诚不单纯是一种品德，更是一种能力。”现今社会新的时代观，忠诚为什么说它是一种能力？因为忠诚是一个人所有能力的统帅和核心。如果说一个人失去了“忠诚”，此人的其他能力再强、再高明就会失去了用武之地。因为没有任何一个单位愿意接收和使用一个不忠诚的人，所以说忠诚之人有前途。

2.忠诚之人受拥护

说到底，忠诚坦率的待人结果，最后的受益者还是忠诚者自己。而忠诚坦率的表现受人拥护世人都知晓。明明知道忠诚坦率待人好，有前途，为什么有的人就是不能忠诚坦率的来待人？这个答案很简单，就是为了一个“钱”字，钱就是利，钱就是福，“有钱能使鬼推磨”是他的信条，他根本不考虑真诚与忠诚，他整天考虑的是如何把钱得到手。为了得到钱，他甚至去抢、去杀人、去偷、去骗。总之，他为钱而活，为钱而死。这些都是不能以忠诚待人的思想根源。然而，这样人的前途、下场，可想而知。比如吸毒者明知很快死，还是把毒吸，走向死路不能自拔。良心、正义，对这些人来说统统滚蛋。但是，世界上的残渣余孽毕竟是极少数，不是主流。而主流之中最显耀的人物则是忠诚者，还是忠诚之人受拥护。

世界上没有忠诚就没有光明。为了让这种光明显现出灿烂的彩色，特意给予忠诚者极大的回报：让其才华有一个施展的天地；他是有关部门重点培养的对象，从而获得晋升；获得相关部门的回报和荣誉，并从内心深处体会到这份荣誉带来的快乐；还能获得更多人员对其忠诚；用忠诚这个能力促使其品德更有价值；在人才市场上更有竞争力，使其名字具有更高的含金量。反过来，它促使其更加倍地努力工作，以达到精益求精，最后成为专家级的名人。这就是忠诚者进一步更上一层楼，也是当今社会和谐的具体体现。

3.忠诚之人有财富

就像以上讲过的那样，一个人要是以忠诚换回来那么多的回报，岂不是一笔用不尽的财富吗！但是，一个人不能忠诚地面对自己，就难以真正地拥有成功。用蜡塑成的人，在热的情况下会自动融化，内心不诚挚的人，最终必然显露出真面目，事实就是如此。比如，富翁招子的故事，就可以说明忠诚与不忠诚的结果。据说这个富翁名叫张富贵，家大业大，骡马成群，农商并举，远近闻名。此人在经商、务农、管理家业方面，有其独特招数，他把家里家外治理得井井有条，全家人过着幸福美满的日子。张富贵到了晚年最大的遗憾就是无儿来继承他的事业，这是一件很发愁又伤心的事。经过长时间的思考，他决定从村中挑选一个继承人，本村以姓张为主体，但都出了“五服”，于是他用贴告示的办法选适当人才命为义子。告示一出，报名者数十位，通过筛选确定5位最后候选人。这天，张富贵把这5位人选召集在一起说：“现在是春天，秋天定位，你们都知道，我一生最大的爱好就是养花，今天每人发给一包花的种子，看谁培育出最美丽的花朵，那就是我的继承人，要求你们亲自动手。”5个孩子都高兴地领回种子，把希望寄托在培育出奇艳的花朵上。当然，亲自动手，精心培育。努力争取成为万贯家产的幸运者，是每个孩子心中的渴望。

终于，决定命运的这一天盼到了，有4个孩子各自捧着盛开的鲜花，就连每个人的花盆都是专门定制的，鲜艳的花朵令人喜欢。4个孩子的目光都看着缓缓巡视的张富贵，这位张富贵也在盯视着争奇斗艳花朵和精神饱满而漂亮的孩子们。但是，此时此刻的张富贵脸上并没有显现出想象的那样高兴。

紧接着，张富贵看见了端着空花盆的孩子，他无精打采地站在那里，眼角上还流出泪花。张富贵把他叫到跟前问到："你怎么捧一个空花盆来啦？"这个男孩哽咽着说："我是来向您请罪的！"于是他把自己如何精心培育的过程说了一遍。他最后说："花的种子不发芽，这是老天爷在惩罚我，因为我曾经在别人家的树上偷过一个苹果吃！"这个男孩边说边哭，但他万万没有想到张富贵却把他抱住，脸上露出了最开心的笑容，他把这个男孩的手高高举起来大声说："孩子，我要挑选的就是你呀！"

"为什么是这样？"在场的人不理解地齐声问。张富贵这才揭穿了谜底。他说："我发出的花种是多年的陈旧花种，我还特意用水煮了一遍，根本不可能发芽开花！"此时此刻，捧鲜花的孩子们都低下了头，因为他们全部是在家长的指导下换了种子。

说到这里，可以看出来，花种其实是一块试金石。张富贵的本意是找一个忠诚的人来继承他的家业，要是没有种植花的过程，是很难说服人的，同时也难以说明谁最忠诚。张富贵的一生，就是靠他为人忠诚才得到众多人的帮助，他所以达到家业的兴旺，忠诚是他的治家之本。因此，他要挑选一个忠诚者作为继承人。

忠诚作为人生的第一美德，说起来容易，做起来却很难，懂得这个道理的人很多，真正做到的却极少。养花挑选继承人的故事，很能说明这个问题。有些人喜欢用"忠诚"来装饰外表，而内心总是想欺骗别人，表里不一的人，虽然能取巧一时，终究难以行远路，更是难以成大器。

4.忠诚之人有光明

真诚也好，忠诚也罢，从来都是对等的，人心对人心从来都是相互的。你不对别人真诚，别人就不能对你真诚；你把忠诚之心亮出来，别人也会给你一个忠诚，这就是一报还一报。你欺诈了他人，对方还能对你忠诚吗？这就叫种瓜得瓜种豆得豆，你要是种下仇恨，自然他就会发芽，长出仇恨的苗子，你就等着倒霉吧！种下了忠诚坦率，就会收获坦率忠诚，这就是应当以诚感人，以忠待人，以情动人。诚与情密切配合，岂能有害。

诗云："功成理定何神速，速在推心置人腹"。坦然源于真诚，真诚源于忠实。而做人贵在忠诚坦率，只要你把忠诚之心亮出来，还能得不到有人向你捧出一颗火热而真诚的心。这样的结果怎能不使人感动。

成功者总是用真诚的情感、竭诚的态度击响人们的"心铃"，用忠诚来刺激、振奋、感化、慰藉、激励对方，对真善美，热情讴歌；对假恶丑无情鞭挞。让喜怒哀乐溢于言表；使黑白褒贬泾渭分明。用自己一颗忠诚之心去弹拨他人之心，用自己那美丽灵魂去感染他人之灵魂，让听者闻其言，知其声，见其心。

同样一件事，不同的人去办结果则会出现截然不同的现象到处都有。真诚坦率地说话，总是招人喜欢，被人接受。具有真情实感，为人做到平等待人，就是平易近人；虚怀若谷，总是受人爱戴。忠诚者的一句言语就像滋润万物的甘露，点点滴滴渗入人们的心田。

不管时代怎样发展，社会如何变迁，忠诚坦率永远是做人的根本。一个没有忠诚的世界，那是多么悲惨。真诚待人，合作愉快；真诚待人，朋友信赖。由于你把真诚之最高境界忠诚之心亮出来，往往得到意想不到的收获。

曾经发生过这样一件事情：有一个比较贫困的农民，有一天他救起一个掉到深水沟里的小孩。第二天，这位农民家的门口停下一辆高级轿车，能坐上这样轿车的人，可想而知他不是平民百姓。当轿车停稳之后，从车里下来一位风度不凡的老干部，他对农民说："我是昨天被你救活那个孩子的爷爷，那个小孩就是我的宝贝孙子，今天特意向你表示感谢。”这位农民坦率地说：“我不能因为救了你的孙子而接受报酬，那样的话我会失去人格！”老干部闻听此言立即表示：“滴水之恩当涌泉相报，何况人命关天！”二位正说着，农民的儿子回来了，老干部问：“这位就是您的儿子吧？看长相和您一模一样。”农民自豪地回答：“他是我的儿子”。老干部又问：“上几年级了？”农民直率地说：“高中毕业，没有考大学在家务农呢。”“为什么不考大学？”“考上了我也念不起，还不如不考！”这是农民儿子的插话。老干部来回走了几步，回过头来对农民说：“咱们签个协议吧！我把你儿子带走，我来供他上大学，如果他像父亲一样的品德，你我都可以为有个好儿子而自豪，你同意吗？”农民明白对方的心意坦率地回答：“同意！同意！”

事情就这么简单，农民、老干部，都亮出一颗真诚的心，互相得到的确实是忠诚的满足。心对心的结果，这位农民的儿子突然有了上大学的机遇。

二、为人诚实心宽广

1.不诚实之人终吃亏

诚实者不虚伪，有道是“搬着石头砸山——石碰石（实对实)”，这是形容某人为人办事实实在在，没有虚假之意。不弄虚作假的人，当然就是真诚的表现。现代人最难的处世理念是“诚实”，这个诚实之说，不单指对他人诚实，也应当对自己诚实。若是对他人不能做到诚实，实质上就是对自己不诚实。有人说：“平民百姓最大的缺点，是常常觉得自己比别人高明。”正因如此，于是有些人都抱着投机取巧的心态，尔虞我诈，到最后的结果聪明反被聪明误。

有这样一个故事也许能说明问题并能有所启发：几年前，前进屯流行起养奶牛风，有条件的家庭几乎都买了奶牛，无条件的家庭创造条件，东凑西借千方百计地弄钱，也跟着养起了奶牛。牛奶每市斤高达1.30元，而且是有多少奶当场兑现金，从不欠钱。成色好的牛每天可产奶80多斤，就是差一点儿的奶牛，一天也能出奶60－70斤，平均每家至少有二头奶牛，有的家庭养三四头奶牛，算起来一家一天最少的收入也有150元，多则超过300元。日子不可长算，这样可观的收入，要是按月算其总收入可达万元左右，要是一年加起来，那可就不是小数目。发家致富，眼看就成为事实，照这样下去还愁娶新媳妇盖新房。因此家家户户养奶牛都红了眼。一时间，前进屯成了远近闻名的奶牛专业屯。

利益催人生邪念，为了增加收入，人们开始动脑动手，在奶的质量上由当初的优质奶，变成一般合格奶，而后成劣质奶。自己在家挤出的奶，由不掺水到少掺水，再由少掺水到多掺水，掺水多了影响度数，有人竟然掺起化肥来。

收奶公司不断提出抗议，可是这些养牛户屡劝不听，因为每天交奶大家一起往大汽车的奶罐里倒，这种吃“大锅饭”的交奶办法，谁家的奶是好是坏一点儿也分不出来，所以家家都掺水。收奶公司只好停止收购。

最后，这些养牛户投机取巧的行为不但没有增加收入，反而换来了有奶没人收。三天没人收奶，奶往何处放？奶坏了只好倒掉。大家愁的没办法，只好派代表和收奶公司说小话，提保证。最终的结果还得收奶公司说了算。压低了奶的价钱还采取了有效措施，谁家奶有假都能分得一清二楚，只要发现有假不合格，彻底断收，结果谁也不敢再掺水了。这样一来，压低价吃亏的还是养牛人。

做人不诚实，别人也许不小心吃了你几次亏，却不能表明他们会继续吃十次百次亏。当你认为自己很聪明的时候，请你牢记别人也不会总是笨蛋。做事对人诚实也就等于让自己好过，玩弄手段投机取巧，也许可以得到眼前的利益，却将会失去更重要的大利，一旦你失去了信誉，说明你不诚实，断绝了财路，看你怎么过？因为一个人活在世上，不是只有一天，而是几十年，是一生。应当考虑的不只是明天，还有一年365天，三十五十年。只顾眼前不正当之利益，不想其后果，与其说今天快乐，不如将来天天都快乐。

2.兑现承诺终胜利

在抗日战争年代，有一个八路军的营长名叫李长有。驻在李家屯召集老乡们开会，会议只有一项内容，就是动员青壮年包括妇女共计50人抬担架。在动员演说中，他特意强调：“抗日救国，人人有责，有钱出钱有力出力，军民团结一致，把日本鬼子赶出中国……”李长有营长最后承诺：“担架队期限是50天，保证每个担架队员都能回家过春节。”时至当下是农历十一月初五，距春节还有50多天。青壮年纷纷报名，很快组成50人的担架队跟随队伍上了前线。经过几次战斗，担架队伍都顺利完成任务，并没有一人伤亡。伤亡问题当然是老乡们最担心的问题。正当一天晚上开庆祝胜利大会的时候，传来紧急情报，日本鬼子四面包围了村庄，由于联系失误，担架队没有撤出来，被敌人包围在村庄内。营长李长有不顾个人安危，带领一个连的兵力，冲进村庄，经过一场鏖战之后，且战且退终于把担架队从日本鬼子的枪林弹雨之下解救出来。

这天正是腊月二十二过小年的前一天，营长李长有接到上级命令，有紧急战斗任务，这是一场大仗，急需担架队配合。然而服役期满的担架队员都归心似箭，忧心大战将即，可能有家归不得，更让担架队员害怕的是有牺牲的可能。几次战斗都很危险，幸运未死。要是在这次大战中牺牲了，岂不是过不了春节了吗？连长们向李长有营长建议，让担架队延长10天，待此次大战结束后再还乡。延长10天，则是春节以后了，但是李长有却断然地否决说：“八路军的干部说话算数，对待承诺必须兑现，担架队在以前的多次战斗中可以说是鞠躬尽瘁。家中的父母妻儿盼亲人回家过年，望眼欲穿，我怎能失信于民呢？”他想到他的承诺，于是他立即下令担架队迅速返乡。

担架队员接到返乡命令，个个热泪盈眶，感动不已，大家纷纷议论，面对即将来临的大战，如果我们就这样走了，岂不是弃危逃走吗？弃战士和大局于不顾，还是个有良心的人吗？营长冒死把我们从鬼子的枪林弹雨下救出来，营长有恩，我们也应当有义。此时正是用人之际，绝不能为了回家过年而放弃救助伤员。于是，所有担架队员大家举手表决决定不回家过年，参加战斗，打赢最后一场战斗再走。“若是走了会后悔一辈子的！”这是大家向营长表示的决心。

担架队的助战精神，大大地振奋了八路军战士的心灵，大家齐心参战，战士奋勇杀敌，士气高昂，抱着必胜的决心，在营长李长有的指挥下势如破竹，终于赢得了这场战斗的胜利。结果在大年三十晚上担架队无一牺牲、无一受伤地全部回到家乡过年。

越是在紧急时刻，越能看出人们的品德。而这种品德在今天的一些人看来，可能是不可思议的，然而处危而不改其志者，他们的志向不会朝秦暮楚、见风转舵。

他们的功绩自然也非一时一刻，而是细水长流、天长地久源源不断。

3.诚实之人心地宽

（1）父母是孩子的样板

在一个集市上，张正来的妻子带着4岁的儿子买东西，他们走在一个烧鸡摊床前，鸡烧的香味使人馋得流口水。4岁的儿子还不懂事，他要妈妈给他买烧鸡吃，为此当着众人哭闹不休。集市上的人很多，大家围上来好奇地看着这对母子。张正来的妻子觉得很难为情。为了安慰儿子的情绪，当着众人的面不能打孩子，因为他还小，大人都馋，何况孩子，便哄着儿子说：“别哭了，好孩子，等回到家妈给你炖鸡吃！”妈妈怕孩子再哭闹，紧接着又补充一句：“炖鸡肉比烧鸡好吃！好孩子，听话。”孩子听到有炖鸡吃，便停止了哭闹，乖乖地跟着妈妈回家了。父母是孩子学习的榜样。

（2）孩子是父母的化身

张正来的妻子带着又蹦又跳的儿子，从集市上回来，刚踏进家的门口便见到一堆鸡毛，进屋里就闻到鸡肉香，没想到张正来已经把鸡肉炖在锅里了。妻子很纳闷地问:“你这是干什么，为啥炖鸡?”张正来回答说:“你不是答应给儿子炖鸡肉吃吗?”张正来紧接着又说:“孩子在集市上哭闹的事我听说了!”妻子连忙说:“哎呀呀，那是我只不过是哄哄他!看你，怎么把正在下蛋的母鸡给宰了，这可是不得了哇，我还指望着用鸡蛋换油盐酱醋哪!你怎么这样呀?”妻子说着气得直跺脚。

张正来听了妻子的话又看到她不满意的表情，满脸严肃地说:“你怎么这样啊?孩子是无知的，他只会模仿父母的一举一动，你说话不算数，岂不是欺骗他吗?这样的结果，不正是教他学会说谎吗?你这样下去怎么能让孩子以后再相信我们哪?”妻子听到丈夫的话有道理，无可奈何，心想:反正已是如此了，还不如给儿子个欢喜，结果一家三口开心地吃了一顿丰盛的美餐。

确实，当父母的不应该用欺骗的语言哄孩子，更不应该否决自己对孩子的承诺。因为我们对孩子的承诺往往影响他的一生，尤其是父母教育孩子如何诚实做人的时候，更应当成为信守诺言的榜样。

张正来的儿子在父母的影响下，从小就养成了为人诚实的品德。改革开放后，他已成为一个自己独立经商的大老板。可是，由于他信守诚实为人之本，他与别人签订了一份合同，在签订之后，才发现将因为这份合同而倾家荡产。但是，他毅然决然地照约履行。结果，他成了在别人眼里是一个一无所有的“穷光蛋”。为了维持生活，他只好在热闹的大街上为来来往往的行人擦皮鞋，成为一个名副其实以擦皮鞋为生的“小老大”。

这是一个星期六的傍晚，在擦皮鞋的箱子上写有“小老大”字样的箱子旁坐着一个瘦小而精神的人，这就是张正来的儿子。由于小老大擦皮鞋的诚实，比其他人擦得又光又亮。只要是小老大往那儿一坐，来擦鞋的人络绎不绝，争先恐后地抢着让他给擦鞋。一时间生意兴隆。小老大擦鞋好而名扬满城。

第二天是星期日，小老大又像往常一样准时来到这固定地点摆摊擦鞋。和以往不同的是，箱子前面放了一张白纸，四周还用小石块压上，紧接着小老大又摆开了架势，照常为人擦皮鞋，边擦鞋还哼起小调，显得动听悠扬。这时，小老大周围站满了人，人们不是看他如何擦皮鞋，而是那张白纸上的红笔字吸引了众人。上面写着："昨天有人将一件非常重要的东西放在鞋箱上，请此人速来认领。"人们看了之后议论不止，都以好奇之心想知道是一件什么重要东西？很多人不想离去想看个究竟。大约过了20分钟，一位40左右的男人急急忙忙跑来，扒开人群语无伦次地磕巴着说："您……您还来了，我认为您今今……天不可能再来了。您……您真的来了，诚实的人，诚实……您是个真正地诚实人……"在场的人听了这些话，都是丈二和尚摸不到头脑。还是当来者拿起那张白纸时，大家这才似乎明白。小老大问："您是昨天放在这一件东西，忘拿走的人吧！"来人急得满头大汗，连忙说："是……是我，就是……是我！""什么东西？"在场人插话大声问。"500万！500万！"来人急切地大声喊着说，这时他也不磕巴了。"奇怪！什么500万？"又有人问道。来者掩饰不住内心的喜悦脱口而出："彩票！"

小老大从衣兜里掏出一个钱包，从中拿出一张彩票，问道："是这张彩票吧！""对！对！"来者急忙伸手有点儿要抢的样子。小老大又说："你别着急，肯定给你，你还得说说这钱包里还有什么东西，出了差错我可担待不起呀！"经过再次确认，小老大终于把钱包递给了来者，来者为了感谢小老大，只想拿走彩票，钱包里的1 000多元现金决定给小老大暂作酬谢金，但被小老大拒绝了。

(3) 诚实是家教的结果

事情原来是这样，来者名叫申由田，是一家工厂的中层干部，他月月开支都要买一张福利彩票，他买的是希望。他觉得尽管中奖率是几十万分之一甚至是几百万分之一，只要是买了，则月月有希望，要是不买，就一点儿希望都没有，希望没有了，生命则失去了光彩。昨天开奖，他万万没想到他真的中了头等奖，他高兴得忘乎所以，他想擦亮皮鞋去见他的女朋友，真是越高兴越出错，只是想着报喜，给了擦鞋钱，顺手就把钱包放在鞋箱子上了。他一夜未眠，只等小老大来擦鞋，因为彩票领奖是认票不认人，谁拿彩票谁领奖，所以这个申由田心中认为，小老大今天不会来擦鞋，而是去领奖了。

有人问小老大："你经商赔了那么多钱，为啥不用这500万做本钱，再发一把呀？"

小老大严肃地说："我虽然现在很穷，但我心里宽广，我活得很坦然，生活快乐；如果我把彩票昧起来，心就不宽广了，假如我失去了诚实人格，我一天也不会快乐。"有人又问："你怎么知道这张彩票中奖了？"

小老大说："当然知道，我也月月买彩票，难道不及时对奖吗？"一言道破了天机，原来小老大也是彩票迷。

诚实作为一种传统美德，它是我们心中崇高的道德准则；诚实是一种力量，它让卑鄙伪劣者退缩，让真正善良者高大。诚实虽然无形，但它却潜移默化地塑造无数的有形之人，而是永不褪色，诚实之人心地宽广。这例说明，诚实是家教的结果。

第九章
笑迎八方客　促进事成功

提示：给人一个笑脸，则是一种态度。给人一种眼神，则是一种魅力。态度与魅力运用起来显神通。细细地读文，慢慢地品味，其中的奥妙自然就会领会。一通百通，魅力无穷，运用起来办事成功："茅塞顿开"、"细水长流"。

用真诚的笑脸迎接来自四面八方的客人，是每个家庭起码的形象，一家人没有这样的起码形象，那就会影响到这个家的整体印象。对邻居来串门的，亲朋好友来探望的，迎接时连个笑脸都没有的人家，人缘好就成为泡影。当然，用真诚的笑脸相迎，还必须有实心实意的态度，如果只是笑而不实在，人家会认为是虚情假意。若是如此，后果肯定不好。

态度问题，不仅局限于待人的态度，对各种事情的态度也很重要，用什么态度对待眼前的人和事，首先应当考虑到后果。态度必须服从后果，这是待人处世的哲理。待人处世不计后果的人，肯定是以失败告终。

魅力与态度有着密切关系，但魅力比态度档次高。富有魅力的人，办事易于成功。而施展魅力则是一种技能，恰如其分的态度是施展魅力的核心，待人实心实意的态度本身就含有深刻的魅力。因为实心实意是内心美的表现，具有内心美的人才能让人感到"行动美"。而这个"行动美"要以效果来衡量美的程度。这就是动机和效果的双重论，二者应当成为正比。

第一节　笑脸含义深，态度在其中

真诚的笑脸，其含义非常深远。见面不说话，只是微微一笑，不同情况，不同事情，则是不同用意的领会：病情好转、进展顺利、圆满成功、表示友好、良好祝愿等。在不同的环境里，真诚的笑脸可以领会出不同的含义。这是人们可意会而不用言传的无声语言。

在人和事众多的“海洋”里，人们的职位、文化程度、生活习惯、行业特点等千差万别，性格和修养更是多种多样。总之，形形色色的人物在同一个世界里，难免出现一些矛盾和问题。有时因为一句不中听的话，一个小小的动作，就会引起轩然大波；一件微不足道的小事，竟然引起严重后果，更使人烦恼的是一些奇形怪状的矛盾往往反复出现，不幸事件恶性循环的现象叫人难以理解。不论是什么样的“怪”人“怪”事出现，或者是一般人一般事以至一般情况，采取什么样的态度，是任何人都必须有的反应。你采取了什么态度，就会出现什么样的后果，然而哪一种态度其后果最为理想，这是我们研究的重点。经过多年的实践—研究—再实践，再经过科学论证—探讨—再论证。总结出以下六项富有卓有成效的态度及其产生的后果供您借鉴：

一、积极态度及其后果

所谓积极态度，就是主动表现出反应的态度。其核心问题必须做到：“面不改色，胸有成竹、沉着应付、避免争论”。16个字，这种主动反应的精神和首先做到心中有数的反应方式称之为积极态度。

积极态度，适用于任何场所。其特点就是这16个字。而这16个字的主要精神是心中有数。在具体行动上应尽量抵消对方的激动情绪，其后果是把大事化小，小事化无。它应当是一种避免与人恶交的理想办法。

心理学家发现，一个善用积极态度的人，将是一个办事易于成功的人，也是一个生活愉快、长寿的人，更是一个善于化解矛盾的人。这种积极态度，具有主动进取精神，最终的成功或胜利总是属于这样的人。

例如，当有人为了他个人的利益没得到满足，对你进行恶意的谩骂时，又是在众多人面前的场所，如果你也以恶意相向，反唇相讥，一场不愉快的风波则必定难免，而越争论其结果越糟。若是采用积极的态度来应付，其情形就会大大的不同了。

积极的态度要遵守16字法则："面不改色"——表现自然而不显露声色；"胸有成竹"——早有既定的措施，他激我而不慌；"沉着应付"——心平气和控制激动；"避免争论"——不争理不解释泰然处之。运用这16个字法则的前提是：态度稳重，不卑不亢。必要时要以愉快、宽容的声调向他表示："我明白你的心情，而且我还知道您为什么这样做！"或者说："我理解您的心意，您说的言语我不介意！"促使对方无法再激动，就说这么一句，也不介入对方言语的内容，这样，你已经表白了你的态度和立场，不愿和他纠缠，事情到此告一段落。

见机行事，如果对方还是喋喋不休，你可以采用一个完全相反的话题："说累了吧，请坐下慢慢说，今天天气有些冷（或说今天天太热）"。总之，和对方说的内容不相切合。此时，若对方仍然没消气，你也仍然不要动火，再次重复以前的反应，千万别引起争端，也可以用拉开距离办法表示疏远的立场。

官不打送礼的，发火的人是怕抛冷水的，他越发火，你越是以尽量抵消的语言来灭火，火气再大的人也架不住好言相劝，当对方情绪平静下来之后，再处理问题，其结果绝不会造成伤害。

积极的态度，对你有兴趣或是久盼的大事情，会表现出淋漓尽致的行动。比如，你家要娶新娘，盖新房，作为父母来说，那种积极的态度甭说是多么主动了，其后果当然是理想的也是愉快的。然而，积极态度的关键问题，是控制心理上的激动情绪，无论是对坏事或好事，激动情绪都会带来不利因素，这就需要“适当”的语言和“适度”的行动，加以配合。而这种“适当”和“适度”也是一种技巧，有了这个技巧，才能把握住积极态度的实施。而这个技能的出现是要经过不断的磨炼才会形成的。

二、理智态度及其后果

什么叫理智态度？理智本身就是有理想有智慧的含义。理智态度当然就是以理想的结果，发挥智慧的才能，达到预期的目的。理智态度的表现形式是一种温雅和气的反应。其特点就是头脑里有个理智的弦。俗语说“你千万要理智，不要和他一般见识”。保持理智就是把握尺度、有分寸地对待人和事，这样，不会给你带来损害。必然会使矛盾和问题处理的比较理想。

当某人向你发火甚至要动武的时候，这时更需要理智的，这时的理智态度很重要，其后果要比失去理智好得多。

理智态度应用于关键场合关键时刻，往往在一念之差则会出现天壤之别的后果。一个人的秉性，是属于急躁的还是属于冷静的，往往很难明确的划分。有时在这个问题上他很冷静，而在另一个问题上他却表现出很急躁，这就说明每个人的急躁和冷静都是兼而有之的，因此，理智态度对谁都需要锻炼和培养。

面对世界上人口众多的这个“汪洋大海”，形形色色的人物都会遇到。理智态度是生存的需要，在精神准备上随时都不忘记理智的反应，若是遇到怪人怪事不要感到奇怪。对那些凶暴的、蛮不讲理的、专门找茬儿闹事的，以至于那些流氓歹徒等无理打闹者，千万不可针锋相对，绝对要理智，不要以唇相讥或以牙还牙，那样只能助长和促使事情办得更坏更糟，绝无好的后果。面对这种恶劣情况，应当采取理智态度，处之泰然，不必认真。在这种情况下，尽量放松心情，不急不躁，要仔细考虑如何才能缓和气氛。最妥善的办法是用幽默的语言促使对方消火，分析出他所以态度凶暴的原因，针对性地采取措施。否则，在没有把握的情况下，只能是不言不语，以便减少恶性循环。切记，千万要冷静，要是冲动的话，将会导致最坏的后果。

冷静是理智态度的前提，只有冷静之后才会出现理智。对方在发火，你的言行却引起他的愤怒，就等于火上浇油。这样的结果往往会引火烧身，把自己也搭进去充当替罪羊。这不是更愚蠢吗。冷静的头脑，温和的语言、真诚的相待，是理智态度的外在表现，只能促使矛盾缓和，留有退步的余地，这种措施就是不见成效也不等于失败。即使是真的无济于事，也要耐心的反复去做，只要你将成功和失败同等看待，这才是理智态度最恰当的解释。

理智态度和委曲求全是两回事，委曲求全是失败者的心理，而理智态度是积极进取的一种处世哲学，理智的目的在于求得好的后果，是走向成功的坦途，理智和后果应当是正比关系。否则，理智的意义就显得暗淡无光了。

采取理智态度的优越性，就在于没有不良后果。假如由于对方的蛮横使事情的发展越来越不可收拾，你的理智还可以保留有挽回的余地，还有躲身置安的可能。正如别人杀了人，你没参与后果与你无关。可见运用理智具有很大的伸缩性，是你拥有脱身的重要因素，这是你的主动权，避免纠缠些不必要的麻烦。

三、延迟态度及其后果

理智态度是对人对事比较理想的态度，和理智态度比美的就是延迟态度。如果说理智态度的前提是“冷静”，而延迟态度的前提则是“三思”。所谓延迟态度就是遇到重大问题和重大事件时不急于表态，它是一种延缓时间多加考虑的反应。

外交家在处理国际事务中往往采取延迟反应的办法来处理一些重大国际问题。当然，延迟并不等于不及时地处理问题，它和理智反应的区别就在于找有关人商量之后再表态，时间上稍有拖延也有时存在，其目的是尽可能把问题思考得周到而无失误。通过实践证明，在一件难度大而又错综复杂的事物面前，采用延缓的迂回手段，经过细致的思考再表态，总比考虑不周答复的效果好得多，起码避免僵化和不必要的伤感。在延迟的过程中，必须考虑有可能发生的情况及困难相互作用而引起的连锁现象，然后再进一步考虑和分析几种可能性的后果，从而采取有目的又是最合理的行动。

能够透过现象看其本质，延迟态度是最有利的反应形式，在人的海洋里，精明强干机灵多谋的智人很多，他们为了某些目的需要玩弄花招促使你上当受骗，并不少见。有些事情从表面上看难以看出会有什么问题。比如走私犯为逃避检查，恳求一位铁路列车员捎件东西，说是“急救药品”，善良的列车员从为旅客服务的角度来说往往满口答应。但是，有着丰富经验的列车员却没有立即答应，他想：既然是“急救药品”，途中需要运行48小时才能到达，这药还能起到急救作用吗？对方见他犹豫不决，马上说：“如果不方便就算啦！”延迟了不到两分钟时间，正当这位要捎东西的客人转身将要走开之时，跑过来一个年轻小伙，指着转身要跑的客人说：“就是他！”后边紧跟着两位警察，把“急救药品”抢到手时说：“这是毒品！”原来跑得满头大汗的年轻小伙，也是毒犯，他想立功赎罪，前来追赶他的同伙。捎东西这点儿小事很简单，如果当即答应而不拖延，其后果：这件走私毒品案就牵连到列车员的头上，使他难以说得清楚。

在决定某件事情之前，多多考虑几个为什么？没有把握或是有疑点时，用婉转、延缓、迂回的手段，争得足够的时间考虑应付对策，特别是处于难以脱身和面子相关的情况下，对不认识的人，最好不要有求必应。“三思而后行”，这是古人总结的成功的处世哲学。经过充分考虑和不假思索地为人处世，其后果截然不同。前者失误率会大大减少，而后者吃亏率则大大增加。

我们说周详考虑是延迟态度的核心，但并不是说延迟态度就是拖延很久才做决断，其实延迟态度就意味着“三思而后行”，其关键之所在就是让你千万不要草率行事，那样的话是容易吃大亏的。

四、不表示态度及其后果

遇事不表示态度实质上也是一种明显的态度，人们常说某人在这种事情上没有表态，实际上他是一种明确的表态，这种没有反应的态度往往比有反应的态度更能说明问题。

没有表示态度，却是一种叫人难以琢磨的有效反应。在许多场所和复杂情况下，置之不理或故意不理睬，往往是最有效的、最成功的态度。

运用“孤立艺术”如果适当，不但可以减少许多麻烦，而且其效果更为突出。这就说明，不必要的反应是多余之举。当有人听风就是雨，而后又是暴雨，在他“下雨的时候”，最明智的态度就是让他下吧，反正天不会塌下来。

真的，有时候某些人的态度确实像“暴风骤雨”下个不停，只好暂时由他而去，对他没有反应倒比有反应好得多。你用勉强的、温和的、暴躁的、厌烦的、焦急的态度都无济于事，唯一聪明的态度是以不变应万变，对他不表示态度。

当几种态度供你选择时，在没有把握的形势下，采用不表示态度的态度是最为上策的。因此“没有态度”是一种必须考虑的重要反应形式。他很可能成为最明智的选择，它比任何有声反应的迂回性更强。

在大千世界里，面对数不尽的对象，具有很大的复杂性和多变性，那么就不可避免地发生这样的和那样的矛盾及问题，人与人之间发生矛盾纠纷是常有的，争吵谩骂和动武等现象也在所难免，在这些是是非非面前，作为一个社会成员，你是一个职工、干部或是一个农民、商人、教师、或是一个学生、演员、作家等等，无论你有多高的水平，也不管你的办事能力多强，对于面前的种种矛盾和各式各样的纠纷不可能在短暂时间内弄得一清二楚，故此，没有必要介入进去，而你去为他们评理很难被当事人接受，弄不好你也被搅和进去，最后难以收场。如果采取不介入不表态的态度，争吵的双方自觉没趣，很有可能自消自灭地走开了。有些人和有些情况，越是有人参与和介入，往往越把问题弄得复杂化，当事人越是来劲。假若大家都不加以理睬，听之任之，则成为一个没有办法的好办法。

心理学家告诉人们：“遇事都有自由选择抱什么态度的权利，而不轻易表态的反应是最稳重的做法。”但是，有些情况、有些事情本来不想表态的人却被人推出来表态，强行逼你表态也偶尔有之，如果你有难却的弱点，立场不够坚定，就会形成本来不想做的事，但拗不过别人再三要求，结果介入了，表态了，把事情也做了，心里却是一百个不愿意。其不知推你表态的人别有用心，事实是陷阱，因为你说了也做了，即已成为事实，没办法把“勉强”二字从你头上去掉。假如事情的后果很严重，对于你的参与很不利，你只好忍气吞声自食其恶果了。不表示态度后果是好的，而你勉强表示了态度，后果则是坏的。

五、过激态度及其后果

过激是指超过了“适度”而表现出的一种激化反应。而这个反应的表现形式是草率而粗暴，严重的后果是过激态度的必然产物。因此，过激态度是很危险的，他很可能把本来是件平常的事造成不可收拾。

例如，当你听到了一些坏话或遇到一件很不顺心的事，心中非常不满，长时间处于愤愤不平状态，这就是过激反应的心理基础。有了这样的心情，便促使自己处于激动，甚至是张牙舞爪，或是兴师问罪，很可能找上门去不但反唇相讥而且还动手行武，甚至是拔刀相刺，不计后果。这种反应和行动，就是典型的过激态度的一种最危险的表演。显然，表演这样的过激反应的人，便是一个最愚蠢的人，也是一个不折不扣的失败者，它将导致死亡或终生的遗憾。

无论是听风便是雨的反唇相讥，或是不问青红皂白不管三七二十一的谩骂、动武，这种简单粗暴处理问题的方式，都可称之为过激态度，都是有失君子风度的。用这种方式来处理矛盾，那简直是纵火又加油，把一个好端端家庭搞得一团糟，还谈什么“发财呀”、“幸福啊”。实践证明，经常无理取闹、张口就骂人、遇事不冷静、点火就着的人，确实大有人在，然而，一旦造成事实，办了坏事，打坏了人，其恶果必降其身，将受到法律的制裁，以彻底失败而告终。

在日常生活中，从长远的观点来看，过激反应的后果都是坏的。即便是你有武功、身强力壮，一时取得了胜利，但是失败者也不会甘心就此罢休。俗话说“君子报仇十年不晚”，你早早晚晚也要取倒霉的那个角色，对方总是寻机报复，有的甚至想尽办法不择手段向你发起进攻，什么合法的、非法的以至用暴力还暴力，让你整日不得安宁，更甚者还会伤害你的家庭和事业。这种种瓜得瓜种豆得豆，种下仇恨必然遭殃的下场，使你防不胜防，永无宁日，把你的一个好端端的家庭搞得不得安宁，甚至是家破人亡，这就是过激态度带来的恶果。

我们知道了过激态度的危险，当然，我们自己不会去对人施展过激态度，但是，我们必须随时警惕别人实施过激态度来对待自己。比如，你办事坚持原则，严格按规定处理问题，这样就会引起对方不满，导致其怀恨在心，很有可能对你实施过激行动，这种偶然事件也曾发生过，为此，绝不能掉以轻心。这就叫“害人之心不可有，防人之心不可无”

过激反应的态度，在日常生活中也是常有人表现得淋漓尽致。杀人犯并不都是因为往日有仇，有很多情况只是因为一件很不值得的小事，而导致人命关天的大事。比如，在饭店喝酒只因座位原因说一句不中听的话，造成祸起冲天，动刀行凶杀人；在大街上，就是因为让路问题而发生争吵，导致矛盾激化，打得头破血流造成伤残……事实证明，造成恶果的过激反应者，都是以失败而告终，这是定论。而杀人犯在走上刑场前没有一个是不后悔的，然而悔之晚唉！千万记住，别做出后悔也来不及的傻事——控制过激态度。

六、异常态度及其后果

异常态度是指出乎意料的反应。这种态度适用的场所较宽广，几乎可以适用于任何情况，尤其是在处理一些不愉快的事情或棘手的问题时，最为有效而又最使人难以琢磨的莫过于异常态度，这种异常态度往往导致好的结果。

当某件对你极为不利的事情发生后，或某个人以卑鄙的手段触怒了你，预料到你会暴跳如雷，肯定会怒不可遏。但是，出乎意料，你不但没有发怒，反而高兴地笑了，这种笑，要比怒发冲冠的反应更为有利。因为发怒、暴跳、咒骂等，只能加深彼此的敌意和恶感。而笑声往往却能化解过分紧张的气氛。如果这笑声带有温和，更可证明不是侮辱对方，它是一种和善的幽默。

“无论面对什么样困难和不可思议的挑战，微笑一下是最高至上的态度”这是一个古老、实用和充满智慧的格言。当某人给你带来厌恶和烦恼，你若是说句幽默的俏皮话，总比以牙还牙恶言相讥高明得多，这叫以愉快的异常态度去面对不愉快的袭击。

当你真的遇上了蛮不讲理的人物时，运用异常态度就会收到意想不到的效果，可以达到同情与谅解的目的。特别是遇到某些居心不良或有意中伤的批评、谩骂等，完全可以用异常态度来应付。对方在撒野，你千万不要按捺不住心中的怒火而针锋相对，那样不但不能解决问题，反而会促使结果更糟，唯一的方式是来个泰然处之。用异常反应则是超然态度，这样的后果，尽管是不够理想，但能使对方无隙可钻，会使对方感到内疚。因此，可以说异常态度运用恰当，可以化解矛盾或减少敌对情绪的发展，造成一种无可奈何的局面，进一步促使双方都有一个转变态度的良机。

“在诅咒和莞尔一笑两者任选其一时，应选后者而不是前者”。这也是异常反应的重要格言。采用异常态度，并不是向真理妥协，也不是向对方摇尾乞怜，而是要表现出宽宏大度。假如有人在你背后恶意中伤，而你却能听之任之，异常的态度是反而处处以友好的姿态为他着想，有些事还护卫着他，他越是对你坏，而你越是对他好，并以行动来证明你是真心以和为贵，绝无相争报复的意图，促使对方无法继续对你采用恶意相击，这也是异常态度的表现换回来的效果。久而久之，回报的是以诚相待，对方会感到于心有愧。历史上和现实生活中，负荆请罪的例子很多，若是真能如此，异常态度则成为君子风度。然而要达到这一点需要付出很大的代价，决不是轻而易举就能办到的。为此，精神上要有所准备。

在为人处世的过程中，啥样的事，啥样的人，都会有的，而又让你碰上了，既然是遇到了，都必须有个应有的态度。究竟需要采取哪一种态度，如果你掌握了以上六种态度，并且还能做到运用自如，必将使你的人格更上一层楼。待人处世是一门科学，也是一门艺术，这门科学加艺术掌握了，才会运用适当的态度，只有适当的态度才能做到理想的效果。若是不信，不妨试试看。

态度的选择，不容草率，遇事要谨慎，处事要三思，对人要真诚，看准人是学问。家庭处邻居、亲属、朋友尤其重要。给人一个笑脸，换来的是亲情、友情和爱情。你的形象美，招来的是幸福和健康。施展一次阴沉的面孔，则会造成对方的恶感乃至家风、身体也会受到损伤。

第二节　魅力神通广　成功在其中

施展魅力显神通，为人处世易成功。魅力具有神妙的吸引力，它能使人神魂颠倒，也能使人敬仰不止。单讲“魅力”这个词语，它是形容人与人之间一种互相吸引的能量。这里要讲的几种魅力，是指以形象美来更好地促使事业的成功。这里所说的所谓魅力，就是潜在内心美的光辉投射出来的外在表现，它给人以愉快之感并具有吸引力，从而塑造一个“美”的形象，这种使人动心的综合性的能量，称之为魅力。

谈到魅力，人人有之，但运用魅力的技能水平却不一样。为此，研究如何运用魅力的技能则成为重要课题。家庭成员运用魅力来更好地为人处世具有特殊意义，因为施展魅力有助于办事成功，这一伟大宗旨的实现。

一、动人的魅力

魅力动人是指内心美而投射出来的形象突现的闪光点，能导致最为理想的效果。它是为人处世成功的基础，有了这样的基础，高大形象就能稳固地树立在人群面前。魅力是形象美的重要因素。

应当明确，动人的魅力，相貌、身材、年龄都不主要，主要的是内心美而投射出来的闪光点。当然，外在美内心也美其魅力会更大，但是受客观条件所限，动人的外表，如脸面漂亮，身段苗条、胖瘦适当，这样的年轻漂亮不可能人人都有或总是拥有之，但内心美的人却是冬夏常青，它放射的光辉却是源源不断。

施展魅力要掌握技巧，而这种技巧任何人都可以掌握，也都能做到运用自如，问题的关键是看你的内心美不美。为人处世只要有行动，哪怕是点点滴滴。比如，你诚心诚意帮助别人做事，为别人解决了实际困难；在别人危难之际你拉他一把……这些所有行动，都可称为内心美的外在表现。如此说来，无所谓掌握什么技巧了，其实不然，同样情况，同样的事情，同样地去帮助别人，为什么产生的影响和效果区别却很大呢？这里确实有技巧和技能问题。施展魅力掌握技能就应从如何在“施展”上做文章。同样的话你说和他说其效果却大不同，这里有多种因素，其中声调、眼神、手势、动态、口吻、外加客观关系等都是影响效果的因素。掌握得适度则成为技能，说在点子上则是技巧。而这种技能与技巧不是固定不变的，往往因地制宜，因人而异，所以说魅力在“施展”上大有文章可做，只要你经常留神，各种动人的魅力就可以不断吸取；只要你经常运用，动人的魅力也肯定会出现；只要你不断坚持实践，经过一段时间的磨炼，还肯定能够使他人注目，因为你有心向学，久而久之，则可以叫人刮目相看。可以肯定,凡经过苦心钻研和努力实践的人,他就是一个充满魅力而又是一个受人称赞、具有高大形象的人。你想想看,许多风华正茂的年轻人,丰润细嫩的脸上荡漾着动人的笑容,神采飞扬,魅力动人,这是他们向学的结果。只要你稍加注意,有许多中老年人也具有非凡的魅力,他们双眼炯炯发亮,并以丰富的生活经验而累积的智慧来热忱关照着当前这个熟悉的世界,他们那优美的语言、动人的谈笑风生、处事的哲学、人格美的尊严,绝非年轻人可比。

由此可见,"魅力"属于任何年龄的任何人。假如你热心好学,就会发现,社会上所有的人都拥有自己独特的魅力。如果说你现有的美丽还不够动人,那么,从现在起,只要你肯注意向他人学习,细心观察各式各样的人,动人魅力就会飞到你的名下,还愁办事不能成功。

动人的魅力,要用吸引和感动来体现出来,才能说明问题。有魅力,不一定动人。所以说魅力动人,必须具有强烈的吸引力和使人感动的效果,从而达到办事成功的目的。魅力既然动人,那就必须具有促成事业成功的作用,否则,动人的魅力其实质上的意义那就暗淡无光了。

想想看,人们为了达到他们的各种目的,也会经常向你施展动人的魅力,但使用的方式绝对不会千人一律。凡是你从内心愿意帮他人解决困难时,对方都使用了何种手段?比如,有一天真可爱的小孩跑到你的面前:"阿姨,请您帮助给我妈妈打个电话,我迷了路找不到家了!"小孩边说边向你敬了一个举手礼,这时,你无论如何也不会不理睬他,甘心情愿地帮他打电话找妈妈。小孩的言语、举动就是向你施展了动人的魅力,说明,动人的魅力,就连小孩都会施展,何况大人乎。

二、眼视的魅力

"眼睛是心灵之窗"。确实,眼睛传神的魅力能达到最高峰,别人能够通过你的眼睛来窥探你的内心世界,那么,你也可以从对方的心灵之窗来透视他人的心思。

一个人的魅力，绝大部分是靠眼睛来表现出来的，因此，善于用眼睛传神的人自然会充满魅力，达到引人注目而办事易于获得成功的目的。

由于眼睛是心灵之窗，它是最能使人受到感动的器官。加上运用多变的技巧，使魅力更加生辉，达到意想不到的效果。施展眼睛传神的魅力，凭借眼睛传达情意，能够促使对方神魂颠倒，亲近无比，敬仰不止。

眼睛魅力无穷，其吸引力可和地球的吸引力比美。凭借着眼光视线的接触，不但可以互通心灵，还可以表达用语言办不到的含义。俗语说："眉目传情，不必开口，双方心有灵犀一点通"这就是眼睛表达魅力的妙用。

眼睛本来就有传神的功能，如果再加上妙用的技巧，那就是锦上添花了。恰当的注视便是传神的一种技巧，它和凝视、瞪视不同。含情脉脉的注视会给对方以说不出猜不透的好感，而这种好感随着时间的推移，还会产生难忘的印象。

为了把注视、凝视、瞪视、盯视区别开来，请你站在一面镜子前边，往镜子里细心观察自己的眼睛，试一试，把这四种看人的四视区别开来，只要达到自己满意就可收场。每天这样看自己的眼睛里的注视、凝视、瞪视、盯视，一直到能区别为止。"凝视"一不能用这种眼光去看别人，这种凝视会让人生疑；"瞪视"一是用故意睁大眼睛看人，会让别人产生害怕的感觉，这种使人感到你非常可怕的瞪视，当然不可取；"盯视"一用失神的眼光老是盯着看别人，会使人认为你是个精神病患者，这种毫无神采的眼睛，促使你永远也忘不了，它会产生很不好的效果。最后，你用含情脉脉的眼光"注视"镜中的你，其结果如何？"注视"一要从内心发出感情之光，程度适当，注视便是富有感情的眼光。注视不含情等于盯视，区别的越分明，就可证明你的训练有素。

平时看人，用自然而直接的注视，是非常简单而又诚恳的方式。这种平易近人的注视似乎是毫无目的地看着对方，表现出很自然的眼神，这样的结果，会使对方感到舒服，它能使对方感到亲切而不生疑。说明这种注视的程度适当。学会用含情的眼光去注视别人，则是人与人交往起码的表现。别人一见你就害怕，说明你看人的眼神出了问题。对方对你表示高兴则是成功的注视，适度地注视别人，首先给对方一个好感，则是眼睛魅力起了作用。接下来为你办事成功则有了好的基础。

在日常生活中，与人交往，要讲究脸色。而脸色的突出点是眼，学会用眼睛的眼神传递情感，善于运用注视的技巧来处理交往，就能化解用语言难以办到的矛盾。故此脸色对与人的交往显得尤其重要。本来是一件可以办的小事，由于你给了人家的脸色难看，结果对方拒绝不给你办；相反你对人家喜笑颜开，本来对方不高兴，由于你的感染则会起到烟消云散的结果。促使对方情面难却，顺利地帮你把事办成。总而言之，用含情脉脉的眼睛注视着对方，会给人留下难以忘怀的印象。“办事成功”这四个大字，肯定发出金光闪闪的光芒。

用眼睛看人传神的效果，说起来容易施展起来却很难，困难的焦点是不适度，而这个适度难以掌握，它往往受先天的影响，有的人一生下来，他看人就喜欢笑；而有的人生来就哭丧着脸，况且，还存在着因人因事因环境的改变而变化，变化了的环境再用“老眼光”看人办事，则不起作用了。有人说“这人很会见风使舵”，“见什么人说什么话，”这里的“见”是指看人的目光“恰如其分”。注视的眼神运用得好，能起到画龙点睛的作用。促使你的事业更上一层楼；运用得不好，不但不起作用，反而把事情办得更糟。但是，有一条原则只要你切记，就不会失败。那就是充满热情友谊的眼神绝不会招来灾祸，尽管有时不济于事，也不能引起对方的反感，那是由于受客观定性影响，没有把事情办成。

眼睛看人传神的技能，必须配合心中的渴望，其魅力自然会达到恰如其分的水平。比如，妈妈见到了久别重逢的孩子，心中的渴望实现了，发自内心的喜悦，眼神自然是真诚的，慈母的眼睛投射到宝宝身上的闪光点具有强烈的吸引力，促使宝宝一下子投入妈妈的怀抱，其魅力无比。如此来说，运用眼睛传出魅力并不难，但是必须有情感在其中起作用，而这种情感的技能不能用勉强的表现来实现，只有进入角色才能做到真诚，这就是技能掌握的要点。

当你面对众人讲话时，为了达到理想的效果，运用眼睛的魅力也很重要，要扫视关照大家，切忌只看这边不看那边。要全面关照必须不断地注视每个人的眼睛，促使他们都在注意你的动作和表情。在讲话的过程中轮流交换眼神，要看众人的心情被你吸引的程度，从而不断地变化方式。若是引得大家都聚精会神，你讲话的内容则收到了良好的效果，你要办的事肯定会达到成功。

三、眼说的魅力

眼睛会说话，这是人人皆知的。研究眼睛语言也是很有趣的学问。使用眼睛语言可以说“神”了。的确，眼睛语言有其特殊的功能，它比嘴说表达的更完整更确切，富有很高的艺术性，同时也有特殊的使用价值。

眼睛语言能解决说不出的问题，这叫“心灵感应术”，而这“心灵感应术”具有了不起的神通，它可以把心灵之意传给别人，又可以把别人的心灵之意感应过来。

开口说话是传达思想意图最普通的方式，然而这最普通方式有时却受到限制。你想想，有很多事情和很多场所不能用语言表达心情，但可以用眼睛来说话，其效果比嘴说还要好得多。因为有些话说出来却不如不说出来效果更好。遇到上述情况，只能用眼睛来说话了，其魅力无穷无尽。

细心观察就会发现，无声的眼睛语言到处可见，比如，交通警察发现违章司机，不说话，用眼睛加手势就可以指挥靠边停车等待处理；孩子的妈妈发现淘气的孩子用眼睛瞪他一下，孩子则立即乖乖地站在那里听候处理；一对情人互相对视了一下眼光就明白是什么意思；地下工作者在公众场所见面不说话，只是用眼睛往上一看，就知道上边已经来人了。这些都可证明，用眼睛语言表达意思，能够巧妙地解决许多问题，这就是用眼睛说话的魅力。

在一个家庭里，每个人都有自己应该做的事情。家庭里有年长年幼，老老少少辈分不等，公婆媳妇、老少夫妻、还有孩子们等等。人是感情动物，你瞅他一眼，用的是什么样的眼光，从你的眼神里，对方自然明白了你的用意。家庭矛盾，有时就是因为婆婆横了她一眼，做儿媳妇的难以接受，造成了隔阂。老公公横眉立目，儿媳立即躲开，她感到老公公是个瘟神，是个可怕的人物，以后则不敢接近他了。相反，长辈用含情脉脉的眼睛看待儿媳或是晚辈，他们都会明白，老人家是喜欢他们，一家人和和气气地过日子，没有隔阂，没有矛盾，用不着语言交流，凭借互相观望的眼神神态，彼此就是很融洽。

如何训练用眼睛说话的魅力？经过多年的研究和实践，眼睛语言的演练必须遵照如下四个步骤：

（1）自我总结；（2）自我提高；（3）学以致用；（4）演练魅力。通过这四个步骤，把别人能懂的语言定下来，有意识地经常使用，做到运用自如，再进一步的深化。学会用眼睛说而且具有魅力，必须在实践上下工夫，熟练之后，眼睛语言魅力无穷。

总之，你那内心美的光辉通过眼睛语言表现出来，给人以美的享受，给人以愉快的同时又给人们带来温暖，这就是通过眼睛语言发出了光辉。到那时，你会发现，你将以新的让人不可思议的神秘状态出现在众人面前。

四、微笑的魅力

微笑是面部表情的一种愉快反应，其中眼睛在微笑中地位十分突出。微笑的魅力在于吸引他人的兴趣，看到你微笑的人，肯定要奇妙地想到为什么？接着而出现的则是向你靠拢，想知道你微笑的原因。微笑给人的感觉是友好和善意，所以它具有十分明显的吸引力，魅力也就油然而生。微笑的魅力很大，他是引起友谊的先导，没有微笑就不能产生情感，所以说，真诚的微笑，能促使人与人交往的过程中锦上添花。

真正有魅力的微笑，首先发源于眼睛。很多人误以为微笑应当表现在嘴巴上，其实嘴巴微笑缺乏真实感，那种只是嘴巴上挂着微笑的人往往给人一种误解——虚假的笑意，不信，你可以对照镜子试一试，单用嘴笑是何等的尊容，当你看到如此形象，你将再也不敢嘴笑眼不笑了。

如何进行微笑？经过研究和实践的结果认为：一个纯真而诚恳的微笑，必须是发自内心的感情投射。而眼睛是微笑的核心，嘴巴的微笑只做相应的配合，这样才能让人感到舒服愉快，只有这样才能可亲可爱，这就是微笑魅力的关键所在。实践已充分证明，用眼睛微笑容易引起招人喜欢的魅力，试试看，当你面对镜子看到你那发自内心喜悦的微笑时，其中眼睛是什么状态，肯定是一个充满魅力的眼神。

理想的微笑，除眼睛和嘴巴配合默契外，还应当有一张诚实和风趣的脸，慈祥的面孔，风趣的脸色是微笑魅力的基础。真诚的态度，面孔的友好，使人产生好感，再加上幽默的语言，更使气氛生辉，它将给人留下难忘的印象，达到“塑型美”的效果。

可以断言，善意、诚恳的微笑，对友谊的巩固，事业的成功只能增添光彩，绝无坏的影响。为人处世，如果你真的设身处地为对方着想，把对方当成亲人，你的微笑则是发自内心的微笑，用微笑迎接任何人，都是塑造“美”的真实写照。相反，虚假、造作的微笑，虽然也在咧嘴发笑表面上似乎是愉快的样子，其实眼睛里却透露了内心的虚伪，令人厌恶。面对你根本就不欢迎的人，不会有真诚的微笑，只能是脸笑心不笑，更谈不上有什么魅力。

用眼睛微笑，并不是哪个人的新发现，它是自古就有的而且是辈辈传下来的，伟大的思想家把一个人的微笑，评断为智慧的结晶，而迷人的微笑则需要不断地研究探讨。没有真正的微笑，也不可能显现出真正的魅力。

五、特殊的魅力

所谓特殊的魅力，是指可以满足别人潜意识渴望的魅力。这种特殊魅力，又称之为“无限的魅力”。它是一种“汹涌的源泉”，能够源源不断地产生吸引力。因此，能满足别人潜意识渴望的人，则是拥有特殊魅力的人。而具有特殊魅力的人，必将成为众人仰慕的对象。因为他是充满无限魅力的人，多少人为他神魂颠倒，紧追不舍。故此，特殊魅力的作用是难以用语言表达的。

特殊的魅力，实质上是一种极其诱人的魅力。比如饥饿者的潜意识就是急切寻找食物充饥，在他即将饿死的时候，一旦有人满足了他那饥饿的渴望，并可供给他随心所欲的食物，他对你的感激之情可以想象是多么深厚，救命之恩当涌泉相报的心理反应，饥饿者吃饱肚子，你叫他上刀山下火海岂有不成！这就是拥有特殊魅力的人获得的回报。

潜意识，它是人体本能潜在的生理活动的产物。因此，它具有一种新陈代谢，不断循环的功能。同时也通过神经系统不断强化，就像人越饿越想吃东西、越渴越想喝水一样，不断地进行强化，所以说潜意识源源不断。人的潜意识容量很大，循环也很快，生理学家告诉我们：一个人每分钟可以吸收60万新知识，而在每分钟内便有30亿细胞死亡，有另外30亿个新的细胞取代之。这就说明，潜意识容量之大，循环之快，是非常突出的。由此可见，潜意识对人生的作用和影响多么重大。

事实上，每个人的生存活动都是思想活动的产物，哲学家告诫说：“当你心起念时，身体则有感应。”这叫“心理与生理并行论”。也就是说思想与肉体通常是并行的，因为它们的本质是相同的一体。而潜意识在整个思想活动中有着举足轻重的地位，潜意识促使人们不停的变！不论是变好还是变坏，这都与潜意识息息相关，所以说潜意识操纵着你的一生。能够掌握与控制他人的潜意识的人，就成为拥有特殊魅力的人。

一个人活在世上，应该有一种助人为乐的精神，你的职位、你的言行、你的权利等等，都具备了有特殊魅力的条件，人们潜在的内心的渴望，有时你不费力就可以给他以满足，问题是事在人为，你做与不做往往在意图上进行选择。如果你用真诚的态度接待了某个渴望的人，满足了他的特殊需求，在他最困难或是最危急的关头救助了他，你则成了他心中的恩人，特殊魅力就落在了你的名下，被救助者将永生不忘。但是，潜意识的渴望也需要潜意识的行动来满足，而这种潜意识的特殊魅力往往就产生于刹那之间。

六、幽默的魅力

幽默最大的效应就是把对方的怒容改变成笑脸，把对方的咒骂改变成笑声，把敌对的情绪改变成宽容……这就说明幽默的魅力是无穷无尽的。

一个有理智有涵养的人，大都具有幽默感。但是，幽默必须运用得适当，才能解决各种不愉快的问题，才能获得神奇的效果。

当你遇到紧张的局面时，当你遇到难以解决的问题时，当你遇到有人和你过不去时……一个重要的诀窍、最为巧妙的办法是运用幽默，一句有趣的笑谈，一句幽默的语言，促使大家感到轻松愉快。处事待人如果能够常常以自己的幽默感相处，一定会赢得许多人的友谊，充分表示出你是把自己和大家处于同等地位，毫无高傲的习气，平易近人给在场的人一个十分亲切的印象。对你一见如故，愿意接近你，也愿意和你办事，更愿意和你交朋友。为以后你和他们办事的成功则打下了良好的基础。

常常把自己看成一个有趣的人，不但可以获得很多人的友谊，并且也可以促使自己心胸开阔，精神愉快，这就是幽默具有松弛的妙用，它能缓和一个人的盛怒，辅助胃肠消化，增进和周围人们的友谊，还能有助于身心健康，延长自己的寿命。为此，人人都应学习和经常运用幽默。

相传有一家人，世代遗传一种忧虑症，辈辈都是因为过度忧虑而过早与世长辞，当传到世友这辈时，他发现祖父祖母都是整天时刻地在极度忧虑中生活，昼夜愁眉苦脸，结果都不到40岁就去世了。世友也有个时期因为忧虑近于死亡，偶尔，他幸好遇到一位先生，看穿了他的病根。赠他一秘方就是让他认真学好幽默，他如实做了，整天和人喜笑颜开，竟和人说些幽默和谐的语言，逗得大家同乐，他完全变了，觉得精神爽快，处处宽心做人，不忧虑、不烦恼、不悲伤、不伤感，遇到困难想得开。他肯帮助别人，别人也主动帮助他，整天乐乐哈哈，这个世友一直活到94岁才与世长辞，临终前，他告诫他的孩子说："我活到今天全靠'幽默'所赐!"这一事例说明，学会幽默如得救星，幽默的魅力果真是远大无穷。

实践证明，常常露出幽默的笑脸，可以显见一个人的气量宽宏而又是充满自信知识渊博的人，对事业成功有把握的人；相反，唯有常存忌妒之念、气量窄小、不学无术的人，才整天板着面孔，用"威严恶相"来吓人，到头来，前者万事如意长命百岁，后者事事忧虑而成疾命短早亡。

在许多十分郑重而又紧张的场所，如果戴上一副幽默的眼镜，就会发现那些威严并不值得大惊小怪，反而觉得自己那样谨小慎微有些可笑。事情虽然郑重，只要你具有幽默感，精神就会放松，有利于向理想的方向发展，以幽默来缓解过分紧张的气氛，有利于冷静思考，对办事的成功率会大大提高。切记，幽默能促使大家感觉亲热欢乐，如果你希望人们把你看做朋友，最好的办法就是运用幽默，令对方向你靠拢。

七、魅力的培养

魅力，有的自然形成，有的则需要培养。就是自然形成的魅力，也有必要进一步培养深造，使其魅力更上一层楼。例如，铁路上的列车长，其着装、言行、权力等，客观现实自然就形成一种魅力，这种魅力给旅客一种好感或羡慕。人的长相、言谈语调、走路姿态等，也会自然产生魅力。比如人长得很美自然就形成魅力，年轻漂亮本身就存在魅力的条件。然而，如何运用魅力来为目的服务则是一种学问，培养如何运用魅力也是一门科学，这门科学被“公关小姐”识破。当然，这种识破也是培养的结果，没有经过培养的“公关小姐”也不会有那么多的魅力。

魅力的培养，不能从书本上获得，必须不断实践经过总结慢慢孕育而生。而孕育魅力的有效方法是首先培养人的进取精神，没有进取精神的人，其魅力会自然减弱或消失。培养魅力的步骤主要有以下三点。

1.用磁性声音来培养魅力

所谓磁性声音，是指在面对面的思想沟通中，用姿态、眼神来强化情感的一种吸引方式。它主要是利用视线来传递心灵信息的一种手段。

当两个情人交谈时，有时语言只能表达出一部分并且是浅显的含义，更深更透更富有多种含义的潜在内容，要靠姿态表情和眼睛的神态及视线的牵引来完成内心世界的表达。因此，心理学家把这种相互利用姿态表情和眼睛的视线来传达情意的手段，称之为“磁性声音”。这种“磁性声音”能传递心灵信息，加深彼此间的沟通，强化了情感的交流，因此说它是一种培养魅力的好方法。

2.用涵养来培养魅力

涵养，是指对复杂问题具有深沉的承受能力。在某意义上说，涵养是事业成败的关键。有人说：“没有厚实的内在涵养，就不可能有炫目的成就”，意思是说涵养对成就起重要作用。涵养性不强的人，肯定是个缺乏魅力的人，为此，培养魅力必须从培养涵养上下工夫。

把涵养视为培养魅力的基础，有助于魅力的成功。遇事不冷静难于得到对方的好感，没有对方的好感则不能施展魅力。遇到不顺心的事或看到不合理的问题，火冒三丈不分青红皂白地大发雷霆，是没有涵养的表现。不管遇到如何的恶意攻击，或是难以忍受的刺激，首先做到稳住神、沉住气，细心观察其中的奥妙，看穿其实质，分析出对方为何如此，然后转折如神以幽默态度、沉着、冷静、不发火、促使对方自动退场。如果不成功，巧妙地施展魅力尽量不使矛盾激化，这是涵养锻炼的有效措施。

魅力和涵养的关系，前者好比手，后者则是臂，手要想去拿东西，臂不动是难以拿到东西。施展“魅力”的手必须有“涵养”这个臂做基础，手好动而灵敏，臂必须稳健。如果没有涵养这个臂的稳健基础，魅力这个手的动作就不能实现。因此说，要想施展魅力，必须首先具有涵养性，而涵养性对魅力又有促进作用。

3.用深思来培养魅力

前边所讲的魅力发源于内心世界。内心世界里有了光辉，才能有助于魅力的灿烂。这就证明了一条哲理，那就是内心暗淡无光，魅力就无法灿烂。因此，魅力的培养，必须从内心世界里增加知识做起，知识就是力量，知识里能生长魅力，无知就无魅力。尽管你有外表美的自然魅力，但它是温室里的花草经不得风吹雨打，从表面上看来是有魅力，但它不能经风雨见世面，魅力只能是个摆设不能为目的服务。比如，一个列车乘务员衣着打扮属于上等，长相也十分好看，表面上流光水花，但她无知，旅客一问三不知。她也微笑，但她是在傻笑，旅客称她是一个“会走的肉，比死的她不会臭”，这种外貌美和内心美的反差如此之大，哪还有什么魅力可言。

内心的光辉包括知识、心灵和情感等，要想培养魅力，必须从提高知识加强业务能力上下工夫。科学知识、社交知识、人情来往知识等多方面的知识具有一定水平，才会有相应的应变能力。幽默、涵养才会有源泉。素质的提高是魅力的重要因素，所以必须有计划地积极培养人的进取心、灵敏度、自信心、主动性，同时还要不断地发扬光大，这些都可称为魅力的基础，有了如此基础，还需要进行实践性的千锤百炼，遇事才会达到胸有成竹，再经过深思熟虑之后，采取有目的言行，而这样的言行其魅力必然就在其中。在决心和毅力的驱使下，你将成为思想灵敏、行动积极、精神焕发、充满信心、感染力强的人，这一切将会融合成为无限的魅力、卓越的成就。这样才是魅力培养的成功者。然而，要牢记，人的魅力要光明正大地施展，要获得光明正大的成果，要努力奋斗做一个正义的魅力无穷无尽的使者。对那些为满足私欲和干些不可见人的勾当，而施展的“魅力”，应当称之“诡计”要根除。施展魅力要“雪里送炭”、“锦上添花”，而不是“落井下石”、“火上浇油”。要的是更上一层楼的进取精神，来实现走正道而“发家致富”的宗旨。

第十章
确立人生座右铭

提示：您有座右铭，行动在心中。遇事沉住气，章程显精英。天道要遵守，不做老实鹰。知足才常乐，显眼绕道径。做事有信心，重心要记清。自己心有底，安身不放松。办事有原则，不往险处行。一生有依靠，智慧照前程。征途达锦绣，必读座右铭：“大显神通”。

第一节　铭记人生之重点

一、遵守天道来做人

人之行为天道不可逆也。这里所说的天道是指客观规律。人的行为若是违反了客观规律，就会自然受到应有的报应。因此，做人首先应当把遵守天道作为座右铭，绝不能逆天道而行。但是，人生无常天道却有常。所谓人生无常是指一切事物的变化无常，具有不可预见性与其偶然性。就是说有很多事情不期而遇。所谓天道有常是指一切事物的变化都有它内在的客观规律。因此说，人生无常正是天道有常的存在。有道是：“人生无常，是非成败转头空。”对于那些玩弄权势、耍阴谋诡计的人来说，肯定是最终转头空。他们是小人得志飞黄腾达之时，正是到头来时运不佳狠栽跟头之日。只因是非成败转头空，正是无常倒有常。“文化大革命”中，林彪、王、张、江、姚、黄、吴、叶、李、邱等，这些“大人物”赫赫有名，曾经是飞黄腾达，了不起，结果怎样？还不都是以彻底完蛋而告终。古代的秦桧，他玩弄诡计陷害忠良，落得无穷的骂名；严嵩专横跋扈，不可一世，落得满门抄斩。这就是“多行不义必自毙”。阴谋得逞一时，逞不了一世。作恶多端，早早晚晚必然自毙，这就是因为天道有常。有道是爬得越高摔得越惨。对于歹人来说叫做人生际遇无常，但对客观的发展规律来说正是有常的显现。古今中外都有无数实例证明：一个肆无忌惮、伤天害理之恶魔，受到应有的惩罚就是天道。从来没有一个恶霸主会有好的下场，无道无常者对于世道天理恰恰是天道有常。用当今的话说：“天网恢恢，疏而不漏”。

天有不测风云，人有旦夕祸福；福无双至，祸不单行；屋漏偏逢连夜雨，船迟又遇顶头风。说的就是人生中不可想到的或难以预测的事情太多了，不相信如此真理，就必然违反天道之说。有道是：“明月曾经照古人，古人不见今世月；好花不常开，好景不长在；年年岁岁花相似，岁岁年年人不同；人无百日好，花无百日红。说明普天之下，没有什么事物、形势、局面、对象等等永远不变的。社会在发展，人类在进步，人们的观念总是不断更新。说明宇宙与社会自然现象和发展规律势不可挡。”

物有生与灭、毁与死；人有生与老，也有病与死；月有阴晴圆缺，人有悲欢离合；十年河东，十年河西；风水轮流转，月日地球转不休。所有这些充分说明人生无常，物无永驻。但是，盛极必衰，否极泰来，天下势态分久必合，合久必分；官无常位，境遇常变。正如老子所说：“金玉满堂，也无法永远守住”。“百年随手过，万事转头空”。进一步说明“人生无常，是非成败转头空”。明白了这个真理，你就会觉得一切变化均为正常，既然如此，就应该有思想准备，大可不必呼天喊地，不撞南墙不回头，不能和客观规律去顶牛。看破人生才聪明。说聪明，要精通，人生有辱还有荣。福祸有时不单行，有沉则有浮，聚散在其中，相辅相成要晓明，变化无常争主动。登高望远看的明，有了准备不跑空。转危为安是正经。笑看天道是座右铭，有诗为证才能说得更精明："钓月樵云共白头，也无荣辱也无忧；相逢话到投机处，山自清清水自流。"意思是说大家都明白山自清清水自流，当然也就会做到宠辱不惊，物我两忘。也就不会执意去追求名和利，自讨苦吃了。遵守天道来做人，也就自然而然了。

二、知足而乐做"仙人"

有一首打油诗写道："争名夺利几时休，早起迟睡不自由，骑着毛驴思骏马，官居宰相望王侯。"对比起来还有一首打油诗："长官骑马我骑驴，回头一看，后边还有推车的。"两首打油诗说出了两种人的内心世界，前者不满足现状，当了宰相还想当皇上；而后者却感到知足，虽然骑驴倒比推车之人舒服。知足者常乐，不知足者忧愁，而忧愁之人常有病，至少也要没有好心情。人为什么不知足？因为人是欲望无涯的动物，在欲望方面，人和其他动物没有区别。为什么有的人知足？因为人是具有节制能力的高级动物，在节制方面，人和其他动物却有很大的区别。比如一头牛，见到它爱吃的田苗，它就会抢前去吃，而人却不能见到好吃的东西去抢着吃。因为人有控制欲望的能力。节制欲望必须有一个满足的心态，若能知足心常惬。有道是："知足欲淡，虽凡亦仙。"然而，世界上根本没有什么神仙，知足者则可称之为神仙。乐土就在觉悟中，快快乐乐度春秋，利于身心保健康。假如你在名利面前患得患失，陪伴你的永远是烦恼和忧愁。有道是："宠辱不惊，看庭前花开花落，去留无意，望天外云卷云舒"。人生在世应该真的能做到宠辱不惊。有如人生任凭风吹浪打，胜似闲庭信步。不管天下如何，情之永宁。切切牢记，得意之时不能忘形，乐极生悲；失意之时，不能萎靡颓丧，一蹶不振。只要拥有这种心态，才能做到受挫时不凄凉，得意时不疯狂。才能排除干扰而专心朝着愉快的目标奔忙。这就叫："淡泊才能明志，宁静才能致远。"只因人的情绪有一定的局限，也叫有定数。假如你没有一定时间快乐，必定要有一定时间忧愁。腾不出快乐之情，必然腾出悲观之伤。有人为何总是觉得不开心？根源就是他不知足！因为他不想自己拥有的，却是总想他所没有的；忽视拥有，抱怨没有，当然无法快乐起来。

曾有一位知名哲学家在旅游船上不小心掉进大海里，当他被人救到船上之后，他第一句话就说："能呼吸到空气最幸福！吸到空气我知足！"空气，在人们日常生活中，很少注意到它的重要，也很少意识到它的存在。然而，人若掉进海里，一旦失去了它，才发现它是多么重要。没有了它就等于接近了死亡。分分秒秒都拥有的东西不珍惜，往往被忽视而不满足于现状，却执意追求那些为名得利的怪物。永不知足岂能快乐？要想知足，首先要满于现状，而满于现状并非让你停滞不前。要在珍惜当下的情况下，控制狂热而不现实的欲望。人世间的万物，都是有它的生、盛、衰、灭，作为一个全过程而存在而延续的，人的一生何不如此。但是，不论是人、是物，其本身都有一个"度"，超过了"度"，则会走向反面而不正常了。单说这个"度"吧，首先表现在家里，一家人之间，关系的好与坏，都在这个"度"上。想想看，全家人老老少少互敬互爱就是"度"的表现。如果失去了互敬互爱，而是又打又骂，这个家会成什么样子可想而知。有度之家让人知足，叫做家和万事兴。幸福美满而人人都愉快。人与人之间的关系，人与社会之间的关系，都存在"度"的问题，也就是都有个自我控制的问题。人人皆知："不该说的不能说，不该做的不能做！"而要说的要做的，还得懂的："晓之以理，动之以情"。如果是这样，关系才能正常。假如不能自我控制，开口便骂人，举手便打人，在人们看来，此人要躲他远远的，他是个精神病患者。人要是失去了自我控制，犹如脱缰的野马，招灾惹祸就不可避免。事实证明，人世间的恩恩怨怨，烦恼成灾，甚至促成悲剧，无一不是失"度"造成的。因此说：无论是人还是物，只有在"度"存的情况下，方能呈现最佳状态，只有这个最佳状态得以存在，人们才能享有安居乐业的生活。只有如此，人们才能有满足的心情。因此说理想的知足,必须学会自我控制不应有的欲望,控制力的来源在于有节制力的头脑。清醒地认识到人生在世要知足,活在当下有千秋。一定要节制那些与知足相违背事物,就能达到理想的知足。而理想的知足者岂不就是神仙过的日子吗!

三、自己解放自己

把自己解放自己当作人生座右铭,是一个非常有理智的想法。无论处于何时何地如何困难和危险,只有自己才能想办法来解放自己。比如说喊救命啊!这也是意味自己用喊救命的办法来解救自己。

有一个腰缠亿万的大富翁,而他的经常表情却是一脸苦笑,他说:“我如今是有很多很多的钱了,但我却不知如何是好!吃,吃不下!睡,睡不好!坐,坐不稳!走,不知去向!我是提心吊胆又害怕,整日不安宁,度日如年,难熬又难办!”说这话的人他用自己的黄金把自己“焊”在了金笼子里,是一个动弹不得的大傻瓜。这种人在世界上确实存在,这种人外表看来很阔绰,实际上却是所有层次的人中,他“贫穷”得非常可怕。因为他虽然已积蓄了很多闲钱,却不知如何是好?更不懂得如何摆脱金钱的束缚,他只是给自己铸造了一副金银的镣铐。这就叫“钱多自囚,富极如贫。”事物常常就是这样的两极相通。像这种人亟待需要自己来解放自己。他应该跳出自囚的怪圈。

古人说:“贫贱近雅,富贵近俗,雅中带俗,可以资生,俗中带雅,可以处世。”意思是叫你好好想想,雅俗之间的资生与处世之道吧。又说:“世界上最重要的事情莫过于懂得让自己属于自己。”当你处于自囚之际,“必须阖门闭户重新拥有自己。”而重新拥有自己的实际内容就是自己想办法来解放自己。一个拥有自己的重要标志,就是看他是否拥有能够独立思考的头脑,只有自己的头脑里给了自己自由,才算是真正的自由。而这个自由的具体表现是能够把许许多多的事情放得下。把自己的金银财宝扔到脑后,或是充分利用这些金钱来为自己的自由服务。要给自己的生命留有更多更好更恰当的余地。只有如此才称得起富有，但富有者还应自戒。

有道是:“金玉满堂，久而不知其贵；兰蕙满庭，久而不闻其香。故，鲜生喜，熟生厌也，君子戒之。”意思是金子和美玉堆满了屋子看得久了，也就不觉得它珍贵了；兰花蕙草长得满院都是，时间长了，也就闻不到花的香气了。所以说，新鲜的东西大家都喜欢，太熟悉而旧的东西，就会遭人厌弃，君子应该引以为戒。反其道而行之，这就是自己解放自己的奥秘。懂得了这样的哲理，才能跳出不知其贵和不闻其香的怪圈。总是知其贵而又总是闻其香，才能珍惜其重要，自己才有办法解放自己。

“位高自囚，富极如贫”。生活中的如此辩证法值得深深品味。有些哲思未泯的人，总想挣脱“失静”状态，寻觅净地，目的是力图拥有自我。有些思想家、哲学家等，他们并非贫穷，甚至是相当富有。但是，他们却过着平民百姓的生活，正是这样简单的生活方式，他们都拥有了自我，赢得了充裕的自由支配的时间，因为他们对某些艺术的偏爱，而又特别重视自己的自由；又因为他们肯于吃苦，才能获得了成功。他们不希望花掉更多的时间去购置富丽的摆设，更是不追求美味佳肴。他们做到了真正的自己解放自己。由于他们挣脱了生活中的烦琐杂事，才能够静静地做自己想做的事情，才能思考和构思种种艺术精品。只因为他们如此的自由自在，才能保留住一个完全属于他们自己的自由空间。由于他们拥有如此的隐逸和清净，才能给人间留下了睿智优美、充满人生哲理的伟大发明。从而体现出自己解放自己的伟大成功。您能不能自己解放自己，这是人生重要的座右铭。这是人生中最为关键的问题，没有人生的绝对自由，岂能有生命的快乐。

四、生命的重心是自己

生命的重心是自己，这个问题很重要，应该视为座右铭。而珍惜自己就是把自己看成生命的重心。一个不懂得如何珍惜自己的人，他也不会懂得如何珍惜别人。人的一生重心放在哪里？而重心和中心在人生中有什么区别？重心是指最重要之点，而中心是指围绕之点，显而易见两者之间重心最要紧。

谈到生命的重心，有人错位地把事业、爱情、家庭、友情等看做生命的重心。这种把重心放错位置的人，往往会造成自身的重大损失，而不晓得其根源所在。本来是重心已经错位，但偏偏继续错下去，直到无法挽救了才恍然大悟，但为时已晚了，下面这个例子就是如此：

有这样一个可悲的故事。一个年轻人，名字叫孙立伟，娶了一个如花似玉的妻子，他把爱情作为生命的重心。也就说他把自己的一切全部交给了他所爱的人，这样一来他的生命就不再属于他了。天长日久，他的妻子因此就背上了沉重的包袱，妻子因负担过重造成身体不适应，慢慢地操劳成疾。有一天，妻子突然感到她自己找了个窝囊废做丈夫，啥事他都不能自己做主，事事都得为他操心费力，她深深认为自己的丈夫啥也不行。于是，她开始冷待他，疏远他，最后终于鼓足勇气离开了他。然而，这个孙立伟却不知道由于他过分的爱带来的后果。殊不知："爱情本来就是两颗独立的心相互碰撞的结晶，要是只剩一颗跃动之心，爱情的火焰还能长时间不灭吗？"这个痴心妄想的孙立伟把生命的重心放错了位置，善意的依靠造成了无情的回报。最后的结果是鸡飞蛋打。妻子离去之后，他才猛然醒悟，他想改变人生的重心，但为时已晚，因为他已看到自己深深爱着的妻子，已经和别人过上了。

自己永远是生命的重心。因为人的一生中，不能依靠别人过一辈子，自己才是生命的主宰者，不论遇到什么困难和挫折，以及是天大的危险，只有自己才能真正解放自己。他人的想法和观点，永远不能代表自己的主见。自己应当认识到："个人绝对有权来决定自己的一切，别人或许提出合理化建议，只能作为参考，是否有参考价值，这就需要自己断定"。因为生命之重心是自己，听不听别人的所谓建议必须由自己做主。受到别人操纵，重心岂不错位了吗？

生命的重心既然是自己，就意味着自私，而这种自私是光明正大有主权的自私。其实自私并不是一件坏事，自私但不吝啬、不损人。自私是把自己放在第一位，不论是做人做事，要从自己的角度出发看问题、看别人、看事情。重心绝不错位，否则就会发生立不稳站不住的危险。而这种危险往往与生命有关。有一个典型的童话值得深思：有一只善良而温柔的仙鹤，受伤后被一个猎者救活。为了报答救命之恩，满足恩人所求，每天拔下一根美丽的羽毛，供恩人欣赏。结果，在一个严寒的冬夜，它冻死在野地里。它至死也没有弄明白，原来因为它所谓的“善良”，才铸成了对方的贪欲和懒惰，促使它也失去了宝贵的生命。仙鹤的举动就是没有把自己作为生命的重心。人世间不是也有这样的人吗？为了救助不值得救助的歹人搭上自己的命者，也不在少数。并非舍己救人都是值得的。切记，不把自己视为生命的重心的人，实践证明，绝无好的结果。

第二节　做人不能太老实

一、褒贬评价老实人

当今社会对老实人与不老实的人的评价，有褒有贬。比如说，你这个人很不老实，实质上就等于骂你是个大坏蛋。因为好事都是老实人干的，而最后的功劳、成绩和奖励，全都归属在你的名下；你的行为如此奸诈，无功不贪、无利不取、无人不欺，你的一切行为已经构成了老实人的反面人物，你是一个彻头彻尾的极端利己分子。这里所说的甘心为别人作贡献的老实人，应当称赞为褒义。而这样的老实人，却培养了许多恶贯满盈的坏蛋。再比如说，你这个人太老实了，实际上等于骂你是个大笨蛋！这是因为你勤勤恳恳忙忙碌碌，确实做出了成绩、为国家创造了财富，为人民作出了贡献。但是，你却把成绩、功劳白白地让给了不出力的人，而你又不好意思去争，你长了一脸磨不开的肉，你纯粹是一个“毫不利己专门利人”的老实人。常言道，老实人吃亏，老实人无用，这里说的傻呵呵的老实人是贬义。

当人们看清了“老实人”与“不老实人”两个不同概念的褒贬之后，就没有人想当培养坏蛋的老实人，更没有人想做笨蛋的老实人了。都不愿意让别人说太不老实，同时也不愿让别人说太老实。于是乎当今社会则流行起中庸之道的风气。

二、老实人不被重视

老实人之所以不被重视，总的说来此种人物没有多大作用也就是说没能耐。有他无他都可以，岂能受人重视。只因为老实人有他的基本原则特性：不善于表现自己，没有一定的实力，更没有多大影响力；不懂得如何运用手腕，在群体中威信不高；缺乏给别人带来实惠的感觉。总之，给人的印象很平常，对人不存在什么吸引力。当某人在利益上不存在吸引力时，当然就不会被人重视。如此的老实人在别人眼里，只能是一个“无名小卒”，岂能让人看得起。

三、老实人的命运不佳

1.老实人软弱可欺

有道是：“马善被人骑，人善被人欺”。这话一点也不假。自古以来都是如此，而今表现的更明显。有人公开唱道：“见老实人不欺负有罪!”所以形成大都欺压老实人的风气。为什么？因为老实人大都胆小怕事，安分守己，处事待人谨小慎微，不善于花言巧语，更不会耍阴谋得罪人。即便是有人得罪了自己，也不会用以牙还牙的手段去报复，由于老实人是如此的忍气吞声，自然就成为被欺压的对象。在某单位工作时，最苦最累的活必定是老实人去干，而且是劳而无功。在成绩、利益等好处方面则与老实人无缘。什么评先进啦，长工资啦，老实人只能是靠边站。为什么会是这样？道理很简单："领导上讲都是工作需要，毫无个人之间的恩怨，也无什么成见，即公平又合理。"领导是这么说，群众也是这么看。然而，每个单位都有一部分不好不坏的人，看准了谁老实，则对其玩弄手段，他们欺上瞒下大事干不了，小事又不想干，但欺负老实人却十分内行。因此说，老实人被欺压则是顺理成章的事了。结论：老实人软弱可欺。

2.老实人的朋友少

老实人不被人重视，又经常受人欺负。这样的客观条件，谁也不愿意主动与老实人交往。自然就会受到冷落，与其交朋友者则少。因此说老实人朋友少是必然现象。当然，朋友少并不等于一个朋友也没有。在为难时刻的关键环节中，能帮上忙的朋友几乎是微乎其微。这是因为老实人的活动能力差，而活动的范围又很小，想交朋友的对象也很少。况且，老实人的生活往往离不开老一套，圈子小又不肯加入任何利益的团体，不善于结交新朋友。特别是有能力、有威望、有权有势的人，人都靠不上边，谈何和其交朋友。更为凸显的是老实人的观点错位，大都有不巴结、不主动、不求人的观念。见了所谓的大人物就脸红，不会说话。因为老实人自己也觉得自己没用，不习惯于客套，不会应酬，搭不上话，说不到一起。甘居下游的思想很浓，就是有机会也不主动去和人交往。由于这种自卑感的存在，往往放弃很多很好交朋友的机会。于是老实人的内心世界也很窝囊，难以自拔。所以在紧要关头无有高人的朋友相助，只能顺其自然的吃亏和倒霉。

四、走出误区不做老实人

应该说老实人本来是一个优良传统中的优良品质的人，但是，如果老实到了懦弱、迂腐、不知变通，又不懂得如何争取自己的分内利益，不知进取的老实。这样的老实人，不但对他个人没有利，还给社会带来很多负面影响。从这个负面影响的角度来看，老实人对社会也有很大的危害。因此，在现实生活中，应当认真分析和正确的认识清楚，在哪些方面应当保持应有老实的优良品质，而在哪些方面不应当老实或不应太老实。社会发展到了今天，作为社会的一个成员，必须有个清醒的认识。有道是："自谋不诚，则欺心而弃己；与人不诚，则丧德而增怨。"意思是说："自己谋划事宜如果不诚实，就是欺骗了自己的良心，而又毁了自己；与人交往如果不诚实，就丧失了做人的道德，并增加了怨恨。"为人真诚，不虚伪，这是做人的品德，也是老实人应保持的优良品质。在这方面永远是老实人的传统美德。然而，这里的问题是做人不能太老实。所谓的太老实是指走极端，这种走极端有两个误区比较普遍存在的现象，成为启蒙老实人的重要任务。

误区之一是老实人坚持原则走入极端。把原则性抬高到了不适当的位置，造成了不良后果。其根本原因是没有真正理解这些原则的本质内涵。启蒙的重点就是要使老实人从原则为纲转向以后果为本。事实是，由于老实人片面地坚持原则，使自己应该做成的事情没有做成，结果是自身利益受到不应有的损失，同时促使整体事业造成僵化而陷入孤立无援状态。空有大志而无法实现。老实人不明白社会运行的两套法则：既有其原则性的一面，又有其非原则性的一面，更不晓得非原则性的东西有时却能促成某种理想的现实。问题在于老实人一味抱着死原则不放，结果给自己造成许多悲剧性的后果。比如，为人要善良这一原则，但是，如果对谁都善良，不分好坏，都以善良美德之心相对，对歹人之善良岂不是自讨苦吃吗？同样是爱心，如果你的爱心用在不该施爱的人，对狼心之人也施爱心，这种爱心必定是自食其恶果。

解决问题的办法就是启蒙老实人把原则性与灵活性紧密地结合起来。要学会运用多种手段来达到同一目的。把善良与爱心灵活运用在"刀刃"上。要学会善于分清好坏人。

误区之二是老实人不争个人利益。老实人极端重视道德原则，误认为争名夺利是不道德的行为，特别是争个人利益总以为是件不光彩的事情。在老实人的心目中，好的用心和好的行为就必然有好的结果。受传统观念的影响，自己表现好领导就会考虑自己的利益，要是去争个人利益会遭到别人的耻笑。然而，这种天真的想象如今已经不适用了。事情不是老实人想象的那么简单，而是相反的结果：有成绩的老实人并没有得到奖励，没成绩的人却获利甚丰。这种现象看来却是不正常，然而却是比较普遍地发生。久而久之，反倒是正常现象了。为什么？这恰恰是老实人不争之举带来的后果，而且是凡有老实人存在的单位和集体都有如此的后果。

五、老实人受到的影响

1.影响情绪和身心健康

有道是："人非草木，谁能无情？"自己该得的利益而未得到，受到如此不公正的待遇，感到恼火、窝心、生闷气，岂不是情绪低落而影响到健康。

2.影响了正常的生存能力

生活在当今社会里的平凡人，要想很好地过日子就必须有一定的物质基础做保障，没有钱和物，或者钱物不充足，生活的美满则会不理想。有可能会出现困难，这是一个非常重要而现实的问题。老实人因羞于争取应得的利益，收入上不去，生活质量就会下降，这不单是个人的生存能力受到不应有的影响，还要涉及家庭成员跟着遭罪深受其害，全家的生存能力都不能正常化。

3.影响自己的事业发展

每个人都有理想、有抱负，老实人当然不例外。这种积极向上的心态如果加上职务的提高，职称的晋升，可能就有更大的机遇。不论是哪一种事业，也不管是什么理想，都如同登山一样，一步一个台阶的往上爬。老实人少一次争利，就等于差了一个或两三个台阶。别人把位置占上了,老实人只好原地踏步,岂不是影响事业发展吗!

4.影响社会的进步

老实人不争应得之利的表现，客观上就造成了不应得者从中获益。应得者不争，而不应得者得逞，实际上就等于助长不正之风的社会恶果。老实人的几次不争之举，给社会上创造了歪风邪气的不断扩大，如此说来岂不是“犯罪”行为吗？这样看问题未免太刻薄了，但对此应有足够的认识还是有好处吧！如果说，世界上没有正气，社会还能进步吗？

5.把不正常变成了正常

老实人不去争取自己应得的那份利益，而不应得者却设法大得特得，久而久之，就会构成一种非法的行为模式。总是该得不得，不该得必得。如此不断地恶性循环。老实人不断地不能获得自己的那部分正当利益，一而再，再而三，多次重复，久而久之，人们习惯成了自然，不正常岂不是变成了正常吗？话到如此，之所以有这样恶果，说穿了就是老实人惯的!

六.老实人的出路何在?

面对上述无正义而不公正又无情的现实，老实人怎么办？一句话：“不能再惯下去了!”挽起袖子，坚决捍卫自己的合情合理而又合法的应得利益。再也不能忍气吞声的活下去！绝对不能无原则地放弃自己的正当权益。要敢于冲破自己的那种僵化静止的道德观念，要坚决去掉不好意思的想法。要真正认识到确保自己分内利益是正大光明的行动。让那些不劳而获的恶棍见鬼去吧！敢于争利的行动，不但对老实人的生存与发展有利，同时对社会公正法则也是一种有力的支持和维护。如果天下老实人都站出来，不再做弱者，不再做无谓的牺牲品，人人都敢于去争取应得的利益，那么不应得者的阴谋就不能再得逞、无机可乘、无利可图，也就不会出现那么多假公济私的恶魔。只有这样斗下去，天下才会更加太平。社会才能不断地沿着正义轨道前进！老实人才能心情舒畅。应当充分认识到：确保老实人的正当利益的实现，也是对社会的一种伟大贡献。

第三节 做人不能太显眼

所谓“显眼”就是锋芒显露的意思。把做人不能太显眼当做人生座右铭，其意义非常深远。显眼的具体表现就是指有的人故意逞能、逞强、逞威风。这种故意表现自己才能的行为，其结果往往是自讨苦吃，甚至会有丧命的危险。有道是：“锋芒太露遭祸殃”。

一、灵猴逞能终于死

说的是一个皇帝吴王，有一天吴王登上了猴山，随从们手拿弓箭左右保卫。当他来到一个非常美丽的地方时，看到一群猴子在那玩耍，猴子们看到有人群过来，非常惊慌，纷纷逃跑，跑到荆棘深处躲起来。这时，只有一只猴子没有逃跑，它叫灵猴，它为什么不逃呢？它要在人群面前显示才能，自认为本领很高，不把人们放在眼里。于是就在一棵大树上跳来跳去，从容不迫地跳跃，表现出异常迅捷灵巧。确实，灵猴的表演十分精彩，令人眼花缭乱，目不暇接，充分显示了骄傲与傲慢。

吴王看出了灵猴的用意，它是在向人们卖弄威风，没有把陛人看在眼里，同时也看出它不服气人的本领。为此，吴王对随从们说：“看到了吧，这猴子是向我们挑战呢！现在我要同它比试一番，拿我的弓箭来！”于是，吴王将箭上弦，对准灵猴射出一箭，没想到灵猴还真有两下子，它竟然敏捷地将箭抓住，灵猴手抓着箭上下乱舞，眼盯着人群，骄傲无比，嘴里还发出“吱吱”的欢叫声音。表现出不屑一顾的嘲弄神态。吴王大怒，命令随从们一起拉弓射箭，顿时雨点般的箭头射向灵猴。最后，灵猴抱在树上，背部扎满了利箭，好像个刺猬一般模样，惨死在大树上，这就是逞能显眼者的下场。

在日常生活中，过于炫耀自己的才华、本领、高明者有之，故意显摆自己的技能者更是有之。但是，他们都不会有好的结果。这种故意显眼的表现，有人说他锋芒太露，这种显摆不仅容易伤人害已，也会引起他人嫉恨。所以，虽然有艺在身，还是含蓄一些为好。有道是:“成熟的谷穗总是下垂的，才能之人总是低头的。”意思是低调做人好处多，谦卑之人不受害，只有如此做人，才不会像灵猴那样乱箭穿身。

二、锋芒太露终成祸

人都是有锋芒的，如果一个人没有一点锋芒，那他就是提不起来的豆腐人，立不起来的藤蔓瓜。在社会上他是个不能站得稳行得通的植物人。所以说有锋芒的人就是勇敢的人，也是个有棱有角的人。锋芒它是一个人立世的前提，做事的基础。锋芒是一把双刃剑，可以刺伤别人，也会刺伤自己。因此，显示自己的锋芒时应该小心谨慎，不该显示时，千万不要显示。否则，会出现不良后果。

智者告诫人们说:“一个精明而富有洞察力的人身上，潜藏着危险，都是因为他经常一针见血地批评别人；善于雄辩自认为学识渊博的人也会遭到厄运，因为他常常揭露别人的缺点。”两者的共同特点，那是锋芒毕露而遭不幸。所以，做人切忌锋芒毕露。采取谨慎处世的态度，只有好处而无坏处。如果你处处都想占上风，到处显示自己的所谓才能，总是把自己抬高到非常显眼的位置，出风头讲刺话，天不怕来地不怕。这种表现肯定会遭到别人的嫉恨和非议。有道是:“出头的椽子先烂”。“树大招风易折断”。显而易见此种人物，处在风头浪尖上，还能长命久安？然而，活生生的事例经常出现。

有一位刚毕业的大学生，被聘任到一家公司做职员。初到单位，这也看不惯，那也不顺眼，在他心目中问题成堆。不到半年时间，他给公司领导提出洋洋万言建议书，其中有公司管理问题，福利待遇问题，还有领导工作作风问题，等等。为了说明问题的严重性，他列举出许多弊病，同时也写出了周详的改进方案。建议书递上去之后，公司领导看了非常恼火，被视为："狂妄自大，痴心妄想，是个神经病患者。"不仅没有采纳他的建议，结果却把他看成为一个危险人物，他这种弄巧成拙的表现，脱离了现实，脱离了群众。用他自己的话说是好心当成了驴肝肺，在上上下下人们的白眼怒视下，他在公司难以再干下去，只好自动辞职。当他打好了行装要走时，有人拍着他的肩膀说："锋芒太露啦，真可惜呀！"这位大学生想来想去才悟出了一句自语："初生的牛犊不怕虎"。

在现实生活中确实存在类似这个大学生似的人物，自认为学识渊博，自以为了不起，敢说敢闯，锐气旺盛，锋芒毕露，处事不留余地，待人咄咄逼人，傲气冲天，真正是个初生牛犊不怕虎。牛犊不怕虎，而虎却吃牛。结果怎样？这种表现在人生的旅途上屡遭祸殃。

三、受宠傲慢终归亡

受宠之人很危险，死到临头却不知。有道是："当事者迷，旁观者清。"因为受宠的地位显眼，遭人嫉恨是必然的，如果被宠者邪恶放纵，肆无忌惮，那么她的命运之危就在眼前，到头来自己把自己送上了断头台。

历史上流传着一个深受启发的故事：说的是在战国时期，魏国国王向楚怀王赠送了一名美女，这美女长得眉清目秀，如花似玉。"她比春秋时期的西施还要美出三分。"这是楚怀王的评价，自然，对这样的美女，楚怀王非常珍惜，爱不释手，非常顺心。所以给她取名叫珍珠。爱惜非常，捧在手上怕掉了，含在嘴里怕化了。当然是整天形影不离。

楚怀王原有一名爱妾，叫郑秀，珍珠受宠，郑秀必然受冷落。郑秀对怀王的移情别恋非常恼火，肯定是对珍珠嫉恨如仇。而珍珠凭借怀王的宠爱，也不把郑秀放在眼里，故意在郑秀面前卖弄风骚，气得郑秀死去活来。但是，郑秀却没有大吵大闹，她是个老谋深算识时务的强者，她明白吵闹对自己非常不利，必须用放长线钓大鱼的办法来除掉这个心头之患。所以她在表面上装出对珍珠十分疼爱，百般亲热，比亲姐妹不差分毫。经常有目的地跟她聊天，以此行为向怀王表示敬佩，也让怀王看出她对怀王是多么爱戴。

有一天，郑秀对珍珠说："怀王对你十分满意也很宠爱你，不过，有一点提醒你要注意，只是对你的鼻子好像有点看不上眼，大王曾对我说过两次。希望你以后在大王面前尽量把自己的鼻子捂住，那样的话，你会显得更加美丽的，大王一定会更加喜欢你。"

珍珠对郑秀的建议深信不疑，她哪里知道这竟然是郑秀设的圈套。从此，她在怀王面前，总是用一只手捂住鼻子，并做出一种像是不情愿的状态，造的怀王莫名其妙。于是便来询问郑秀，而这时郑秀却装模作样地说："是吗？"故意表现出不相信的样子。欲说不想说的表情，促使怀王看出这里有问题，便鼓励说："不要怕，尽管直说，有啥说啥，陛人绝不怪罪！"这时的郑秀认为时机已到，她说："她和我说过实话，她在我面前几次表白说大王体臭，并感到很难闻，所以她就……"

人人皆知，楚怀王脾气十分暴躁，他听了郑秀的谗言，火冒三丈，盛怒之下，断然将珍珠处以割鼻的鼻刑之后让她自缢身亡。郑秀的阴谋得逞，又重新回到楚王的怀抱。而珍珠却空负美女之名，在她受宠时不知天高地厚，忘乎所以，傲慢无理，更不知道如何保护自己，最后的下场实在是可悲。

这里必须提出的是郑秀的圈套，就是陷阱，而珍珠却不能看破，竟然毫不怀疑的跳进去。说明郑秀的"智慧"和忍耐性表演的是多么高明而逼真。反之，若是郑秀的阴谋被识破，则不称其具有高超的"智慧"。

四、锋芒该露还得露

人世间的高人往往都是其貌不扬。由于不太显眼，可以避开他人的注意力。有道是："真人不露相，露相非真人。"因此，有时则出现了有学问的人谎称没念过书，能写一手好字的人却说自己不懂书法。这样则可以推掉许多违心应付的差事。就像一个大力士往往装成手不能提蓝的样子，等到了紧急时刻才能够出乎意料地打败对手。这就是锋芒该露时必须露。

但是，做人既然有锋芒，就不能永远不露，如果是久藏不露，知者则认为你是猪鼻子插大葱装象。锋芒不可不露，却又不能太露或是乱露。做到如此火候，则称之为深藏不露。提倡深藏不露的真实用意在于不刻意的显露。就是说深藏不露的真谛是不咋咋呼呼在不该露的时候却故意显露。用一种避招风雨的策略是为了恰当地显露。这样一来，初看起来好似消极为人，其实，并非委曲求全，窝窝囊囊地做人。而是通过少惹是非、少生麻烦的方式，更恰如其分的施展自己的才华。充分发挥自己的特长。如此策略，不仅可以保证自身安全，还可以达到求得一个好的结局。

当然，大家都知道："老虎不发威，很容易当作病猫"。然而人们更明白："虎落平阳被犬欺"的惨痛苦境。锋芒在显露之前，要做好准备工作，摸清底细。其中的奥秘就在于："聪明过露者德薄，才华太盛者福浅。"意识是说，聪明过于外露的人品行浅薄，才华显露过分的人，福气反倒少，越是有才华的人应能做到沉稳。假如你的顶头上司是个庸才，你就应该多加小心，切不可表现出你比他聪明。不暴露你的才华，则可以免遭杀身之祸。大智若愚者才是精湛圆熟的最高境界。当你处于危险的紧要关头，你的才华再不显露就要灭亡，此时此刻，正是锋芒毕露的恰当时机。一举定乾坤，确保安身，又能挽救局面，岂不是两全其美。

在办事情方面，不论在什么场合，你能看透其中的奥秘或已看明白对方的把戏，最好不要急于点破，点破了就是显摆自己，有很多事情都是在朦胧的状态，才感到神秘，你要是揭穿了，点破了，就失去了神秘色彩。但是，在你心中已是胸有成竹，在对方唬不了你的情况下，你还能吃亏吗？这就叫"真人不露相"。不管对方怎样花言巧语，你有一定之规。他下套套不住你，他设陷阱，你不往里跳。你用不着表白，他自然会甘拜下风，这也可称锋芒不露地显示威风。对方哪里还敢小瞧你。在必要的情况下，你可以点破其中的要害，对方立即会显示出惊慌不安。这就是锋芒该露的效果。

第四节 做人要有自己的章程

自己的章程，就是自己的主观见解，不被他人当枪使，也不被别人所左右。为人处世有自己的原则，看待问题，心中总是有自己的小九九。无论是在什么情况下，有自己的理想与愿望，有自己的行动计划，不随波逐流。总之，啥事都要有自己的安排，绝不盲从。

一、保住生命的底线

为人处世讲究原则，就是生命的底线。失去了原则就是没有保住生命的底线。而这个底线就称之为做人应有的起码品德与人格。如果一个人失去了起码品德，失去了自己应有的人格，那还算是个“人”吗？然而，也有人用反面原则来保住他生命底线。

有的人轻举妄动，胡作非为。做事不讲原则，对人不讲人格，想干啥就干啥。去偷、去抢、去拼命、去强奸、去杀人……其后果则是搬起石头砸自己的脚，这种自作自受自讨苦吃的行为，就是丧失了做人的原则。恶人没有了做人的品德，也就失去了人格，哪里还有什么做人的底线。只能说是反面原则。

一个人在一生中，不做违法的事，不吃有毒的食。这样只能是保住了生存的底线，有了这种底线为基础才可考虑一生生命的底线。假如，你犯了国法，进了监狱，当然就不是个有章程的人。再比如，你吃了有毒的食物，中毒而死亡，更谈不上什么底线了。尽管两者都少见，但有章程之人，小心不多余。然而，这小心的具体表现恰恰是有章程的人。

要说某某人有章程，往往是指他为人处事把握性强，不会发生大的过失，有主见不乱来。遇事能够沉住气，想问题比较周全。有章之人最大的特点：“不随波逐流”。而随波逐流的表现就是看人家干啥他也干啥。看到别人家开饭店挣了大钱，自己也跟着开饭店，最终落得赔钱而关门。看到别人家养奶牛发了家，他也张罗着养起了奶牛。结果，奶牛不出奶反而病死了，连本钱都一扫而光。还有人步别人的后尘，搞房地产开发，别人成了百万富翁，自己也贷款铺开摊子，结果却搞得自己倾家荡产还不算完，造的像个过街老鼠一样到处藏跑来躲债。所有这些都是没章程人的可悲下场。

其实，有章程的人不迷信成功者的成功经验。经验只能作参考，绝不能照搬。向成功者学习，但必须明白一个重点：天下任何事情都有其自身的特点，别人的办法只能适合别人的具体情况。一旦公之于众的办法，那已经不是智慧的精华了。你想想，别人创业的秘密能告诉你吗？比如，开饭店，别人搞得很红火，你开饭店却无人光顾。你知道这里的奥秘吗？原来有专人给拉客，而这拉客的又是个有地位的人，专找一帮人来捧场。你能办到吗？他关系户特多，而你没有关系户，所以没有人光顾。冰冻三尺，非一日之寒。你没有冰冻三尺的过程，就是没有生存的底线。况且，开饭店目的不一样，有好多大贪污犯，拿开饭店做幌子，赔钱也说挣钱，目的是为了洗钱，以便欺骗人们说他有钱是开饭店挣来的。用这骗人幌子来保他那生命的底线，这就是他为人处事的反面原则。然而反面章程能够得逞，也算是个“有章程的人”吧？

二、原则性强是章程

原则性强之所以说是章程，因为他坚守的有六个字：“信任、忠诚、奉献”，体现出他的章程原则。

1.信任

人生在世，没有信任存在，就没有做事成功的希望。而没有公正坦诚，也就没有相互间的真正信任。有道是：“君子坦荡荡，小人常戚戚”。在与人相处的过程中，虚假掩饰只会破坏相互间的信任关系，虚伪只能造成人际关系的不稳定，它会带来在最终决策时的犹豫不决而失败。人与人之间不能坦诚相处，用遮遮掩掩的行为，它如谎言一样令人无法忍受。任何虚伪的手段都会造成事实上的不信任，都是对人格的暴露与践踏。而相互信任还表现为行胜于言。必须用行动来体现。因此，把信任的地位提高到人际关系的基石，有了如此之基石，互相间的双赢关系才能长久。

2.忠诚

为人不忠诚是个非常原则性的缺点。因为忠诚是体现人生价值的关键，所以有许多领导和决策者在考察其人能力的同时，特别注意考验他是否忠诚。一个忠诚之人十分难得，而一个既忠诚又有能力的人更是难求。对忠诚者，尽管他的能力虽然小了点，但决策者也愿意用，因为能力可以培养，而忠诚则是品德没办法改进。一个人能力再强，知识水平再高，假如他被认为不忠诚，他就是个最危险的人物，因为他把能力、水平用在对抗上，其被破坏的程度则越大。这样的人实在是个可怕而又危险之人。

如何体现忠诚？对某一个人来说，忠诚的表现是多方面的。而最起码的条件是不说谎话，这个问题很简单，但又很难做到。不说谎话的人，在世界上几乎没有。但要看什么事情，在什么情况下而不说谎话。首先要看对谁，对父母、对领导、对朋友是一方面；而对敌人、对坏人、对不相识的人，则是另一方面。两方面分清楚了，还要看什么内容，又要考虑其后果。在关键的问题上，在严重的后果上，你对父母和领导及亲密的朋友面前说谎，则体现出最不忠诚。

在其他方面，比如忠诚于自己的事业，表现出认真负责的精神。工作主动责任心强；对工作上的问题考虑的细致，周全；对上级和组织上不隐瞒事实的真相。所有这些都体现出忠诚。更重要的一点必须充分地体现出来，那就是忠诚者的首要任务是把自己担当的工作做得出色，要有一定的成绩或较大的贡献，绝不能为忠诚而忠诚。最后的一点必须明确：“不能以忠诚的表现作为寻求回报的筹码。”忠诚的动机要纯洁。要在忘我的工作中体现出人生的真实价值。才算是真正的忠诚。

3.奉献

奉献精神是有章程之人的神圣责任，也是原则性强的人的一种至高境界。一个拥有奉献精神的人是难能可贵的。有道是：“春蚕到死丝方尽，蜡炬成灰泪始干”。这就是对奉献精神的生动写照。所以说奉献是一种高尚的道德情操，更是一种纯洁至高的精神美德，称为世界上最伟大的精神壮举。孔子曰：“志士仁人，无求生以害仁，有杀身以成仁。”诸葛亮以“鞠躬尽瘁，死而后已。”而告后人；屈原一生洁身修行，以“虽九死，其犹未悔”而传芳百世；文天祥“以身殉道不苟生，道有光明照万古”。还有司马迁的“常思奋不顾身，而殉国家之急”。所有这些英灵，都是奉献精神的光辉照后人。正因如此，世界才变得如此光明而美丽。在中国民族发展史上，多少人为了国家的兴亡、生存而献身，用他们的热血和生命写下了不朽的篇章，他们是我们学习的楷模。他们的道德情操和英勇的献身精神，将永远激励后人不断奋勇前进。

反过来说，如果人人都没有一点儿奉献精神，大家都自私自利，你争我夺，尔虞我诈，全人类如何发展到今天？而明天又是怎样？一个人生价值的体现，并非以他的地位高低而定论，更不是以他的权力的大小而评价。主要是看他的奉献有多大，因此说有章程的人原则之重点是奉献。

三、章程是圆通而不圆滑

圆通就是持经达权。晓得圆通就意味着一个人有一定的社会经验，这就是持经；在社会上有一定的适应能力，会处理人与人之间的关系，对比较复杂的局面有办法控制，这就是达权的意思。做人做事必须持圆通的态度，只有保持圆通的处人处世哲学，才能有方式方法可言。

国有国法，家有家规。一个社会实体，必须分清是非。为此，要建立自身的道德原则和价值标准。这就是“方”，无方则不能立之。然而，只有方没有圆，就不会圆通。为人处世只是死守一些规矩和原则，毫无变通之术，过于直率而不讲情面，过于拘泥于礼仪而不讲感情，不懂得依照具体情况适当灵活运用，则会造成局面僵化和刻板。其结果必然是事与愿违。

大家都知道郑人买履的故事，就是不知圆通的典型事例。郑人做事死守规矩的程度让人难以理解。他去商场买鞋之前，先量好自己脚的尺寸，当他到了商场之后，却忘了带尺码而不知所措。售货员告诉他为什么不用脚试一试呢？他却回答说：“尺码是最准确的，没有尺码怎能买鞋？”这种宁可相信尺码而不相信自己的脚的做法，在其他事物上并不少见。比如，“刻舟求剑”的故事等，都说明不知圆通拘泥于条条框框而可笑。有章程的人懂得原则，又同时懂得变通，知道执行规章制度有时还应灵活运用的圆通。但是做人要学会圆通而切忌圆滑。

圆通与圆滑，虽然只是一字之差，但其含义却有天地之别。要说某人很圆滑，是指此人做人做事方面不诚实、滑头滑脑、不负责任、狡诈、虚伪。圆滑之人外圆内也圆、表现在各个方面。各种层次都有圆滑之人。比如经商者有之、政治行为有之、各种工作行为也有之。有成熟意义上的圆滑，叫“老奸巨猾”。也有一般意义上的圆滑。比如为占小便宜之类的圆滑叫“沾尖取巧”。所有圆滑之人，说话大都是模棱两可，常用“很难说”、“说不定”之类的话来搪塞人，听起来好像没有什么错，但是他说了却等于没说。圆滑之人都是“随风倒”，见风转舵。谁在台上说谁好，谁要下台他骂谁！毛泽东有句名言形容圆滑之人的表现是：“山中竹笋，嘴尖皮厚腹中空；墙上的苇草，头重脚轻根底浅”。满脑子圆滑的人，怀揣一种肮脏的心理，经常设圈套置陷阱，让一些傻瓜往里钻向里跳。往往被害者上当受骗还蒙在鼓里，还向人家说些感激的话。这就是圆滑者恶毒表演。为此，有章程之人对这种人嗤之以鼻，坚持圆通而不圆滑。

第五节　做人要有自信心

为什么把自信心作为人生的座右铭？这是因为自信心是一切事情成功的基石。踏上这块基石，则可以通往成功之路。古往今来，许多失败者之所以失败，不是因为他无能，而是因为他缺乏自信心。一个人无论从事何种职业，要干何种事情，只要有自信心，就会有成功的希望。而没有自信人，那就失去了根基，还谈什么成功！有了自信心，才能充分发挥自己的长处，才能保持奋发向上的精神。有这样劲头，才能把不可能的事情转变成可能的成功。有人说十分信心十分的成功，是有其道理的。

一、何谓自信心？它有什么作用？

所谓自信心，就是自己的信念而被世间认可的心理活动。其作用则是促成自己走向成功的灵丹妙药。凡是办事成功者，都是“吃”了这种灵丹妙药的效果。应当明确，凡是成功者，都是自信心非常强的人。对当下从事的工作有了自信心，对将来就会抱有成功的希望。这样说来，自信心又是成功“永恒的特效药。”

自信心的最大作用，就是它能使人充分开发自己的潜能。人的潜能就像宇宙一样大，无边无际；人的潜能又是一片广阔的天地，它需要智力的开发，它需自信心的人充分利用。由于人们在智力上有差异，对自己身上的潜能没有应有的认识；而不认识的具体表现则是缺乏自信心。很多人都对自己的境遇不满，这是因为他们没有找到获取力量的源泉，其实掌控自己命运的力量，就潜藏在自身体内。你的体内沉睡着的一个“巨人”已等待着你的召唤，他就是自信心。这个“巨人”对你来说没有办不到或不可能办到的事情。你唯一要做的便是尽快把他叫醒，等他醒来之后，就会除掉你身上那些无形的枷锁，还能明确地告诉你如何使梦想成真。当你一旦知晓了这个秘密，你的一切的一切，就像是拨开乌云见晴天一样的明朗。你的事业、你的希望、你的健康等等，都会很快的成为成功的现实。因此说，自信心就是你自己命运之神。

二、没有自信心就不会有成功

有一些人相信天命，他们认为人的一生，早在降生的时候已经由天老爷决定好，它跟个人的努力毫无关系。在这信天由命者的眼里，领袖人物是天生的，在他降生人间之时就有征兆；富翁也是命里注定的，他生下来就已经带来了财富；不穷不富的中等人，他们只能是满足一生的温饱；强盗歹徒更是富有天性，他们都是魔鬼的爪牙；穷人一生受苦，那原本就是穷命，天生就是别人的奴仆等等。持这种宿命论者，促使他们就只会等待，不想工作，不去做事，他们是懒汉，过着听天由命的生活，等待着天上掉馅饼或是厄运的降临。

另外一些人则是碌碌无为，多数是受到社会环境的制约，自认为无能为力见解不足，自己注定没有出息；既然是运气不佳，当然也就无所作为。这种自卑感导致自暴自弃，这种心理活动正是消极的、丧失自信心的典型表现。他们对前途无望，没有自信心，就是偶尔做点事也逃躲不了失败。

在人类的历史上，出现的各种杰出人物，他们不都是“天才”，而是各方面都努力的结果，他们都是做到了充分挖掘自身的潜能，在行动中发扬光大，这种行为就是自信心的表现。有一个典型事例深受启发：强国和弱国的大使谈判，弱国的大使有一种必胜的信心，他对强国的大使说：“不是我惧怕你们的兵力和武器，而是我们的国土太小，实在是容纳不下你们那300多万战俘。”从弱小国家的大使语言里可以看出他是多么的自信。应当承认有自信的人，从未想到失败，即使是小国兵力虽然不多，但是一个顶十个，有战胜的自信心，所以他们依然认真地考虑战胜以后，太少的国土是否容纳太多的战俘。结果，弱国真的打败了强国，这就是自信心的力量。

对自己有绝对信心的人，自然就会启动脑海里的智慧，想尽办法与措施战胜困难与险阻。在有自信者的心目中，只定位在如何成功而尽力开发自己的潜能。他在信心十足的鼓舞下，不去想象失败的沮丧，他想的是如何避开前边的绊脚石而走向光明。然而，没有如此的信心，就不会获得成功。

三、自信心从何而来

1.没有自信心之人的病根

没有自信心的人，应当把他看做一个有“病”的人，既然是有“病”之人，其病根在哪里？若能找到病根，并把它挖出来，缺乏自信的人病就会治愈了。究其病根可以归纳为四个字：羞怯、自卑。所谓羞怯，是指难为情。面对困难、挫折、险阻，缺乏应有的勇气。这种人首先在精神状态上显示出羞愧、尴尬、压抑的样子；其次是在肢体和语言上的表现是：佝背驼腰、睡眼惺忪，大腹便便，视线漫无目的地四处游荡；在语言上往往是含含糊糊地讲话，给人的印象是犹豫不决，内心不够稳定。表现出嘀嘀咕咕放纵而不成熟，气喘吁吁，口齿不清。总之，羞怯者胆小怕事，遇事不敢出头，在关键时刻不敢表态，更不敢争强做事，总是想躲在别人的背后观望不敢行动。

所谓自卑，这种人不是自己在能力或知识方面都不如其他人，而是自己不如人的心态和感觉在作怪。为什么？其中的弊端就在于拿自己的缺点和短处与别人的优点和长处进行比较。有道是：人比人得死，货比货得扔。越比越自卑，这种不适当的比较，结果到了无地容身的地步，也就是说自卑到了极点。若是对自卑感处置不妥，无法解脱者，就走上自杀之路。由此可见自卑是多么危险，它将使人消沉、走上邪路、坠入深渊，落到难以收拾的结果。

以上就是没有自信之人的病根。怎么办？

2.克服羞怯走向自信

应当承认，遗传基因不是自己能决定的，这是一种遗憾。对于人的成长过程，肯定是要受客观环境与条件的影响，自己难以控制自己如何成熟，对待客观条件也不是自己说了算。而我们唯一能够说了算的是在现有的基础上改善我们的生活，有意识地加强对自信心的有效培养和锻炼。我们完全可以改变自己的某些观念和做法，以便抵御外来的影响和侵袭。当自己的羞怯、自卑改变之后，你眼见的世界就会大变样子。心情的改变，态度即改变；而态度改变，习惯自然就会跟着改变；习惯改变了，人生就会改变。不自信的病根除掉就是需要如此改变的过程。找到了病根之后，除掉它才能有的放矢，而羞怯的病根必须有的放矢地除掉。

克服羞怯的途径并非一举成功，它需要滴滴点点的积累与增强自信；提倡多表扬少批评的目的就是为了增强自信。而增强自信就是克服羞怯的好办法，扬长避短也是克服羞怯的一种措施。一个人取得的成就越多，就越是增强自信；一个人的职位越高越是减少羞怯。越是得到他人的称赞，越是能够克服羞怯；威望越高之人，越是从容大方而不羞怯。所以说成绩优秀的人，心中充满自信。当你心中已经充满了自信，羞怯自然就会跑得无影踪了。

3.克服自卑走向光明

长期被自卑感笼罩的人，往往使自己的心理活动失去平衡，同时在生理上也会发生变化。特别是消化和心脑系统最敏感，将会受到损伤。由于心理上的不平衡导致生理上的恶化，而生理上的恶化反过来又会严重地引发心理上的不良反应。这种恶性循环的结果，更是加重了自卑感，所以说长期自卑的人寿命不会长久，死亡已经在召唤了。

自卑者自己瞧不起自己，为人处世采取消极态度，遇到困难和挫折时，必然焦虑、泄气、失望、颓丧。这样已经成为自卑的俘虏，更谈不上聪明才智的发挥。怎么办？可用以下办法来挽救自卑者。

俗语说：“尺有所短，寸有所长。”“金无足赤，人无完人。”首先要正确认识自己，将自卑的压力变成发挥自身优势的动力。应当承认每个人都有长处和短处，要正确地进行比较，既要比上，又要比下，既比优点又要比缺点。跟上比，鞭策自己上进；跟下比，要看到自身存在的价值。结论：比上不足，比下有余。人人都是如此，谁也不例外，这是个恰如其分的公式，而世界上任何人都逃脱不了这个公式。真正明白了这个公式的含义，心理上定然得到平衡。其实，和别人比没有用，更重要的是超越自己。要自力更生，走自己的路，要发愤图强不断进步。有一句话很现实：“你说行就肯定行!”因为只有自己才相信自己，才能乐观向上，要对未来充满信心。只要是做到了积极进取，才能消除自卑。

还有一条也很重要，克服自卑需要有人帮助。有道是：当事者迷，旁观者清。当你在悲观自卑的泥潭中不能自拔的时候，可以寻求帮助，让别人帮助分析一下情况，更换一下思考方式，往往会很快跳出泥潭，则可柳暗花明，顿开茅塞，重新看到希望和光明。关键还在于自己放下架子，要主动有目的地与智者交往，从良好的人际关系中得到鼓励，学习别人的长处，发挥自己的优势。在群体活动中看到别人的自信心，这样则可以避免因孤陋寡闻而产生畏缩不前的自卑感。从而有力地树起自己的信心，并可在积极进取中弥补自身的不足。由于自卑者的敏感，非常容易接受外界的暗示，正确对待自身缺点，把压力变动力，奋发向上克服自卑，就会很快的取得成绩，进一步增强自信心，奔向光明的未来。

第六节 学而知之定终身

一、学而要精进

何谓精进？所谓精者专一也，进者不断也。精进学习则是专一而不断地学习，这才是对学习应有的态度。有道是：活到老，学到老。学什么？就是要有善于发现别人长处的能力，只有这样才能向别人学习。假如你总是在挑别人的毛病，看不到别人的优点，当然就谈不上向他学习了。要是经常拿着自己的所谓长处与别人的短处比较，肯定会自满自足，哪里还有向别人学习的愿望，到头来学不到本领的是自己。

学如逆水行舟，不进则退。人要想不断进步，就应当有一种活到老学到老的精神。然而，人们只不过是说说而已，老了还学个啥劲？其实，老有老的学习内容。在学习上不能有满足之心，古往今来凡有成就之人，哪一个不是勇于学习的结果。又是哪一个不是把终身学习作为座右铭。只有不断学习，才能不断受益，才能永远处于不败之地。而保持精进的学习态度，才能成为一个有突出贡献的强者。

怎样向他人学习？孔子说的好，“三人同行必有我师”。只要虚心向学，到处都有可学的东西。一个善于学习的人，一眼就看出别人的可学之处。人能成为万物之灵，靠的是学习。外国有句名言：不学习就死亡。可见，学习对人类生存的重要性。

二、学知识更要学智慧

关于知识和智慧问题，有一种错误观念，就是把知识与智慧看成正比关系，认为知识越多智慧越多，也有人把知识和智慧划等号。其实，知识和智慧不是同等一回事。就是说知识广博的人不一定有很高的智慧；同样，一个有很高智慧的人也不一定有渊博的知识。评价一个人智慧的高低标准不能看他的知识拥有力，而是要看他的思维能力如何。简而言之，就是要看他的脑力活动强弱，会不会脑筋急转弯。有道是：工欲善其事，必先利其器。意思是你要办事成功，首先要多动脑。有个故事说：有两人要上山打柴，其中一个起大早就出发了，他来到山上之后，却发现自己忘了磨砍柴刀，只好以钝刀砍柴；另一个人则没有急于上山，他想到应该先磨快了刀再上山。这样相比之下，后上山的人砍的柴比先到山上的人砍得多；如此说来磨刀不误砍柴工。知识多并不意味着智慧广，知识只能积累，而智慧在于运用。求知识是求诸于外，而求智慧则是求诸于内。求诸于外是指对外在世界的了解；求诸于内是指对自己内心世界的了解。因此，当你对外在世界了解得越多、越广、越深时，你就觉得问题越多、越复杂，而又是越难，反而越觉得自己的知识浅薄。所以说求诸于外，只能积累知识而不是积累智慧；求诸于内才能提高思维能力，从而培养智慧。因此，学知识不等于学智慧。

知识和智慧的区别有明显的差异。就拿如今的中学生来说，从知识的拥有量来看，远远超过了孔子、孟子、诸葛亮等古代人物，古代时的数学、物理、化学等和现代相差得甚远，古代人的知识拥有量没有现代人的1/10，而他们的智慧却永远是我们学习的榜样。因而，学习知识的同时，必须努力学习智慧。

三、终生不断挖潜能

要真正懂得“天生我才必有用”这句话，就应该坚持不懈地学习，不论你的地位多高，也不论你从事哪一种行业，都应当把终生不断地学习当作座右铭。只有如此的精神境界，才能更好地发挥自己的才能。而发挥才能的同时，还必须充分地挖掘自己的潜能。只有这样，才能促使自己更加辉煌。

人的潜能犹如一座亟待开发的大金矿，蕴藏无穷，价值连城。

而每个人具有潜能的金矿都有待开发。但是，由于没有足够的条件进行各种必要的训练，所以人们的潜能从未得到淋漓尽致的发挥。然而，并非大多数人命里注定不能成为科学家，而是他的潜能没有全部挖掘出来，就是部分挖掘出来的也没得到有效的发挥。如果某人的潜能得以充分挖掘和充分的发挥，任何一个平凡的人都可以成就一番惊天动地的事业，都可以成为一个伟大的工程师、科学家。

实践证明，即使是创造了辉煌成就的科学家，在他的一生中，他的大脑潜能利用也超不过1/10，而脑潜能9/10闲置未能起作用。这足以说明人类的大脑是多么复杂，堪称是效率最高的信息处理系统。别看大脑的重量一般不到1 500克，其中却包含着100多亿个神经元，在神经元的周围还有1 000多亿个胶质细胞，它们都想为人类作出应有的贡献。然而，就是“无人”去把它们都“请”出来。人脑的储存量大得惊人，但绝大部分处于下岗待业状态。人脑又不同于机器，使用久了也不会发生磨损，而是越用越灵活越敏感，你怎么用它也不会有任何损伤，更不会发生故障，它最怕的是“下岗待业”。

人的一生中，大都是仅仅运用了大脑能力的1/10，就意味着有9/10的脑潜能白白浪费掉了。因此说不用白不用，用了不白用，它给你创造价值和财富。

人，活到老学到老。这一座右铭实在是太可贵了，而终生不断开发潜能是一项很有现实意义的任务，人的潜能如此之大，何不好好地把潜能挖掘出来，利用好，让你活得更潇洒。

第十一章
家人必懂　心理密码

提示："是好是坏，密码作怪"；"好中的坏，坏中的好。"这里边都有神妙的密码，你知道吗？在人们的内心深处都潜藏着的密码，这密码不是害人就是防人，如何破译人们的种种密码？而它又和血型有关系。这样的奥秘你肯定感兴趣，其中的一些事例还能让你深受感动。不读不知道，读后让你心开窍："莫测高深"、"循循善诱"。

第一节　心理有密码多人却不知

一、是好是坏　密码作怪

从心理学的理论观点来说，在每个人的内心世界里，除明码之外，还有数不清的密码，你知道吗？明码是用来做人的，而密码则是害人或防人的。所有的人都有好心眼，也都有坏心眼；因此，人们都是拿着明码待人，藏着密码不是害人就是防人。这里要特别说明的是：人的内心深处的密码和秘密是有区别的，秘密是指不能向人们公开说的事情，而密码则是用其言行来迷惑人或防范人的视听造成错觉，从而达到别有用心的目的。有很多人心中藏着密码，造成很多事情的现象和本质正好相反。比如说，某某人内心深处原本对你很好，然而你却认为他心中对你很坏；或者说某某人内心藏有杀机，他原本对你很坏，而你是怎么想呢，却以为他对你很好。这样的内心反差就会造成不堪设想的后果，为什么会发生如此不良的后果？说穿了，就是人们不能破译对方内心深处的密码，做不到及时而有效的防范。多年来，由于这种认识上的反差，造成了很多恶果。这就是人们常说的“人心隔肚皮，坏事真出奇。”其实，这种事情充分说明：“是好是坏，密码作怪。”然而，正是这种密码作怪的结果，却造成了很多难以想象的悲剧，有的人还蒙受着千古奇冤，比如：《水浒传》中的武大郎和潘金莲就是千古奇冤中的最典型的代表。

1.好中的坏

武大郎本名叫武植，山东清河县武家那村人，这个武植虽然出身贫寒，但聪颖过人，崇文善武，身高1.78米，长得英俊、潇洒，绝非外貌丑陋身材矮小之人，在小说及影视中却把他描写成：“三寸丁，谷树皮”的矬人形象，这种恶意丑化就是对其真实形象的损毁。武植年少勤奋好学，后来考中进士，出任山东阳谷县令，官拜七品，为官清廉公明，兴利除弊，可称为造福一方的父母官；并非是个沿街卖炊饼的平庸之辈。

武植之妻潘金莲乃是知州千金小姐，家住距武家那村1.5公里处的黄金庄，她本是个名门淑媛的贤妻良母，育有四子，绝非剧中所述：“裁缝家的穷苦女孩，九岁被卖做家伎。”说她是个美女荡妇，而又是个罪恶滔天的杀夫凶犯人物形象。这样一来，她就成为一个背负着千载恶名遭到世人唾骂的淫荡恶妇，实属比窦娥还冤的典型。

为什么这对恩爱夫妻会遭受到如此厄运？究其根本原因就是人性中的密码作怪的结果。事情的本来面貌是这样的：早年贫苦的武植，只因他讳植字童年称之为大郎。因求学受挫，曾经得到过一位姓王的同窗好友的资助，应当说没有姓王的慷慨解囊相助，武植就不能完成学业，当武植做官之后，姓王的家境败落，于是千里迢迢来投奔武植，本想会谋个一官半职，但武植却怕任人唯亲之嫌没能及时安排。王氏在武家闲住半年有余，不见任何动静，误认为武是个忘恩负义的小人，在愤恨与极度伤心之情形下，便不辞而别了。其不知就在王氏闲住武家之时，武植私下派人到王氏家乡重修房舍，购置田地和家当，预想恢复王氏败落前的家境，这本来是报恩之举，而王姓却以愤恨的心情甩袖而别了，更让人痛心的是他在回家的路上，到处张贴他编造的谎言，为了发泄他那心中愤怒的情绪，他凭空捏造，无中生有地编写材料，做些诽谤的文章，对武大郎和潘金莲实施了残酷的“毁容”，把武、潘夫妻二人的各种丑事，极尽了污蔑损毁之能事，造的声势之大、恶语之深，竟然达到了登峰造极的程度，企图让人们家喻户晓……

武植的同窗好友都如此宣传,说明武大郎和潘金莲人缘太差,武植为官得罪的当地恶势力,如西门庆等等人物,乘机推波助澜,他们加大力度煽风点火,添油加醋,于是造成了一传俩,俩传仨,七十二个传八十,真正形成家喻户晓的局面。有道是:谣言谎话说百遍则变成真有其事。很快有关武大郎和潘金莲的各种丑事几乎传遍了神州大地。什么街头巷尾,茶余饭后,无处不说无人不讲,而且是版本颇多,令其声誉遭到了极大的损毁。本来是好心好意的武大郎,却遭受如此的污蔑之冤,好心受到如此之恶报。

待王氏同窗回到家乡之后，发现家境如前，这才恍然大悟。立即原路返回，他在无比懊悔的心情下，疯狂地揭撕残留的标语，大肆收回恶语蔑言，拼命高喊：“我错了，我说的那些话，贴的那些标语，全是假话谎言!”但他这样举动却无人相信，为时已晚了。有道是：说出去的话如同泼出去的水，想收回来根本办不到。于是这对恩爱夫妻，千百年来一直遭受着世人天大的误解，至今仍然蒙受着千古奇冤。这就是心理密码在作怪的结果——好中有坏密码作怪。假如武植破译了同窗好友心中“愤恨”的密码，岂能出现如此后果；假如王氏书生也破译了武植心中的密码，也就消除了“愤恨”二字，岂能有不辞而别的举动……

2.坏中的好

事情往往是难以预料的,本来他对你存有杀机,内心时刻都想除掉你,施以假象来蒙骗你,而你却信以为真,认为他对你很好,结果上了断头台。这样的事例,古往今来实是太多了。“人心隔肚皮,坏事很出奇。”有些人所以上当受骗,跳进了陷阱,究其根本原因,就是看不透对方的心思,摸不准对方的脉搏,也就是破译不了对方内心深处的密码。前面说过的楚国的郑秀和珍珠的故事,就是最为值得借鉴的教训。说的是楚怀王的移情别恋上珍珠,爱妾郑秀非常的恼火,她对珍珠怀恨在心,嫉恨之心促使她尽快除掉珍珠,她内心深处的密码是“杀她”,而她却表现出“爱她”的行为,而这种行动表演得又是非常成功,她对珍珠百般热情,比亲姐妹还要亲上几分,郑秀给珍珠出的主意就是陷阱,只要是跳进了这个陷阱,就等于上了断头台。而珍珠却破译不了郑秀心中的密码,郑秀让她干啥她就去认真地去干,结果很快她就上了断头台。

有人在你前面给你设了陷阱，很多人却看不破，竟然毫不怀疑地跳进去，说明设置陷阱的人实在是个高手，智慧高明圈套才会出奇，然而上当受骗的人也不都是傻瓜，但这些受害者所以让圈套套住，其中的根本原因，就是不能破译对方心中的密码，不能及时而准确地掌握对方的真实心态。也就是说，他们不能彻底的明白“好中有坏是密码作怪”的原理。

最后必须说明的是：在一些有关的文学作品和戏剧的创作中，不论是《水浒传》还是《金瓶梅》以及影视的创作本身而言，无疑是非常成功的，要说其文学艺术的价值都在中国文学史上具有举足轻重的地位。但是为了创作上的需要或者说是剧情的安排，作者们都不可能也没有必要对这些道听途说的故事做确凿的考证。于是，这些文人墨客们，在他们取得文学艺术创作成就的同时，无疑对这些原本用以污蔑诋毁的种种谣言的流传，也起了推波助澜的作用，造成了像潘金莲、珍珠等人的千古奇冤。

二、男怕三请　女怕三哄

要说这“男怕三请，女怕三哄。”这是男女心中的密码，而这样的密码是人们从实践中总结出来的教训。说它是密码就是让人们知晓其中的奥妙，因为男人被请往往破译不了请者心中的密码，而女人被哄也很难破译哄她的企图，就是明知其中有诈，也难以躲身。但其结果都是悲剧，你说怕不怕？

1.男人为什么怕三请

人与人的交往，好比两军作战，在战争中有很多情况是很难预料的。比如说敌人发出的电报，我们收到的只是嘀嗒嘀嗒的信号，不知其中的密码，就破译不了其中的内容，不知其内容则不明白敌人目的和企图。两个人之间的交往，对方的言行也只能视为信号，别看他说得很好，做得也不错，如果是其中有诈，你要是破译不出来，那就必须是上当受骗。因为有些事情，往往是一种倾向掩盖着另一种倾向，现象是好的，本质是坏的，况且有些人口上说的和他心里想的根本就不是一码事，这种情况经常发生，让人们防不胜防，于是就想到一句古训：“害人之心不可有，防人之心不可无。”其实这句铭记于人们心中的古训，只能是说说而已，真正做到却很难。先说“害人之心不可有”。有的人好心却办了坏事，实质上就是害人之心。比如，你行善就是好心，可是你行善却无立场，结果却帮助了歹人的阴谋得逞，造成众多人受害甚至是死亡，你倒成了恶人的帮凶，难道说你的“好心”不是坏意吗？再说“防人之心不可无。”说来容易，做起来很难，你若是没有透过现象看本质的水平，没有识别真伪的眼光，没有明察秋毫的本领，没有多方面的专业知识，你就不能有效而及时地破译对方心中的密码。本来他对你已经起了歹心，而你却还蒙在鼓里，他给你设的陷阱，你毫不犹豫地跳了进去，防人之心岂不是一句空话？

为什么说“男怕三请，女怕三哄”？因为这里边大有文章，而且是很多密码都在里边作怪。可以肯定地说，世界上没有哪个男人不怕三请的，也没有哪个女人不怕三哄的。这里说的“怕”字是指难以逃躲的事实，“怕”不等于必须受骗，危险处处存在并不等于处处形成。先说三请。应当承认当今社会请人吃顿饭是一件很平常的事，然而故意“三请”则是另有文章：一请是拉关系，有了关系则会有来往，有了来往则会出现二请，二请之后必然是近了一层情感，接着就是三请，达到了“三请”，其中的奥秘，就必然出现苗头、请的目的就会出现。至于请者是何种目的，尽管不一定说明白，但被请者这时候也能知其一二。这里的问题是凡是要“三请”你的人，肯定不是一般的目的，然而有人要想“三请”你，他就会做到千方百计地请到你，这时候，他有办法请到你，而你却无办法推辞掉，盛情难却，要是你的顶头上司请你怎么办？如果你坚决不去，那样的不识抬举，你会有好果子吃吗？况且，上级领导请吃顿饭多数人都会感到荣幸，哪有不去的道理。谁也不敢说凡是请者都有野心。这就说明很多人破译不了请者心中的密码，往往是在蒙在鼓里的情况下中了歹心人的诡计。有一个传说实例能说明这个问题：在东北军张学良的军队里，有一个连长娶了一个非常漂亮的媳妇，被一个师长看中了，师长和连长之间级别相差很大，基本上没有直接的联系，于是这个师长则以同乡的名义请这个连长吃饭，当然，这个连长很荣幸地来到长官家里赴宴，逢年过节连请三次之后，他们关系也近乎了，情感也密切了，当然说话也就随便了，于是这个连长就提出约请说：“希望长官也到我家去做客。”这样的约请正中了师长的心意，因为师长用的是“放长线钓大鱼”的策略，像这样的心中密码，是连长做梦都破译不出来的。

这天，师长到连长家吃饭肯定是好酒好菜好招待，连长的妻子一看来了这么大的官，当然是忙里忙外献殷勤。然而，就在即将开席的时候，师长节外生枝地说：“你这酒我喝不惯，你马上到我家去取我爱喝的那瓶酒！”这位连长只好唯命是从地急忙去取酒，但他却万万没有想到师长借此机会强暴了他那可爱的妻子，当连长取回好酒之后，他也没有想到他的媳妇很会“演戏”。其实，他妻子已经看出了门道。她想：“木已成舟，生米已做成了熟饭，这丑事要是张扬，对连长、对自己、对师长三者都没有面子”，遇事冷静、思维敏捷的妻子在暗示自己：“这事若是闹翻了脸，对丈夫肯定没有好处，何不顺水推舟来个将计就计呢？”于是，这位眼光长远的妻子，就像没有发生那事一样，照常面带笑容热情地招待长官：“长官，你吃好，喝好，如有招待不周，看在咱同乡的面子上，你可要多多包涵！”“那是，那是！”师长端起酒杯连说了两个那是。连长接过话题：“老乡见老乡两眼泪汪汪，这是亲近的表现，今后还要请长官常来寒舍，谁叫我们是老乡呢！”；“那是自然啦，那是自然啦！”师长又是连说了两个“那是自然啦”的双关语。敏感的妻子急忙问：“长官说话算数？”“当然啦！当然啦！”师长说这话的时候，眼睛是看着连长的妻子的，因为他要办那个事的时候，她是不同意的，两人在支巴当中，师长承诺把连长提升为营长，她万般无奈才同意了……这就是人们长期以来流传下来的一句非常形象的笑话“撒手放营长！”只不过是这位连长被提升为营长之后，经常被师长派遣到外地完成军事任务，家中的妻子几乎都被师长霸占了……

2.女人为什么怕三哄

再说女怕三哄。应当说这“怕”并不是必然的，意思是说怕发生的事情也不一定都发生。当然了，怕发生的事是不愿发生的，然而，真的发生了，你就不怕吗？这里要说的是多么坚强的女人也挺不住男人的三哄。所以说女怕三哄，而“女怕三哄”这是自古流传下来的一句至理名言，它是针对女人害怕发生的内心的密码，如今来看女人，也可以说适用大多数的女人。当然，这“三哄”并非都是坏事，比如说夫妻二人吵架生气之后，做丈夫的实施三哄，结果促使两口子和好如初，这样的三哄则是褒义，但是，本来不想合好的妻子，经过丈夫的“三哄”回心转意了，说明这三哄起作用了，也说明了女人怕三哄。还有,男女交往发生了矛盾,若是男的主动赔礼道歉,一次、二次、接着又来第三次,多狠心的女人,到了三次之后,她肯定动心思,就是不想接受道歉,也会多少给点面子。女人心软是天性,往往经不住三句好话的诱惑。但是,也有的女人架子大身份高,不吃“三哄”这套把戏,这只能是对下属或平级人物,要是碰到降住她的大人物,也得乖乖地低头认哄,若是给脸不要脸,紧跟着的是倒霉,甚至是丧命。

当然,这里也必须说明,有些女人她能破译男人的密码,她们能做到防患于未然,大水未到先叠坝,跳出圈套迈过陷阱,让存有歹心人的阴谋不能得逞。但是,躲过了初一,躲不过十五,女人怕就怕在有人看中你,经常想着你。有道是:“不怕贼偷,就怕贼想。”意思是说你被贼偷了一次,事情就结束了,若是你被贼惦念上了,他老是想“偷”你,那可就没完没了啦。早早晚晚你逃躲不了被“偷”的灾难,要想彻底逃出这样的火坑,只好搬家远走高飞让歹人永世不能相见,这样,必须付出很大的代价,那你说怕不怕?然而,女怕三哄,真的就出现了三哄,怕与不怕都受“罪”,结果还是应当说:“女怕三哄”,往往是难以躲身,跳进了陷阱。

三、破译密码　办法提示

既然是歹人心中藏有害人的密码,就应拿出针锋相对的办法进行有效的破译。这事说难也不难,再高明的人也不可能把害人的密码藏得滴水不漏,他也会在不知不觉中把他内心世界暴露点儿苗头,只不过是暴露的程度和方式不同罢了。有道是:“只要你想做坏事,就不可能把你的企图隐蔽得十分彻底。”雀过还会留个影呢,能人背后有能人。常言道:“会说的不如会听的,会听的不如会看的”。善于发现蛛丝马迹,就要学会更好地利用自己的眼睛和大脑,通过细心观察和认真地分析形形色色的现象以及对方的种种举动行为,就可看穿对方的心思,能看透其中的奥妙,就能破译对方心中害人的密码。当然,也不否认有的密码目的是好的。

1.心理暗示破陷阱

所谓心理暗示，是指遇到某种可疑情况，用一种自我暗示的设想来面对当前势态的发生。应当明白，有很多情况是一种倾向掩盖着另一种倾向，这另一种倾向，你就应当视为对方心理的密码。比如，有人主动向你套近乎，这种倾向必定是掩盖着另一种倾向。“防人之心不可无”这时，你首先要暗示自己：“他来干什么？他要干什么？是来求我？还是想利用我？”这一系列的问号暗示自己的头脑，精神上就会有所准备，既然他主动与你套近乎，可以肯定对方是有动机和目的的。应当承认凡是主动套近乎的人，都是为了他的目的而表现出亲近，往往是以笑容相见，以尊重你的态度和你讲话。这时候，有两种人你必须分清楚，一是熟人，二是陌生人。熟人和你套近乎，不一定都是存有歹心，可能是他过去曾经冷待了你，今天见面主动打招呼是想缓和一下关系。如果他想进一步向你靠拢，从他的眼神可以看出破绽，假如他对你有野心，肯定在表现上更加热乎。“野心”就是对方心中的密码，至于他内心是什么目的，他绝不会明说，这时你应当暗示自己：“应当对他戒备才能防患于未然。”……

陌生人向你套近乎也不能全都视为歹心，但有两种可能，一是他根本就不认识你，他所以和你套近乎，大都是为了眼下他个人利益，比如问个道啦，讨个钱啦，或临时求你帮助等等；二是，你不认识他，而他却认识你，这种人和你套近乎潜藏着危险，而你却不知道。但是，他肯定会表现出一种势态，对这样的“陌生人”你必须有所察觉和预感，从他的言谈举止中发现破绽能否看出问题，识破天机就要看你的智商如何了。

有一个例子能说明这个问题。张丽娜小姐是一位有名气的公关小姐，因为某件事情她得罪过一个人，这个人对她怀恨在心，决定除掉她以解心头之恨。这天，她要去办一件很棘手的事情，半路上碰见一个年轻小伙，他主动向她招呼：“亲爱的小姐，你好哇！我认识你，可你不认识我吧！”陌生人的话语引起了张丽娜的暗示：“此人有问题，必须弄清楚他的动机？”她马上产生一种预感：“坏啦，他可能是个坏人，如果他不是坏人，肯定是有来意的！”于是她停住了脚步，慢声慢语地回答：“认识我的人很多呀，说不定这周围就有认识我的朋友，你有事吗？”“当然有事啦，若是没有紧急的事，那就不麻烦你的！”；“什么紧急的事？你快说！”；“我想请你吃顿饭，你愿意去吗？”；“这是从何说起，你为什么要请我吃饭？”张丽娜感到很奇怪，于是她立即回绝：“我不去！我也不认识你！”，“你今天必须去，你要是不去，我就会死的！”闻听此言张丽娜惊讶了：“真是太奇怪了，我不去你就会死？岂有此理？”张丽娜暗示自己：“这个小伙子肯定是个坏人，他用死来威胁我，还说有紧急的事，这里边的问题很严重，我必须弄清楚。”于是她和颜悦色地说：“既然同你去吃顿饭能救你一条命，那我就去吧，你头前带路！”张丽娜暗示自己：“饭馆可能就是陷阱，也可能是顿鸿门宴，一定要多加小心。”

到在饭馆里，年轻小伙很有礼貌地把张丽娜安排在一张桌子的正面，坐下之后，他说：“我是受一个人的指使，必须把你请到这里来，要是请你不来，他就要我的命，但我不知道为什么？”，“是吗？这么严重！你为什么不问一下为什么呀？”，“我不敢问，因为他是个拿枪的人。”“他有枪？你认识他吗？”“不认识，但他说认识我，如果我不按着他说的办，他就用枪崩了我。”“哎呀，这是怎么一回事呢？”张丽娜正在纳闷，这时候，饭馆门前停下一辆轿车，从车里急忙下来一位穿皮夹克的人，这个人就是张丽娜的爱人。此时此刻的张丽娜才恍然大悟：“这里不是陷阱，而是最安全的地方。”她爱人对她说：“我接到一个紧急电话，让我到这里来接你，要是你不在这里，那就是死啦！”，“哎呀呀！真危险，要不是这个小伙请我到这里来，我肯定很危险，这就说明我今天要去的地方那里就是陷阱！”张丽娜这才暗示自己：“原来今天约请我去办事的人，他内心中的密码是杀我。”

2.事先声明见彩虹

要说事先声明的事情很多，比如说你求人办一件事情，被求的那个人说："这事我可以帮你办到底，但我事先声明，绝不收你一分钱，你要是给我钱，我就不给你办了。"这种人心中的密码是什么？帮你办完事，也不要你任何好处，并且做到了事先声明，不管你和他过去有过什么来往，但这种说法你能猜透他的心思吗？若是猜不透则弄不清，而弄不清你就无法对他报答。然而，对方的确是有所企图，其实，被求者是想破译你心中的密码，有一件事情可以说明这个问题：河北省有个小山村，村子的名称叫靠山峪，其中一家三口人，夫妻二人和一个不满10周岁的男孩过着美满幸福的日子。然而，天有不测风云，人有旦夕祸福，丈夫上山砍柴不幸掉进山涧身亡，撇下独儿寡母难以维持正常的生活，尽管家境不算贫寒，但失去丈夫的女人一时间难以度日。没想到祸不单行，她那10岁的儿子为给奶牛打草上山迷了路，两天一夜没有回来，急得她这寡妇不知如何是好。她到处求人去寻找她那宝贝儿子，并说："谁帮我找回儿子我送给他两头奶牛，就是找不回来儿子也是每人发给百元的路费。"乡亲们纷纷出动，帮她去寻找儿子，这时候，有一名男子名叫鲁智，他对她说："大嫂，我事先声明，若能找回你儿子，我啥也不要，若是找不回来，我绝对也不要你的路费！"这话让她听了感动得热泪盈眶……在寻找她儿子的山上，鲁智就像寻找自己亲生儿子那样的心切，又是非常的细心，过了一天一夜之后，乡亲们大都以失望的心情开始往回返，然而鲁智却不死心，他抱着希望继续寻找。天黑了，他爬上山顶，高声喊叫她儿子的名字："阿宝，你在哪儿……"他的喊声在天空中回荡，但无回答的声音，茫茫的深夜，他又下到半山坡继续远行。迷失路的阿宝已是二年级的学生，他知道妈妈会着急的，也一定派人来找他的，他暗示自己："向前走绝不停，一定能走出山去！"然而，他却是越走越远，道路是陌生的，但他却有信心，饿了，他摘酸枣吃，渴了他见到露水就用嘴舔，现在天又黑了，他知道这是第三个夜晚，趁月光他仍然走个不停，走着走着他哭了，边哭边喊："爸爸！爸爸！你在哪？我是来找你的！你给我指条路吧！我迷路了，我已经走了三天三夜啦，我要回家！妈妈会着急的！"他嘴叨念着，还是向前走，他坚信山是有边的，也是有固定地点的，只要是一个劲地向前走，肯定就能走出山去，见到村庄就会有人帮助他。孩子毕竟是孩子，他这天真的想法会实现吗？"山是有边的，也是有固定地点的"阿宝确信不疑，已是二年级的小学生听老师讲过有关山林的知识。然而，迷了路的他却不知道如何走出山林，因为他老是绕着圈走，怎么走也走不到山边上，但他仍然拄着一根棍棒继续地走呀走，深夜，他越走越害怕……

真是越怕越出鬼，突然间，阿宝发现前面有两个贼蓝色的光亮，紧接着又听到一声号叫，他明白这是野狼的号叫，因为他听爸爸讲过野狼的故事，爸爸说："野狼在夜间的眼睛里能发出蓝色的光，野狼怕火，怕人蹲，见到狼要蹲下，只要你蹲下野狼就不敢往前走了。"阿宝灵机一动，他立即蹲下来，果然，当他蹲下之后，面前这只狼就停下了，他和野狼对视着……

过了一会儿，他突然站起来，手拿棍棒高高举起高喊："爸爸！爸爸！快来救我，这里有野狼！……爸爸！你在哪儿？我想你呀！妈妈更是想你……爸爸呀！我的爸爸，我想妈妈，我想回家……"阿宝紧握棍棒不断地喊着，他用喊声来壮胆。但他万万没想到他这喊声却有了回答："哎！阿宝！爸爸在这，你别怕！我来啦！你等着啊……"不一会儿，阿宝看到似乎是从天上飞来一个人影，这人站在他面前："阿宝哇，我就是爸爸，别害怕，可找到你啦！"由于过度紧张此时此刻的阿宝有点儿昏迷了："你真是爸爸，我在做梦吧？"，"不是做梦，我就是爸爸，别怕，爸爸带你回家！"，"野狼要吃我！"；"有爸爸在，甭说野狼，就是野虎爸爸也能打跑它！"

鲁智趁深夜把阿宝背回到家，妈妈急忙扑过来说："谢天谢地，谢谢你这个救命恩人，阿宝哇，你睁眼看看，他是谁呀？"，"他是爸爸！"，"不对，你爸爸能背你回来吗？他是你鲁叔叔！"，

“你才不对呢！他是我爸爸！”此时此刻的阿宝仍然处于朦胧状态，他的心情还没有彻底醒过来……

她对鲁智泪流满面地说：“你……我怎么感谢您呀？这……”她说不出来如何是好啦。“我事先不是声明了吗，我不需要你感谢我，我走啦！”鲁智说着就向外走，她用双手拽住他说：“既然孩子向你叫爸爸，那你今后就当他的爸爸吧！你同意吗？”……

有道是：“不经风雨，怎能见到彩虹。”鲁智这个光棍汉这时破译了她那心中的密码，而他那事先的声明也是心中藏着密码的。

……

3.穿针引线揭谜底

所谓穿针引线，就是在来来往往的人际关系中，采用提话引话的方式，也可以说是用软磨硬泡的手段，又称见缝插针的技巧，来探讨对方心中的密码。其要点是不断地引导对方发生错觉，在使对方蒙在鼓里的情况下，最后把对方推入火坑进入陷阱，从而达到自己设想的目的。

这里说的穿针是手段，引线才是目的，能做到了穿入其针，才能引出线来。因此，说穿针要表现出“真诚”，引线才会见成效，没有“真诚”的表演，就难以引导对方进入圈套，对方不能进入圈套就不能跳进陷阱。举例如下：

大家知道，“窈窕淑女，君子好逑”这句话的意思吧。这里要说的这个窈窕淑女名叫李逑萍，她生在农村长在城市，由于她从小勤奋好学，具有一种非凡的为人处世的才能和种种技巧，也就是说她有迷人的本事，再加上她年轻漂亮，可以说她具有得天独厚的交际资本。她财经学校毕业，被一家的小公司的小老板杜春看中聘请她为本公司的出纳。做出纳这个工作，主要是记记账跑银行干点儿零活，没有实权。虽然她没有实权和地位，但她却有野心，她总是想出人头地，往上爬。因财务实权握在会计手里，而这个会计就是公司小老板杜春的爱人，名叫李娜，会计和出纳之间在业务上最密切，李逑萍为了讨好小老板杜春，她明白首先要和李娜搞好关系，这一点她看得很清楚。她向李娜叫婶婶，这个聪明伶俐的李逑萍，她左一个杜婶，右一个婶妈，非常殷勤地干这干那儿，她采用种种引诱手段，表现出她对李娜的绝对“忠诚”。感动得李娜都张罗着为她购买嫁妆，她对杜春说：“李逑萍这孩子非常可靠，将来是我们的好帮手。”杜春回答：“你可要好好地培养她，既然你认为她可靠，就应当把会计这个活交给她干。”李逑萍把李娜忽悠得很是转向，真的让李娜找不到北了……

再说杜春，他是个精明强干的能人，善于花言巧语地与各种人物打交道。有人说他能把“死人说活了”，这还不算他的真本事，要说他最大的能耐是善于察言观色，使用招数来看透别人内心的密码，并且及时地采取针对性的措施，他让对方想不到的行动促使对方心悦诚服，不论何许人也，只要是和他打上两次交道，就能让对方心服口服，不但让对方印象深刻还能让对方产生好感而敬佩，导致甘心情愿地为他效劳。有人对他评价说：“杜春人缘好，是 因为他有缘人的能耐，他最大的特点是为人办事有水平有吸引力，当然，他办事就易于成功。”杜春所以有这样的评价，是因为有很多的事情作了证明。比如说在别人看来是件很难办的事情，或是根本就办不到的事情，要是让杜春去办往往是轻而易举地办成功。就凭他是个普通的铁路职工，他能把他妻子李娜，由偏僻的农村调到大城市，还能把农业户口转为城市居民户口。李娜原本是个小学语文教师，他能想办法利用种种计谋让她转为重点校的高中教师，工资一次提了三级；人们住房是那样的困难，而杜春却能耍手腕找到铁路局长批给他两室一厅的好住宅，并且还把自己是个车站货运员提干调到铁路局机关当上副科长。所有这些都是他见机行事善于穿针引线的结果。有人说他神通广大是因他有能够通天的本事，也有人猜测他是有大干部的后台，究竟如何，在人们的心中只能是个谜，其中的奥秘在于穿针引线。

改革开放以后，他灵机一动，辞职下海，经营一个热门公司，很快就成为一个百万富翁。像他这样一个神通人物，要是看中一个窈窕淑女，那还有个跑。在公司的办公室里，会计李娜和出纳李逑萍形影不离。她们整天在一起，下班后，李娜总是把李逑萍送到单身宿舍的门口，才回家做饭料理家务。杜春的“野心”难以实现，有道是：“世上无难事，只怕有心人。”要是男有情女有意总会创造机会如愿的，因为杜春和李逑萍在日常生活中早有情意。

这天，趁李娜去卫生间的机会，杜春乘机行动，因为穿针引线是杜春的拿手戏。他走到她的办公桌前问道：“身无彩凤双飞翼，你知道下一句怎么说吗？”敏感的李逑萍灵机一动立即回答：“心有灵犀一点通。”杜春接着说：“今天晚上该我值班。”她马上回答：“我明白你的心意！”为了避免李娜的怀疑，李逑萍照常下班回单身宿舍，到晚上她又回来了，他和她终于实现了双方渴望已久的心愿……

这样以后，杜春是满足心愿，实现了“野心”，而李逑萍却没有达到目的。杜春在快乐之时狂妄地说：“有钱能使鬼推磨，这句话也有一定哲理。”然而，李逑萍却把脸一绷回答：“无钱没人把磨推！”杜春急忙问：“你这话啥意思？”她板着面孔问：“我是不是处女？”，“是呀，这个我已和你说过了。”，“那好，我现在正式向你提出，你必须离婚我要嫁给你！”聪明透顶的杜春无话可说，只好听从李逑萍的摆布，半年后他和李娜离婚了。气急败坏的李娜在忍无可忍的情况下，扔下10岁的儿子，走了。所有这些就是用穿针引线的办法破译对方密码的结果。

4.声东击西现原形

顾名思义，这声东击西的含义，应当理解为：“口说向东走，实际企图是向西去。声东是手段击西是目的。”用这样办法来探讨人们心中的密码，具有独特的意义。因为人们的心理活动是非常复杂的，有些人在很多情况下不暴露真实用意，也就是说他们心理上的密码是很难破译出来的，破译不了密码就不知道他们的心思，因为人们的心思是多种多样的，有很多表现和行为让人琢磨不透彻。

比如，张三说了一句话，是啥意思？李四琢磨好长时间也没有弄明白其中的含义，为什么？这就是不能破译对方心中密码的缘故。

人们在日常生活中，经常碰到难以解决的问题，有些人说出来的话或办出来的事，因为他别有用心，叫人不解其意。他说是为你好，而你却怀疑他的用意，遇到这种情况，你就要下工夫破译对方心中的密码，而破译密码的有效手段之一就是声东击西。不论是谁，都有一种逆反心理在作怪，越是强硬的命令，他越是不愿意服从，这种心态就是逆反心理。上级对下级往往用命令来布置任务，其实下级对上级在心理上大都一种恐惧的坏印象，假如某个领导在紧要关头破译了下属人们心中的这种密码，不说是命令，不用命令的口气，把“命令”二字改为“拜托”，因为你不是军人，人们不习惯接受命令的口气，若是把命令改成拜托，则可立即扭转彼此之间的关系，消除逆反心理。“拜托”二字是手段，“完成任务”是目的。下级员工若是存有反抗心理，他能积极地去完成任务吗？而声东击西的办法就是巧用心理上的逆反性，来破译对方内心深处的密码，有一件事实可以说明这个问题。

江北村的村长改选即将开始，无恶不作的村长把他的亲信爪牙和得力打手召集在一起。他说：“由县、乡组成的选举监督小组后天就到咱村，你们可要注意动向，对那几家的表现必须做到心中有数，明白吗？”有个亲信立即表示说：“请村长放心，我们都有准备，拉选票我都布置好啦，保证都会选你。”有个打手急忙补充：“我保证，要是有人敢奓翅，看我怎么收拾他！”“不能收拾！”村长说：“在这个节骨眼上，别给我惹是生非！”村长用他那吓人的眼光看着大伙说：“一切听从我的具体安排！”“是！是！是！”

村长所说的那几家人也在秘密地商量对策，有的说：“这次改选绝不能让他连任，我们要采取有效措施叫他落选，只有这样才能发动群众揭发他的罪恶！”“什么有效措施呀？你倒是说说哇！”，“大家都不投他的票那不就解决了吗！”“看你说的，谁敢不选他，就是有人不投他的票，那也是少数，不起作用，况且他的人到处拉选票，也都给了好处!”“事在人为嘛，我们为啥不活动?”“怎么活动，你要是敢表示反对，立刻有人给你眼罩戴，这样的教训还少吗?”“我有个绝妙的办法，那就是声东击西!”“具体说说如何声东击西?”“我们可以公开活动，打着拥护他的旗号，干着反对他的勾当，拥护是假，反对是真!”

监督小组召开群众摸底会议，这几家的人都积极参加，在会场上都表示同意他继续当村长。有的说:“村长在过去虽然批评过我，现在想起来，那是我有缺点，他是爱护我，我坚决拥护村长连任，我要投他一票!”“我家虽然和村长闹过纠纷，事情也不全怪村长，我家也有错误，当今，时过境迁，我还是拥护他继续当我们的村长的!”其实这些发言人心中都是有密码的，不过这些人心中的密码没有被村长破译出来，然而这几家人却都破译了村长心中的密码。村长很高兴地让这几家人发选票……

这几家的人积极行动起来，他们采用八月十五杀鞑子的办法，在选票里加了一个小纸条，亲自送到每一个选民手中，大家一看全明白了，选举结果，村长落选了……

有道是:“树倒猢狲散。”村长一落选，亲信也不亲了，爪牙也不张牙舞爪了，打手们也都自动退了场。在正义的感召下，知情人开始揭发村长的罪恶……最后由法院宣判了这个村长的三大罪状:“一是贪污巨款；二是霸占女人；三是一条人命!”贪污和霸占女人的罪过应当判刑，而人命关天这罪过那就到顶峰了，杀人偿命理所应当，而手段极其残忍:有人亲眼看到，他在一个下大雨的天气里，把一个没穿衣服的女人，用推倒的墙活活地压死!

这就是:“多行不义必自毙，声东击西现原形。”

5.善意谎言密码灵

(1) 欺骗是密码，好坏在其中

要说用善意的谎言欺骗人么,可以肯定地讲,每个人的内心深处都存在,而且几乎人人都曾使用过,只是使用的对象和程度不同罢了。再说欺骗手段,也肯定地说,人们都去欺骗人,又都受人欺骗,这是从心理学的理论得出的结论,因为这是一种心理现象,也是心理中必然存有的密码,它是客观存在的心理活动。所以说人与人之间经常发生相互欺骗的行为,世界上充满了欺骗就像世界上充满爱一样处处存在,这是不以人们的意志为转移的事实,也是一种定而不可移的哲理。它所以如此存在,这是由于世界上充满矛盾的原因。从辩证的理论来看这个问题,一切事物都存有矛盾,有矛盾就会产生心理活动,也会由于心理现象而出现种种问题,然而处理这些问题时,就必然出现相互之间的欺骗行为。因为人的心理密码中就有欺骗。

既然欺骗现象普遍存在,就应当认真对待,而认真对待的表现,就是如何做好欺骗他人,而他人应当很好地接受欺骗,如果有人认为这是一种奇怪的现象,那是因为他还没有明白欺骗行为的真实性,以及由于欺骗行为而产生的好与坏的后果。

打人骂人以及杀人放火等,不论怎么说,也不论怎么解释,都被人看做是坏事,只有欺骗人和受人欺骗,却有好坏之分。应当把善意的欺骗和恶意的欺骗两者分开,这就是说有些欺骗人的行为却不是坏事,只有那伤天害理的欺骗行为才是天诛地灭的坏事,正是由于这好坏正反两方面的现象同时存在,才会出现相互破译心中密码的可能性。如果已经破译了对方心中的密码,来实施所谓的欺骗行为往往是件好事。比如说某某人得了胃癌,病情已到了晚期,于是家属和大夫合伙对某某人进行欺骗。大夫说:“你这是一般性的胃病,是完全可以治愈的。”家属安慰说:“没问题,听大夫的,很快就会好起来的。”正是由于这种欺骗的结果,某某病人多活了好长时间,像这样的欺骗岂不是件好事。家属和大夫所以合伙来进行对病人实施欺骗,就是因为人们破译了得癌病人心中的密码,其目的就是不让病人的精神堡垒立即坍塌下来而导致病人尽快死亡。

(2)善意的欺骗结果是英明

有一个真实的故事更能说明问题,由于众人长期欺骗的结果,让一个军属老妈妈含笑去世,这件事轰动好多人,至今还让人们回味无穷。说的是河北省有个赵家庄，一个军属老妈妈名叫杜英，她有个宝贝儿子，名叫赵进有，他是杜英23岁就守寡守着的唯一的希望，土地改革的那年，为了保卫斗地主的胜利果实，赵家庄的青年一个没剩，全部参加了八路军。赵进有参军后打仗非常勇敢，很快就成为战斗英雄，多次立功受奖，喜报传到村庄，乡亲们敲锣打鼓地进行庆祝，杜英这位老妈妈喜上眉梢，逢人便说："我儿有出息，全庄人都跟着沾光。"时间长了没有儿子的消息，杜英着急了，她找到村长问："进有儿怎么这么长时间没信啦？是不是打仗打死了？"村长回答说："现在是抗美援朝最紧张的时刻，进有在朝鲜打仗，哪有时间写信呐！""打仗会死人的，要是进有死了我也不想活了，你们千万别瞒着我！""大嫂，别说那个不吉利的话，老天保佑，进有不会死的，回去的，要是接到进有的信，我一分钟也不耽误，立马给你送去！""那好，我回家等着去。"

说来也巧，就在这天晚上，村长就收到了部队转给家乡政府的"赵进有光荣牺牲"的通知。村长心想："这可咋好哇？"村长在考虑再三的情况下，当夜他就召开了一个村党支部的紧急会议，让大家研究一下怎么办？党员们问村长："老村长你拿个主意吧，你先说说咋办？"村长犯难了。最后他说："要我说呀，这事要保密，不能实说，那样的话太让她伤心了，杜英就怕儿子死，她一旦知道进有牺牲了，她也会死的，我们要说进有来信了，叫她高兴高兴。"于是村党支部做出决议："严格保守秘密，谁泄密开除党籍！"村党支部这项绝密的决议一直保守了二十多年，村长把进有的抚恤金，分期送到杜英手里，说是进有寄来的钱，杜英每次接到钱就说："这钱我不能花，要给进有攒着娶媳妇，我们老赵家不能断后！"

杜英这位老妈妈盼儿回故乡心切，她每天都要到村口的一块大石头上坐上很长的时间，而且是风雨不误，她盼着进有儿从外地回来，又怕他找不到家了，也希望儿子回来第一个见到的是妈妈。她坐在那块大大的方块石头上总是叨念着同一句话："儿呀，你寄来的钱妈没花，攒着给你娶媳妇，你快回来吧，咱赵家可不能没有后人哪！"因为赵进有是个五辈单传的独根苗,杜英心中最怕的就是赵家断后……

(3)"儿子"终盼回,其实是冒充

真是不巧不成书,转眼间二十多年过去了,老村长也退位了,他呆着没事,老是背着一个粪箕子在村口转悠。这天,他在村东边的岔路口上遇到一个中年男子向他问道:"请问老大爷,前边那庄是赵家庄吗?","是啊,你有事吗?","我是来找人的?""找人?你找谁呀?""看样子你是赵家庄人啦!""当然,我就是赵家庄的老村长!""哎呀!太巧啦,请问你们庄有个叫赵进有的人吗?""哎呀呀?你找赵进有?你找他干啥?""我找他有要紧的事,有没有这个人吧?""有是有,不过你找不到他啦,他已经……"中年男子没等老村长往下说,就抢着说:"这个我知道,我是他的战友。""你是他的战友?那你说说你来干啥?""我……我……"中年男子有点儿难说,老村长却着急了:"吞吞吐吐的干啥?有话快说!""我这条命是他给的,我在朝鲜战场上被大炮震昏了,是进有背我几十里……要不,我就没命了!""现在来,早你干啥啦?""我失去他的地址,一直再三寻找线索我是来北京旅行结婚在一家旅馆里,偶然间打听出来的这个赵家庄的线索!""那好啦,你算是找对人了,你要是碰见别人,那可就是坏菜啦!""你这话是啥意思?什么坏菜啦?""走吧!你跟我走,一切你就会全明白的。"

老村长秘密地把这个中年男子领到了自己的家,他立即把村中有关人员召集在一起,商量如何办?还是有个老党员说:"老村长,还是你拿主意吧,这戏演到今天该收场了。"老村长想了想说:"既然如此,我看还是来个将计就计地把这出戏演好,演到收场!","那你说说具体方案吧!"老村长在一些老党员的催促下终于把他的想法说出来啦,大家一听都认为很好:"就照老村长说的办,"老村长最后说:"杜英年近古稀,眼都瞎了,但她的耳朵却不聋,我们大家一定做好准备,才能把这出戏演到底!"

(4)村长做"导演"妈妈见真情

唱主角的中年男子在老村长的"导演"下开始登场了。杜英老妈妈和往日一样，照常坐在那块大方形的石头上，盼望着儿子归来，她仍然叨念她那句嗑："儿呀，你寄来的钱，妈没花，攒着给你娶媳妇，你快回来吧，咱赵家不能没有后人哪！"……就在这时候，一个中年男子走到杜英跟前喊了一声："妈！你是妈妈，我是进有哇！"只听"哇"的一声杜英哭了："进有？儿呀，你是进有？我的儿子？"，"对！我是进有，妈！我回来了！""终于盼回来了！我是在做梦吧？""不是做梦，我是进有真的回来了！""让我摸摸，你不是冒充吧，进有耳边上多块肉，你若真是进有，我一下就摸出来！"杜英边说边摸中年男子的耳朵，忽然间她高喊："对，一点儿不差，是我儿进有，这么多年口音变了，耳朵没变！"紧接着她又哭了："儿呀，你可回来了。"于是她那双手不断地捶打中年男子的胸脯："没心没肺的东西，这么多年，你不知道妈想你吗？你咋到今儿个才回来呀？""妈！我怎么不知道哇，我天天在想你呀，这个想是我恢复了记忆才开始的！""儿呀，你咋的啦？""妈，你是不知道哇，我被大炮震傻啦，大炮真厉害，我昏迷了很长时间，我一直住在医院里，谁也不知道我是谁，我也不知道谁是谁，现在好啦！""好了就好哇，咱们快回家，妈在这块大石头上等你足有20多年啦，我总觉得有一天你一定会回来的，这不是实现了吗！真是老天爷有眼哪！"杜英一手攥着儿子的衣角，一手拄着一个拐杖边走边叨咕："儿呀，你寄来的钱，妈没花，攒着给你娶媳妇，咱赵家可不能断后哇……"

老村长和乡亲们"听说"赵进有回来了，大家纷纷来到杜英这个老妈妈老军属家看望祝贺，老村长和一些老党员们故意说些特别高兴地话。大家的到来杜英格外欢喜，她逢人便说："谢天谢地，谢谢大伙这么多年对我的关照！"当她摸到老村长时特别地两手攥住他的手说："老村长，咱们都老了，可我总算是没白盼呐，终于把儿子盼回来了，我就是死了也能闭眼啦，我这个老太婆多亏你的关照，今天大伙在我没有别的要求，就是希望大伙快点儿给我们进有张罗一个媳妇，这是我的夙愿！"老村长接过话茬儿说："老嫂子，你那点儿心思我早就看透了，你在大石头上天天叨念，我的耳朵都听出茧子来啦，你放心我都给你安排好啦！"，"安排好啦？咋安排的？”杜英追问：“说说呀？”，“我已经派人去给进有找对象去啦！”“这么快？”“你不是着急等着抱孙子吗？”“这……这叫我咋说呢？”杜英感动得说不出话来了，她那激动的眼泪不断流淌在她那腮帮子上……其实老村长说是给进有去找对象，实际上是派人去接中年男子的新婚媳妇去了，这是为了演出最后的一场戏……

(5) 好戏演到底“儿”为妈送终

这是一个秋天的清晨，杜英老妈妈真的娶儿媳妇啦，大红喜字贴在了大门上，张灯结彩，鞭炮声声，前来贺喜的客人络绎不绝。老村长亲自主持婚礼，杜英高兴得不知如何是好。她对老村长说：“进有能这么快就娶上媳妇，这都是你努力的结果呀！”“看你说的，老嫂子，你心里那个密码，我早就破译出来了，我努力是应该的，你就好好地活着等着抱孙子吧！”“是呀，照这样下去，我们赵家可大有希望啦！你可是头号功臣呀！”“老嫂子，我不求有功但求无过，只要你高高兴兴地活着，全庄的乡亲们都没有白努力。”老村长这一语双关的话，杜英这个老妈妈却不知其中的密码，更不明白老村长说的那“但求无过”的含义……

三年之后，杜英病危，儿子、儿媳，还有小孙子，在床前伺候。老村长来看她时，她已经是奄奄一息了。她微笑着，气息微弱地对老村长说：“我真高兴啊，儿子回来了，孙子也有了，谢谢你吧……”她含着笑容走了……

在杜英这个老妈妈含笑九泉之后，人们把村东道口边上的那块方形的大石头上刻上了三个大红字——望儿石，以便后人都纪念这个军属老妈妈。

第二节　血型与气质密码在其中

一、血型不同　密码各异

有道是：“江山易改禀性难移。”意思是说人的性格品质是难以改变的，也可以理解为人的性格是定型的。比如说某人的脾气很犟，就是说他生来就是个倔犟的人，谁也改变不了他那犟劲。然而，他为什么产生这个犟劲？是什么因素促使他这样的犟？事实证明血型是个关键因素。经过心理专家研究许多人的例证，可以有效地证明：“人的血型与性格特征有着密切的关系”血型决定性格的论断是实践证明的结果。性格不同的人，心理上的密码也是不同的。

大家知道人的血型分为O型、A型、B型和AB型四种类型。现在我们就以这四种类型的典型人物，列举出人的血型来说明其性格特征和他心中的密码。尽管不十分准确，但这样的实例，也会给你很大启迪。

1.O型血的人性格与密码

赵玉秀是个一般干部，他对待人的基本态度是具有强烈的伙伴情感，在他内心的密码里有一种需求伙伴的意识。并希望彼此能够很融洽相互信赖。因此，他对于亲朋好友和同事等都视为亲密的伙伴，只要是和他发生交往，他都能用一种长者的风度给他们热情地照顾，并且还能敞开胸怀与他们推心置腹地进行交谈和真心实意的进行来往。相反，他对于不了解的陌生人，却有很大的戒备心态，对于他不认识的人，他总是以冷淡或漠不关心的样子来个一问三不知。

赵玉秀与他人交往好走两个极端，好则很好，坏则很坏，他对待与他好的人，他能表现出很有涵养，而且是非常信任，表现出一种不容破坏的家族情感和伙伴式的友谊。由于他内心有这种亲密感的意识，对友好的人不存戒心；相反，他对于关系破裂的人，则无情指责抱着破罐破摔的态度，造成很坏的人际关系，因此，赵玉秀与人交往的范围只局限于亲朋好友之间，呈现出一种封闭式的社会交往关系，这就是O型血的人一个特点。

赵玉秀这个人另一个特点，就是很不外道。凡对他亲近的人，他都无所顾忌地擅作主张把自己的爱好强加于人，他自以为是，把自己所喜欢的事物或自以为对的事物，通通认为别人也喜欢也认为对，硬性要求别人也要和他同样地去做，去执行，如果别人表现出不愿意，他就会立即翻脸，这种行为招来别人对他的反感，从而导致人际关系迅速破裂，造成事与愿违的结果。

赵玉秀的性格特征还有经常说些过头的话，他对细小的事情往往不在乎，他喜欢与人坦诚相见，他反对那些八面玲珑的处事态度和凡事都要讲道理的强辩作风。但他却有“目的指向性”的密码，这种密码就是看人下菜碟。他在处理人际关系中充分地表现出来。他所交往的对象都是有明确目的的，他用得失轻重来区分不同的人物而采取不同的手段，这种心理倾向非常严重。对利害关系重者，他要使用各种手段促使对方相信他，对利害关系轻者，则表现出不愿交往的姿态，即便是交往也是轻描淡写地应付几下。

赵玉秀这个O型血的人，因其血型之故，必然也有其作风特点，当他和别人发生矛盾和纠纷的时候，有一种不记恨的心理倾向，他常说事过就拉倒，这种不记仇的心理状态往往被别人看做是个傻瓜，其实他并不傻，只不过是一种软欺硬怕的作风。因此，要想与他交往就应当对他实施必要的强硬态度，这样就能准确地判断他那种种心情，千万不要被他那表现上的激情所左右。

像赵玉秀这样的人，表面上看他对陌生人很戒备，其实是个纸老虎，只要是你想法消除他的戒心，就能看到他的直率和热情，而消除戒心最有效的办法是找一个他熟识的人来引荐，之后，他就很容易接近和交往了。

2.A型血的人性格与密码

钱有才是个科级干部，他对人的基本态度是希望和任何人都要保持一种风平浪静的人际关系。正是因为他有这种与人和平共处的心态，所以大家都说钱科长为人随和好接近没架子，是个有群众观念的干部。因此，上上下下，左左右右各方面的人物他都能有来往，而且是都融洽，尽管他的工作能力和业务水平都不拔尖，但他这个科长一干就是20年，一直到他退休回家。在日常工作中他的言行举止和处理问题都很稳重，因为他心中存在着一个隐藏的密码，那就是“不去招惹是非，不能主动去刺激他人。”这个密码是他做人的原则。

钱有才这个人，要是有人和他初次见面，他准能做到表面上很有礼貌，甚至表现出甘心为你周到的服务，但他内心并非是真心实意地与你打交道。至于他对你的印象如何却不暴露出来，然而他内心深处对你有什么打算，那可就另谈别论了。交往之后，能否与你推心置腹地交谈，则需要经过一个相当的过程，当然，在信任上也必须经过一段较长的时间考验。这就是A型血的人本能的一种心态。像钱有才这种最不轻易暴露自己观点的人，必然是遇事绕着走，特别是在重大问题上，他绝对不会轻易表态。尽管他与陌生人接触时能表现出热情助人的举动，然而，在他内心里却牢固地筑着一道围墙。

钱有才虽然在外表的言行与内心的真意不能一致，但他给人们的印象却是坦率诚恳助人为乐的形象，这是因为他把人际关系区分得很细的缘故。比如他那家族亲人和家族以外的友人，以及一个团体组织的同伴和本单位的同事，还有熟识人与陌生人等等，根据不同对象，他要采用不同手腕加以区别对待，这就充分显示出他为人处世的智慧。有人对钱有才评价说：“钱科长说话谨慎，处事慎重，关键时刻不惊慌，重大问题小心翼翼，处理事情有条不紊，待人总是喜笑颜开，他这谦恭的为人和凡事不执拗的表现，具有一种大将风度。”充分说明了A型血的人的性格特征，也充分揭示出他的世俗观念很强。因为他的为人处世非常重视对方的身份，细致地做到因人而异地处理问题。

钱有才此人对谁都怀有戒心，这就是因为血型的缘故。A型血的人，对事物反应都非常敏感，钱科长敏感的程度从来不会听漏别人说话的含义，也从来没有错误地理解对方的心情，他能及时而准确地破译对手心中的密码。因此，在多次商务谈判中，他几乎全部顺利地得到成功。有人说A型血的人是最适合做这种外交谈判的人选。

钱有才脑瓜灵敏反应很快，为人处世又是如此敏锐，遗憾的是他没有当上处长，除阴差阳错的原因之外，他还有一个致命弱点，那就是他内心深处藏着不能原谅人的密码。具体表现：当他看到对方有了缺点时，就一口否认对方的价值，立即出现不信任对方的心理倾向。特别是他那习惯于责备人的作风，对待熟人和部下，责备的言词很刻薄而且又是经常发生。这就引起少部分人对他不满，不断有人给他打小报告。然而，一旦他自己受到领导和同仁的批评责备之后，他立即把他和对方的友好关系加以否定，造成人际关系迅速破裂。由于他特别重视原则性和形式，缺乏私下变通的和好精神，血型促使他不和人妥协。他对人的憎恨总是持久下去，往往是终生难忘。凡是了解他的人，大都尽量不和他发生矛盾和纠纷，发生矛盾的人就很难和好。要想和钱有才长久地交往保持友好的关系，有一个秘诀就是："要慢慢地而且是有耐心地和他表示诚意，要认真地做到一步一步地得到他的信任，有不同的观点时，则要努力平衡关系，只有和他保持友好才能取得他的真心实意的关照。"

3.B型血的人性格与密码

孙凤昌是一个处级干部，因为他的血型是B型，初次相见，给人的印象不太好，而不好的原因并非他是处长有官架子，而是他那神态让人觉得难以接近。他有一个威严的面孔，再加上他那庄严的姿态，让人们一看，就敬而远之，所以他的人际交往缺乏大众化。因为B型血的人都有一种反抗的性格，对于各种不正确的事物，他有敢于反对的态度。他还有一种固执己见的心理倾向，对待不合理的现象，总是表现出一种反抗性的执拗。所有这些性格上的特点，说明孙凤昌具有较强的原则性和主持正义的倾向。他心中的密码是："坚持正义"。

具有B型血的孙凤昌和A型血的钱有才，在为人处世的观念上正好相反，孙凤昌不用世俗观念来区别对待他周围的人，他不管是领导还是部下，只要是和他有了交往，他都能做到公平对待，并且都视为朋友，特别是对待来往密切的人，他具有一种长远交往的眼光，只要你能向他表示了敬意和忠诚。他就会敞开胸怀来接受你的好意，一旦和他熟识之后，他总是抱着不分彼此的态度一直和你交往下去。孙凤昌处长他这种平等待人的作风，很受下面群众的爱戴。然而有的上级领导却对他不满。他这人是下边群众关系好，上级领导关系差。

相比之下，A型血的人表面亲善而内心戒备。但B型血的人却反其道而行之，只要有了来往，则表里如一，而且是一视同仁没有戒心。A型血的人往往是阳一套阴一套；B型血的人则不来那表面热情背后冷淡的鬼把戏，孙凤昌经常坦率地表示："我反对阴阳两套作风！"而他用表里如一的态度来处理人际关系，往往被人认为是笨拙的，但他却执拗地总是我行我素。这就充分地说明B型血人的性格特点。正因为孙凤昌有这样明显的个性，招来了一些人的惧怕，也惹怒了一些人的反对。明知山有虎，而他偏向虎山行，孙凤昌只要是遇上不合理的事情，他绝对不给对方面子，不管对谁，他会不管三七二十一地表白自己的看法，这种打抱不平的心理促使他天不怕来地不怕。孙凤昌就是这种一条道跑到黑的人物，有人称赞他是当代的黑老包（包公可能是B型血）。

在孙凤昌身上，充分体现出B型血的人具有的柔中有刚，而又有弹性的良好性格。他不但敢于斗争，而且是善于斗争，他不但能说出道理而且是善于讲出道理，他具有很优秀的客观写实性和独创模仿才能，他的为人处世，所以能够受到众多人的称赞，都是因为他用巧妙的比喻而引人入胜，让人口服心服。他用超群的幽默和逗趣艺术来解决难以解决的矛盾。

从表面看来孙凤昌此人不好接近。初次相见给人一个坏印象。其实具有B型血的人并非难接近，这要看你如何向他接近。在孙凤昌的内心深处还有一个不可告人的密码，那就是："顺我者昌，逆我者亡!”破译了他这个密码的人，肯定受到他的信任和关怀。孙凤昌所以能当上掌有实权的处长，就是正义之人选拔干部的举动，也是他对信念忠贞不渝的结果。记住，像孙凤昌这种B型血的人，他具有一种内心很合群的世界，与他交往是很容易的也是幸运的。

4.AB型血的人性格与密码

李建国是个局级干部，AB型血的人，他拥有两面性的做人风格，即他有融于集体中的一面，也有他个人自由自在的一面。在集体里他能表现出周到而又圆滑地与各种人物相处，应当说他是个很有弹性的人，他本能地适应周围环境并有效地与方方面面的人物交往。在人际交往的待人处世上，他都能做到同任何人相处得很融洽并给他人留下较好的印象。正因如此，他这个局长在群众中很有威望，这也是他在社会上层机关活动最有利的条件。

李建国的为人处世信守他自己的原则，这就是对谁都要保持一定的距离，绝对避免亲密无间的关系。这样一来就必须敢于面对现实，勇于见风使舵，必须做到好与坏区分得非常清楚，如果是非不清就难免出现漏洞。所以他常说:“我最讨厌那种拉拉扯扯的人情世俗。”在日常工作中，他善于应对搞私人拉拢的表演，不论是谁，他那温和公平的气度和一本正经的言谈，都会给对方难以说些私交的语言。公事公办是交往的最高境界。在公共场所没有私人交情，他提倡的是社交公开公正。所以凡经他手处理的事件，都能透明地展现在群众之中。由于他这样的主持公道办事，受到了广大群众和上级领导的好评。但是，他也有私人私利的交际活动，那就只限于非常亲密的朋友，在他内心深处也有一个不可告人的密码，这就是:“你有神机妙算，我有一定之规。”谁也破译不了他这个密码的含义，这也是他的高明之处的奥秘。

李建国此人内心有个强烈的愿望，这就是必须让群众对他有个不占公家便宜的形象。这是当局长最受拥护的高尚品质，他必须用行动表现出来，廉洁奉公不谋私利是他的座右铭。哪怕是微不足道的小事情，他也要避免占公家便宜的嫌疑。比如给私人写封信，他也要亲自购买信纸和信封，尽管这事虽小而影响却很大，他这种带头的举动，给广大员工和机关干部树立了榜样。

AB型血的人办事严谨，眼光敏锐，善于观察各种不良现象，特别是对背叛、蒙骗、说谎之类的不轨行为，非常敏感。李建国局长就是如此会察言观色，他那敏锐的眼光能看穿人们的丑恶心灵，绝对不会轻易上当受骗。假如有人公开给他施加压力，或是使用种种卑鄙手段，让他受到精神上的打击，或严重的创伤。他那复仇的心情会不断地升级，而且是含恨终生。他要想尽办法施加报复，尽管他复仇心切，但绝对不露出来，暗中策划有效的行动，利用让人难以想象的圈套和陷阱，使用不同的手段让人防不胜防，最后实现他那复仇的目的。

AB型血的人还有一个特点，就是善于言谈，具有健谈的天性，在语调上又是非常悦耳动听。李建国就有这样的先天之才，再加上他多年的锻炼，他讲起话来富有理性和哲理，他那幽默生动而机智的演讲使人百听不厌。有时候他的话语也会夹杂着讽刺之词，但给人们的感觉却是亲切而富有敬意。发生争论时，李建国也会显示出精彩无比的辩论，但从本质上来说李建国讨厌争斗式的辩论。

你要想和李建国局长进行交往，有一个很好的秘诀就是不要做作，而是与他坦诚地交谈，那种不诚实的表演在他面前不但不起作用，反而造成坏的结果。只要你牢记坦率二字，他就不会用勉强的表面态度与你交往，只要你以真诚的心态对他表示敬佩，就会得到他的信任，他就会给你以周到的关心，你也就很容易同他成为最亲密的朋友了。

二、气质改变　密码也变

1.气质的概念与类型

要问什么是人的气质？它是人的高级神经活动类型特点在行为方式上的表现，也称为人的心理活动的动力特征。然而这动力特征主要表现在心理过程的强度、速度、稳定性、灵活性以及指向性上。总之，就是指人的特异素质的姿态、举止和言语等综合形象。其中内含情绪的强弱，意志力的大小，知觉和思维的快慢，注意力集中时间的长短，注意转移的难易，以及心理活动的倾向等等。所有这些都是气质具体的行为表现。

要问气质的类型有四种：多血质、黏液质、胆汁质和黑胆质；这四种类型的分法是经过古往今来心理学家施以精细之观察而后所得之，并非架空之臆说也。如今所言气质之学者，大抵以四分法为基础，尽管它还没有可靠的科学的理论根据，但仍为今日学者所沿用。所以把气质归结为四种类型，这是因为每一种类型都具有显著的特点，而其特点就是依据人体中的某种体液占优势的结果。比如，人的体内体液的混合物以血液占优势的称之为多血质的气质，此人的表现活泼、好动、敏捷、注意力易转移、情感丰富并直接表露于外，但不是十分强烈，而且是容易变化，这就是多血质气质的人所表现出来的特征，对此人的结论密码是热诚而易变。体液中混合物以黏液占优势的称之为黏液质气质，此人突出表现是沉静、稳重、迟缓、少言谈、能忍耐、情感几乎不向外露，注意稳定而难以转移，这就是黏液气质人的特征，对此人的结论密码是迟钝而冷淡。体液中混合物以胆汁占优势的称之为胆汁质气质，此人的显著表现是精力旺盛，动作敏捷，情绪易于冲动，情感强烈而迅速地表现在言语和面部表情以及姿态上，常常性急而暴躁，甚至有狂暴情绪的爆发倾向，这就是胆汁质气质的人的特征，对此人的结论密码是热烈而易怒情绪易于激动。体液混合物以黑胆汁占优势的称之为抑郁质气质的人，此人孤僻、行动迟缓、情绪体验较少，但体验得深刻有力持久，情感不易外露，善于察觉别人不易察觉的细小事物，这就是抑郁质人的特征，对此人的结论密码是抑郁而忧愁。

这里需要特别说明的是在古今许多文学艺术作品中，把这四种气质类型的人物加以典型化定型化的描写，而成为其作品的典型人物，但事实上并非所有的人都按这四种类型来划分的。应当明确地讲，只有一部分人是属于这四种类型的纯粹代表，而有相当大的一部分人则是一种气质的特征与其他另一种气质特征结合在一起的，并非纯属某种气质的特征。在我们日常生活中遇到的人物，他的气质属于哪种类型，只能看其表现特点来进行针对性的划分，比如他的表现很明显的是属于抑郁型气质，那就应对他采用有效的方法。有比照总比没有比照易于对待，况且了解某人的气质类型有利于我们对他采取相应的态度以便于更好地有针对性地和他交往。

2.气质与性格的关系

我们所以要研究人的气质，其目的就是为了明确气质与性格的关系，从而加深对某个人的全面了解。因为人的气质、性格与能力有非常重要的联系，因人施教或是因材施用，都要考虑某人的个性心理特征。其中气质与性格的关系尤为密切。鉴于气质是人的高级神经活动，人们在统一的社会活动中逐步形成自己独有的气质和性格，因此，这气质和性格二者必然地相互渗透，形成相互制约的复杂关系。我们应当知道气质的生理基础是高级神经活动的类型，而性格的生理基础则是高级神经活动类型特点与神经系统在外界环境作用下而形成的混合体。由此可见，在性格的表现上，就不可避免地要涂上各种气质的色彩，也就是说气质影响着性格的表现。例如，同样是勤劳的性格特征，多血质的人在劳动中容易表现情绪饱满，精力充沛；而黏液质的人则可能表现踏实肯干，操作精细。同样是勇敢的性格，胆汁质气质的表现为猛打猛冲，怒不可遏；而黏液质气质的人则可能表现出沉着，镇静处之泰然。这就充分说明同样性格的人，因其气质不同而表现出不同的行为方式。

还有个非常重要的方面，就是从社会评价来看，性格有好坏之分，而气质则没有这样的区分。因为人们总是把正直、诚实、勤劳、勇敢、谦虚、认真……看做是良好的性格特征；而把阴险、狡诈、懒惰、怯懦、骄傲、马虎……看做是不良的性格特征。然而对气质就没有这样好与坏的评价，因为每一种气质都有其积极的一面，同时也有消极的一面，但它总是要与个性的其他心理特征联系起来，特别是与性格特征联系起来。只因有了这样联系的结果，才能很好地进行具体分析。比如，胆汁质气质的人，既可以是热情积极、朝气蓬勃的人，也可以是鲁莽粗暴，不能忍耐爱发脾气的人。多血质气质的人，既可以是活泼、亲切而有生气的人，也可以是轻率肤浅而又轻举妄动的人。黏液质气质的人，既可以是恬静、沉着、稳重的人，也可以是个懒惰、萎靡不振，对一切事物漠不关心的人。抑郁质气质的人，既可以是情感深刻而稳定的人，也可以是孤僻、羞怯而郁闷的人，所有这些都要根据具体人的具体表现情况而定。比如，一个胆汁质气质的人，在他的道德水平低下、意志力没有充分发展的情况下，他的气质特征会表现出没有自制力，爱发脾气和表现出粗鲁的行为，从而破坏了和同事同仁的团结；反之，如果他具有崇高的理想和高尚的道德信念之后，就必然具有善于控制自己的精神状态，同时也会表现出充满热情有顽强毅力以及孜孜不倦的进取精神。因此，我们的所有家长和老师，都应当特别注意培养孩子们发展他们气质的积极的一面，努力克服他们的消极的一面，从而使他们都成为一个有理想、有意志、有自控能力的良好的气质风貌。

3.气质是可以改变的

气质的形成和发展以及改造，都离不开社会的影响以及家庭、学校的教育。可以肯定地说，气质的改变是通过改造的过程出现的结果，在气质的改变过程中集体的作用是非常巨大而明显的，现在用一个实例来说明：哈尔滨一个中学生名叫马莉莉，自幼就孤僻、胆怯、羞涩、动不动就伤心烦恼，啼哭，行动迟缓，情感谁也猜不透，应该说她是一个典型的抑郁型的气质，她这种表现被学校作为重点对象施以改造。她在校的几年期间，团组织和班主任紧密配合，曾不断地引导她积极参加社会活动，并让她担当其中的重要职务，委任她担负一些重大事情的负责人，选举她当班长和共青团的宣传部长。这种具体施教措施效果非常显著，她在工作实践中得到了有效的锻炼，她那种抑郁的气质有了明显的改变，在许多方面她都成功地克服了孤僻和胆怯，至于她那羞涩的表情也得到了彻底的改善。伤心、烦恼、啼哭的现象早已跑到九霄云外了。她的气质焕然一新，变成一个活泼、行动迅速而又是个快言快语的人物形象。因为她在实践活动中学会了控制自己的情感，养成了独立自主的习惯，在许多困难和障碍面前她都能想尽办法加以克服，事实可以充分地证明人的气质是可以改变的。问题就在于是否给她一个适当的环境和施加于适当的负担，从而有意识地进行改造。

尽管说气质虽然可以改造，但原本是某种气质的人，并非都能改变其气质。但是，气质能影响活动进行的方式和工作效率。比如说，要求作出迅速而灵活反应的工作，对于多血质和胆汁质气质的人最为合适，而对黏液质和抑郁质气质的人则最为不合适；反之，若是要求持久耐力细致的工作，对于黏液质和抑郁质气质的人比较适合，而多血质和胆汁质气质的人就难以适应。例如，从事精细操作的外科医生应当具备沉着的性格特征，他的气质就应当黏液质最为理想。

对于气质不同的孩子，就要求家长和教师必须考虑他们的气质特点做到因人施教。比如施以严厉的批评，对于胆汁质和多血质的孩子，就会促使他们遵守纪律改正错误比较恰当；但对抑郁质的孩子则不恰当，如果家长对抑郁质的孩子，批评严厉而狂暴，则可能产生不良后果。离家出走的孩子大都是抑郁质最典型的孩子。由此看来，作为家长和老师，既要细心观察孩子的性格特点，也要注意观察他们的气质特征。气质与性格相比，虽然处于从属地位，但它却是形成人的品质方面有着举足轻重的作用，也是造成人品的重要基础，因此，气质的表现也是家庭对孩子教育要考虑的重要问题。

4.气质变通　密码跟踪

人的性格很难改变或者说不能改变，但人的气质却是可以改变的，然而气质的改变是需要一个过程。比如，一个放牛的孩子，在他放牛时的气质是孤僻、胆怯、羞涩，纯属于抑郁气质，心理上的密码是："不和任何人来往，固执己见。"但当他参加解放军之后，在部队上得到了非常有利的锻炼，由于纪律的要求，他不能孤僻地单独行动；给他的战斗任务，命令他必须按时完成，胆怯是不行的，必须是勇敢地前进；见到首长必须报告，表演操练，羞涩的表现必须克服。由于这样种种的约束和锻炼，在客观条件的促使下，他变成了一个活泼、勇敢、敢说、敢干、敢于战斗的英雄形象。很快提升为连长，当他当上连长之后，他的言谈表情，甚至是种种做派，都变成一个非常成熟而又稳重、敏捷、能忍耐、精力旺盛的人。在气质上来个大变样，心理上的密码也跟着起了变化，他由一个"不和任何人来往，固执己见"的人变成一个"热情而易变"多血质气质的人，同时也带有黏液质和胆汁质优点的表现。这就充分说明，人的气质的变通，心中的密码也会跟踪的。

第十二章
要把家建好　必有三件宝

提示：本章内容特别好，叫你深知三件宝。恋爱心中有理论，它的好处真不少。行为端正有原则，绝不胡来和乱搞。你能娶个好媳妇，还能生个好宝宝。教你找个好工作，幸福美满来得早。“春风得意”、“马到成功”。

第一节　第一件宝　娶个好媳妇

要想娶个好媳妇，首先你要学会搞对象。因为搞对象这里边大有学问，而且又很复杂大有文章可作，别看他是个具有高深学问的人，是个博士生导师，大学教授，或是个什么研究院士，但他不一定会搞对象。没有搞对象的真本事，你就很难娶个称心如意的媳妇，媳妇不好，一辈子不顺心，这是人生最大的遗憾。

一、媳妇的好与坏全凭一个“爱”

单说媳妇的好与坏，谁也没有标准答案，只能说是相对而言，她是没有具体标准和条件的。比如说，这个媳妇对张三来说却是个坏媳妇，因为她不爱张三，从思想深处不愿意和张三过日子，她抱着破罐子破摔的态度对待张三，整天想的是如何逃离张三家，所以她只能是当一天媳妇摔一天“东西”，决心把张三的家业摔个精光，目的是和张三离婚，这样的媳妇，你能说是个好媳妇吗？万般无奈，张三真的和她离了婚，她和张三离婚之后，嫁给了李四，到了李四家表现非常好，勤俭持家，省吃俭用，不怕苦不怕累，整天想的是如何把日子过好。于是她处处精打细算，节约开支，她制订了一个宏伟的致富计划，因她曾受过专门的技术培训，是一个精通养殖的行家里手，很快就把李四家变成一个远近闻名的富裕户，不但受到左邻右舍的好评，还受到县政府的嘉奖。像这样的媳妇能说不是一个好媳妇吗！同样是一个媳妇，为什么有两种表现而出现了两种截然不同的结果？这里的奥妙就是爱与不爱的问题，因为这个媳妇她不爱张三而是爱李四，这就充分说明爱与不爱有着天地之别，也充分说明爱的含义是多么深远而伟大。哲人说："爱的力量大无边，它能搬走太行山，还能让地覆天翻"。许许多多的事例证明，为了爱有人甘愿牺牲自己的宝贵生命，为了爱明知山有虎而他却偏向虎山行。这样说来，肯定会有人问："爱是怎么产生的？"回答这个问题很简单，那就是恋出来的，恋爱，恋爱，你若是不经过认真而努力的恋，怎么会出爱呀！然而如何认真的恋，又如何努力的恋，这里边则不是简单的回答而能解决的问题，因为恋爱就是搞对象。为什么很多人搞来的对象不称心如意？为什么有很多已娶回来的媳妇又离了婚？这里边是有很多说不清道不明的问题。也可以肯定地说，出现了离婚是有很多原因的，其中的关键问题就是爱的方面出现了裂痕，如果你娶来的媳妇不爱你而是爱上了别人，当然她就是个坏媳妇。

二、没有爱的媳妇"演"悲剧

作者采访了河北省唐山专区，某个乡曾发生的真人真事，把这个故事做了如实的记载：说的是两对男女青年都到了结婚年龄，还都没有对象，他们的父母都很着急。然而，在那以阶级斗争为纲的年代里，地主富农的后人很难找到对象，因他们家的成分高，女孩没人敢娶，男孩没人敢嫁的现象普遍存在。这都是因为受牵连的婚姻有很大的风险。但是,车到山前总是有路的,为了传宗接代,人们想出了一个新颖的办法,就是换亲。这一大发明深受有关人家的欢迎,把许多因为种种情况不能嫁娶的男女青年,用换亲的办法,解决了男大当婚,女大当嫁的重大问题,于是乎这种措施在当地广泛得以流行。然而,这种婚姻会出现怎样的后果呢?

1.换来之妻没爱情

换亲就是这一家的男女青年和另外一家的男女青年，对换着成亲。刘志春家境不好，年过30岁说不上媳妇，用他妹妹换来了地主家的后代李翠平当媳妇。李翠平的哥哥李越平娶了刘志春的妹妹做新娘，两个家庭两对青年同一天结婚，这是规定，以便防止其中另一对男女发生变故，导致一家吃亏。刘志春人品不好，致使李翠平的妈妈非常担心，在结婚的这天，她妈妈含着眼泪对她说：“翠呀，委屈你啦，听说刘志春脾气不好，你可要多加小心哪，忍耐是幸福，忍让是宽容，你明白吗?”，“妈，你别说啦，我不委屈，我是自愿的，谁叫我生在这样的家庭，这就是命，我认了，只要我哥哥娶上媳妇，就是苦海我也要跳进去，妈，你放心，我不是个省油的灯，我会见机行事的。”“你可不能太强硬了，那样会吃亏的，忍耐是幸福，强硬是痛苦，妈就怕你吃亏。”“妈，我明白，你放心吧，我不能吃亏……”

人们听说长相美丽的李翠平嫁给了长相很丑的刘志春，纷纷议论：“这可是一朵鲜花插在了牛粪上。”有人说：“刘志春是啥人呀，那是个流氓、恶棍、穷光蛋，嫁给他还有好，请等着受罪吧!”刘志春好吃懒做，养成了喝大酒耍大钱的恶习，这还不算，他那性格非常暴躁，阴险、狡诈、狂暴起来谁也不怕，往往是张口便骂举手就打而不计后果，这样的人物要是给他做媳妇，那可要倒霉了。这些评论在人们的心目中都是根深蒂固的，像他这样不知好歹的家伙，却娶来了一个如花似玉的媳妇，这真是古语说：“好汉无好妻，赖汉娶花枝!”人们对这桩婚事感到惋惜……

要说这个李翠平，她是个沉静、稳重、勤劳、诚实、性格顽强敢于碰硬的人，正是由于她具有敢碰硬的反抗精神，她母亲才对她这种强硬的脾气担心，在她母亲看来，刘志春和李翠平的脾气就好比是针尖对麦芒，担心的就是怕出事呀。

2.洞房之夜出险情

怕出事真的就出事了，就在入洞房的这天夜晚，刘志春就开始大发脾气。他故意地拿着不是当理说："你不是处女，我听说你在娘家就不正经，你给我跪下，坦白交代，你和多少男人发生过关系？坦白从宽，抗拒从严，你今天要是不坦白，看我怎样收拾你！"，"你要是看不上我，说痛快话，别说些污蔑人的言语，你怀疑我不正经，那咱们就一刀两断，我现在就走，正经不正经自己心里最清楚，难道你正经吗？"李翠平说着就开始整理自己的东西。"走！你往哪走，你现在是我老婆，你是用我妹妹换来的，你敢不听话？""听话？听你什么话？""交代问题。坦白地交代，你有几个野汉子？""你这话也能说出口？你是个混蛋！对你这样的人，我不想搭理你，我走！"李翠平站起身来就向外走。"嘿！你没坦白交代问题竟敢走！简直是胆大妄为，你再敢往外迈一步，我就打断你的腿！""你敢打我？那你就是个恶棍！我就往外迈了，你打吧！"李翠平毫不示弱："你要是敢打我，我就和你拼了！"李翠平拿起包裹就向外走，刘志春急忙上前阻拦："你敢走！看我敢不敢打你！"刘志春拿起一个棍棒就朝她打去，结果没打中，李翠平急忙跑到厨房拿了一把菜刀，高举着就向刘志春的头上砍去，刘志春手疾眼快，他赶紧攥住李翠平拿菜刀的手腕大声喊："杀人啦！杀人啦！快来人哪！"正巧外边有闹洞房的一群孩子急忙喊人来了，招来左邻右舍的人们来劝架："你们这是咋啦，洞房之夜就动棒动刀的？"李翠平急忙解释说："他是个流氓！恶棍，他要我坦白！他说我不是处女！你们看这血！"李翠平把床单一掀让大伙看，这时候，有个彪形大汉抓住了刘志春的衣领严厉地问："怎么回事？""我是想吓唬她一下给她立个规矩，没承想把事闹大啦！”啪！啪！彪形大汉给了刘志春两个嘴巴：“你向她赔礼道歉！快！”刘志春在彪形大汉面前就像老鼠见到猫一样胆怯，他只好不情愿地表示：“我向你道歉，请你原谅！”彪形大汉表示：“李翠平是清白的，你别拿着黄金当粪土，不知好歹的东西，快睡觉吧！”谁也没想到这个彪形大汉是如此的威严，他这两句话就把事情平息了……

3.日后差点儿出人命

洞房之夜的一场风波，虽然平息了，但接下来的日子怎么过？这对李翠平来说是个很大的难题，因为她面对的是一个无情无意的癞皮狗，苦海无边哪里是岸？刘志春这个所谓的丈夫，使她彻底明白了一个真理，那就是人们常说：“不怕没好事，就怕没好人。”她碰上了一个很坏的男人，肯定是没有出头之日，时间长了，再坚强的女人也会受不了暗无天日挨打受气的煎熬，日久天长之后，由于无穷无尽的苦难折磨，促使她丧失了继续活下去的勇气，于是她只好用破罐破摔的态度对待一切，然而，刘志春对她用暴力的侵害，变本加厉蹂躏，可谓达到了登峰造极的程度，尽管她不断地进行反抗，但架不住久而久之那蛮不讲理的纠缠……

这天夜晚，刘志春赌钱输了，他回家就猛劲喝酒，喝完酒就开始耍酒疯，要是一耍酒疯她就是出气筒，保证是没完没了的闹腾，一来二去她想躲也躲不开，像这样苦难的日子她已经熬过了两个春秋。从今天开始，她决定不再熬下去了，自缢身亡是最好的解脱。于是，她穿上了她最心爱的衣服，梳洗打扮了一番，她知道村东边杜坨坟边上有棵歪脖树，那里就是她最好的归宿。刘志春酒疯耍过之后就是睡觉，趁他酣睡之时，她拿着一个小板凳，乘夜深人静的月光下，她悄悄地奔往那棵歪脖树下，在这她早已选好的歪脖树的暗影下，她坐在小板凳上哭了：“我命苦到头了，我没有活路了，死了死了，只有死才算了，我这一辈子没碰上个好男人，罪我已经遭够了，死了是幸福！今天，我就死，但愿死个痛快！”于是她站在板凳上，拴挂好用床单撕扯成的长绳子,她知道这布绳子要比麻绳子上吊舒服些,她认为用布绳子上吊比麻绳子死得痛快,这是她精心制作的,而这个地点是她考察了好长时间决定的,特别是今天这个日期是她选择的良辰吉日。临死之前,她还要举行个简单的仪式,这也是她认真编排的程序,她要说清楚,死个明白。于是,她用土堆起了三个小土包,每个土包上插上一炷香,点燃之后,她跪在前面叨咕着:"爹呀,妈呀,我要走了,你们给我找了这样的婆家不怪你们,这是天意,是我的命运。我的哥哥能娶上媳妇是咱家的福分,换亲我是愿意的,我能为咱家传宗接代作出贡献,我知足了。今天,我之所以要走是因为我感到苦海无边,回头也看不见岸,我实在是受不了啦,到另一个世界去寻找幸福,你们祝我幸福吧!"李翠平边说边哭边磕头。她磕完头之后又说:"我不能离婚,离婚也会导致我哥的离婚,我不能破坏这个口头协议的规定,我这样走了对咱家没有任何影响,我最大的遗憾就是不能为二老尽孝了,孝敬你们的责任就让我哥替我承担吧!"李翠平说着就踏上了板凳,把那布条做成的绳子往脖子上一套,试了试认为可以了。她在板凳上站了一会儿,在月光下她想最后再看一次她经常来到这里的世界,观看了一会儿她就闭上了眼睛,她毅然用脚踢开了板凳,于是她就悬挂在这棵歪脖树上……

4.好人相助显光明

就在李翠平腾空悬挂的刹那间,彪形大汉骑着摩托车正巧路过此地,他急忙上前抱住了李翠平的身体,尽快地捂住屁眼儿,因为他听人说过,摘上吊的人,如果一放屁,那就死定了,在彪形大汉的急救之下,她终于没有死。他把她平放在地上,躺了一会儿之后,她才睁开了双眼:"刘大哥是你吗?""是我,咳!你怎么这么傻呀?""我要去寻求幸福,你就让我走吧!别救我。""傻瓜,你竟说傻话,没有过不去的火焰山,你不能这样寻短见,你死了,你爹妈怎么想?""不是我想不开,而是想好啦,死了,死了,死了之后全了然,我的苦难全没了,这不是想开了吗?""你呀,你呀,真是的,叫我怎么说你呢?你才21岁,今后的日子还长呢，难道你就这样走了？要是我再晚到几分钟，也可能是1分几秒，那就说不定，你就真的没救了。”彪形大汉边说边来回走着，突然，他停下脚步弯下腰对她说：“我告诉你个好消息，这个好消息对你来说应该是天大的好事！”“我的家庭是地主，从来没有好事落在我这地主后代的头上，哪还会有天大的好事？”“告诉你吧，中央开会了，今后就没有地主富农的说道了。我今天就是听报告去啦，传达三中全会精神，其中就有这样的说法，强调指出今后谁也不准再提阶级成分问题，像你这样的高中生，考大学没有成分限制了，你说这消息好不好哇？”“好是好，可是我也脱离不了恶棍的折磨呀？”“你和他过不下去，可以和他离婚嘛。”“离婚？我要离婚那我的哥哥也得离婚呀，这是换亲的规定。”“你看你，竟说不懂法的话，法律上是不承认换亲的规定的，你有权提出和他离婚，至于你哥哥离不离由他们自己决定，这是两码事，你明白吗？”“刘大哥，你这么一说我明白了，你说我现在怎么办吧？”“我先把你送回到你娘家去，你好好想想，主动权是你的，天无绝人之路，你的问题我帮你解决，你要是信得着我，我保证让你走向光明！”“好，我听你的，今天的事你别和人们说。”“这事我懂，你放心，我会处理好的，刘志春那边我有办法。”……苦尽甜来，她离婚后，嫁给了彪形大汉，过上了幸福生活。

三、恋爱理论和原则的讨论

恋爱的理论和原则？这个问题的提出会有人感到奇怪，他会说：“不就是恋爱嘛，男女两个人溜溜马路，逛逛商店，看看电影，找个合适的地方说说话；还有什么搂搂抱抱，或者亲近亲近，过一个阶段认为可以了，双方没啥意见就结婚。哪里还讲什么理论和原则呀？”其实不然，没有这么简单，如果真是这样的草率，往往会出现很大的遗憾，正是因为很多男女在恋爱的过程中，没有认真对待，凭一时的感觉不错，就婚配了，结果有很多夫妻由于性格不同，感情不和，志向各异等等，只好离婚。

哲人说：“没有革命的理论，就不会有革命的行动。”恋爱要解决男女青年的终身大事，要是把恋爱看做是一场“革命”，照理说也就应当有其理论和应遵守的原则。有道是：“不懂恋爱的理论，就不能做好恋爱的行动”“不遵守恋爱的原则，就会恋出乱子来”；“不讲究恋爱的艺术性，男的就娶不来一个好媳妇，女的就嫁不到一个好丈夫！”事实胜于雄辩，实例可以充分地说明问题，那么我们就用事实中的实例来讲述这样的问题吧。

作者曾经访问了共计108位青年男女，要是把他们的经验和教训加以提炼和总结，就会得出恋爱的理论和原则。下面，就让这些青年男女现身说说谈恋爱。

1.男人会趟　女人会装

一个叫赵丹凤的年轻姑娘说：“在恋爱的过程中，男的对待女的态度和行为总是试着来，就像人们说的摸着石头过河，趟着水前进。”我曾经遇到过一个恋人，他和我第一次见面就动手动脚的，我很严厉地训斥他之后，他向我表示了歉意，紧接着他就用话点给我听：‘你别装了，我听说你是个很温柔又随和的人，怎么这么严肃呀，摸你一下就发脾气，我认为你不是这样的人。’我对他说：“我们现在连朋友关系都没成呢，你怎么不注意分寸。”他表示：“好，好，我以后注意。”当我们见了几次面之后，他试探着问：“我们现在是啥关系？是朋友？还是恋人？”我回答说：“只能说是朋友。”他又问：“朋友和恋人有什么区别？”我回答：“朋友之间距离长，恋人之间距离短，这长和短区别可大了，你应当明白，一般朋友必须保持一定的距离，你现在还不能靠近我，我们只是一般的朋友。”他说：“好，我明白。”紧接着他又问：“我们什么时候建立恋爱关系？”我回答说：“这要看发展情况，恋爱关系嘛，不能一方定，要由双方定妥才成。”我这样一说他高兴了，我们在下次见面时，他第一句话就说：“我同意从现在起我们就建立恋爱关系你同意吗？”我说：“我还没考虑好呢。”他着急地说：“你这人真会装，我看你早就考虑好啦！你是想拿我一把，叫我不敢靠近你，其实我这人很正派，你放心，我不会把你怎样。”“你怎么看出我会装呢？

我没想装啊？难道说我装了吗？”“你装不装你自己心里最清楚，我说你装是有根据的。”“什么根据说说看？”“装就是装呗，这就是根据！”“对！算你说对了，我确实装了点儿，不装你会放肆的。”“这么说你是同意我们是恋爱关系了哇。”“你说对了，我同意了。”“那好，我问你，这朋友关系上升到恋爱关系是不是应该有所表示呀？”“不用什么表示，你我知道就行啦！”“不行！我有个要求你必须答应。”“嘿！你的要求我必须答应？那可不一定，这要看你是啥要求？”“我这要求很简单，就是现在你必须让我抱一下。”“那可不行！为什么？”“我要知道你有多重？体重对我来说很重要！”“重要？这又是为什么？你得说出理由来？”“理由吗？很简单，那就是前边有条河，我能不能背动你过去！”“喂呀，为这个呀，我101斤，很轻，告诉你不就解决啦！”“不行，我得试试！”“既然是这个目的，那你就试试吧！”“这回你可是上当啦！”他把我抱起来就不撒手了，而且是边抱边摸，又是吻我，我挣扎着喊：“你别得寸进尺，不要脸的东西，你目的不纯！”他看我急眼了，不得不撒开我，我一甩手说了一声再见吧……结果不欢而散。

2.一时冲动　悔恨无穷

一个叫李昌海的小伙说：“像她这样的女人我见过几个，别看她表面装得很严肃，其实她是个顺毛驴子，对待这样的女人，别戗着来，有道是：强扭的瓜不甜，对付这样的女人，你不能用硬性动作，要慢慢地顺着她来，要有耐心等待，你要是顺情说好话，对她总是恭维，等到这瓜熟透了你再摘，那不就甜了吗！我恋爱就是一步一步地前进，摸着她的脾气来，你要会使手腕，用招数，只要是她不反对，就是同意的信号，在她给了信号之后，你再行动，那就会得心应手，在没得到信号之前，你就得创造条件，让她主动。开始时，我总是和她保持相当的距离，她要是看中了你，准得耐不住她那心情，她会主动靠近你的，我和她保持距离，结果她说，你怎么老是躲着，怕我吃了你呀！这就是亲近的信号，于是我们就近乎了许多，开始是拉手，后来是拥抱……这样一来二去，她就会听话，一切听你的……”

一个叫张进喜的青年说："像这种听话的女人，尽管是她能听从你的摆布，但是你必须掌握住分寸，千万不可乱来，特别注意一时冲动的激情发作，你要是和她发生那种关系，后患无穷，到时候你后悔都来不及了。"张进喜非常惋惜地接着说："我有个同学，他就上了当，有个女孩特意主动和他套近乎，愿意听他摆布，他看她长得挺好看，就和她发生了那种关系，没想到这是个圈套，她想用生米煮成熟饭的办法，促成她嫁给他，女孩所以要这样做是她姑妈给她出的主意，因为她姑妈看中了他的家业，想用侄女成亲后沾点儿光；结果女孩怀孕了，他们不得不结婚，婚后才发现他娶来个抽风病的媳妇，光是给她看病就花去了二十多万元。因为没有恋爱的基础闹得双方都很伤心，感情不和最后还是离了婚，真可称是一时失足千古恨……"

一个叫王晓明的青年说："这事不奇怪，谁让他不检点呢，这就叫做自作自受。"然而，却有一些年轻小伙专门以搞恋爱为名诱骗女孩，得了便宜玩够了一甩了之，这种不道德的行为让许多女孩吃了哑巴亏，造成精神上的极大痛苦。但是恶有恶报，有道是："多行不义必自毙。"这些玩弄女性的流氓没有一个是好的下场，结果大都锒铛入狱。当前，仍然是有很多年轻人恋爱就上床的事比较普遍，他们认为两人愿意就不会出问题，其实问题大着呢，如果让女方的家长知道了，这事就麻烦啦，男方不变卦倒好说，如果男方移情别恋，家长往往是不依不饶地纠缠不休。我有个同事，就碰上了这种情况，女方家长向他要青春损失费，张口就是18万，你要是不给她，就必须娶她做媳妇，否则，就要他的命，实在没办法，只好是好说好商量，也只好勉强娶来一个很不称心的媳妇……

3.婚前办那事，是否"怪"女人

一个叫赵彩屏的泼辣媳妇接过话题说："这种事在当今社会不稀奇，就是农村也跟着普遍起来，要我说呀，发生这种事，主要应当归罪于女方，尽管都是男方主动，如果女方坚决不同意，男方也达不到目的。假如说女方掌住章程，男方再恳切要求也不能如愿。事情这是明摆着的，恋爱就上床有的也发生悲剧，也有很多情况造成了惨痛的教训。我有个同学就是如此，他和她恋爱不久，心血来潮就要办那个事，女方不愿意，但他依仗他胳膊粗力气大，强行办那事，没想到有人跟踪他们，结果让女方另一个男朋友发现了，女方说是他强奸她，闹到法院，最后判他强奸未遂罪，坐了两年的牢房，你说倒霉不倒霉。他不知道那个女的脚踩两只船，而她最爱的是另外那个男人，这个惨痛的教训值得借鉴。这个例子充分说明，女人是关键，要是男人敢强迫，没有好下场。”

一个叫赵彩云的媳妇说：“这个教训太深刻了，我就是没有坚持原则，我们在恋爱时就办了那个事，结婚后，他老用话敲打我，他说我没章程不能坚持原则，叫他一糊弄就同意了，还说别叫他人再糊弄了。他对我老是不放心，我对他也怀疑，说他也会去糊弄别的女人，经常为这事吵嘴，我看他这人品质特坏，当初他占了便宜，婚后老是卖乖，你说这样小肚鸡肠的恶棍，我们能过下去吗？我最终还是下了决心和他离婚，因为我们恋爱时就没有打好基础，凭感性认识结的婚，这种稀里糊涂地决定了终身大事能有好结果吗？婚后相互不信任，这种老是互相怀疑的婚姻还不是个短命鬼……归根结底还是怪我当初没章程。”

一个叫李运发的年轻人说：“彩云同志说出了心里话，而且说得很对，很多人在感性认识阶段，就着急结婚，根本就没有看清对方那庐山真面目。从道理上讲，两人情愿则可结婚，但从理论上来分析，感性认识只能是表面上的印象，这种印象往往是蒙混过关的表现，根不深蒂不固，经不起风吹浪打。有了感性认识之后，还应当进一步深化上升到理性认识，这是必有的程序。只有这样双方才能做到彻底的了解，因为人的庐山真面目是需要认真识别的，男人会趟，女人会装，这是男女心中的密码，破译这种密码之后，才能露出真相来……”

4.庐山真面目必须要看清

一个名叫江占海的青年人说："要想看清对方的庐山真面目，让对方露出真相来，就必须从感性化提高到理性化的阶段，而这种提高的办法就是考验。只认识不考验就等于只看表面不看实质，表面现象只能说是个空架子，里边装的是什么货色，却一概不知，在这种情况下，往往只能是蒙在鼓里。这个阶段最容易上当受骗，这种婚姻的结果，在女方来说只能是嫁鸡随鸡嫁狗随狗，若是嫁给一个啥也不是的扁担只好扛着走；男方呢，只能是娶来一个不知情不懂意，又不知东南西北的女人凑合着过吧……"

一个叫张海川的愣小伙接着说："恋爱还有什么从感性认识提高到理性认识？真新鲜，我头一次听说。听君一席话，胜读十年书。现在我明白了：感性认识就是只看长相，容貌丑与俊，以及说话啦，走路啦，看这些表面现象；而理性认识就是观察她的思想品质，以及为人处世的能耐等等。长得再漂亮的女人思想品质不好，也不是个好媳妇。要想娶个好媳妇，不能只看外表，要看一看她的心是黑的还是红的，然而心是看不见的，只有经过考验和观察，才能看清其庐山真面目。而这样的庐山真面目还包括她的性格怎样，身体棒不棒，以及她为人处世的能力等等。嘿！好厉害，怨不得有人说恋爱的学问大着呐，因为这里边有很多文章要作……"

一个叫朱成贵的大学生说："由恋爱到结婚，这是一个艰苦的过程，不下定决心，不艰苦奋斗，不做出卓越的努力，不能深入细致地办些实事，那就不能找到一个理想的媳妇。应当认为，从恋爱到结婚成家，它是一个伟大的基础'工程'，这是家庭大厦的基础，如果说这基础不牢，家庭大厦就有坍塌的危险。因此说你要想找一个称心如意的媳妇，必须明确你的观点，对待恋爱不能有丝毫的马虎，要认真要努力，要有一种必胜的信心，来促使这个工程保证质量。而要想保证质量就必须做出应有的努力，比如，观察对方要细心，注意对方行动言谈中的每一个细小的含义；若是和对方发生了矛盾要耐心，尽量做到不要把矛盾扩大化，减少不必要的麻烦；恋爱关系确定之后要有恒心，感情要百分之百地投入，实心实意地相处，不要要小聪明，坦诚相处表示出很有诚意。所有这些都是恋爱中应当付出的代价，只有恰当地解决恋爱过程中发生的种种事情，才有希望成功，最后的结果才能叫双方都顺心。”

四、总结恋爱的理论和原则

一个叫苏常运的大学讲师说：“大家说了这么多，真是难得的经验和教训，我建议应当进一步归纳总结，让这些饱含哲理的内容再升华到精辟的论断。”作者接受了这个建议约请一位心理学专家名叫王志立，请他根据大家的发言记录进行了深化性整理，他说：“我只能说是个人对恋爱方面的见解，我是以抛砖引玉的态度发表一下我的观点，说对了的供大家参考，说错了的请大家指正。因为恋爱问题是当前很重要的社会问题，必须引起大家的关注。我要讲的是恋爱的理论和原则，具体有以下几点。”

1.美好姻缘的理论

从理论上讲，美好的姻缘，就是在正确的时间和正确的地点，做了正确事情的结果。具体说来，当你在正确的时间里，也就是在青春美貌的年华，出现在正确的地方，也就是在最理想的场所和最适当的地点，碰上一个很称心如意的对象。面对这样一个理想的对象来做出正确的事情；就是你爱说的、该说的，爱做的，该做的动作和事情，所有这些你都非常恰当地及时而满意地做了必要的处理之后，你就是一个真正的成功者。而成功者的你和她就是缘分。应当是：“有缘之人，总是在花好月圆的时候相遇，双方都在正好的时间里，恰如其分地都明白了双方的心思。于是，双方不多也不少，不早也不晚都是在正好的节骨眼上说出了两个人都该说的话。”有道是：“愿天下有情人都成眷属。”然而有情人还必须有缘分，无缘之人，明知道对方恋顾之深情厚谊，就是只差一步没赶上，只是少说一句话，也只是一瞬间的犹豫，错过了大好时机，眼前这趟列车就开走了，造成终生的遗憾。这就充分说明不懂理论不行，没有缘分更是不行。所以说美好的姻缘，就是在理论指导下的行动，再加上两个人都有很好的缘分。

2.最理想婚姻的理论

(1) 恋爱步骤的理论

从理论上讲，美好的婚姻，必须是在美好姻缘的基础上，经过千锤百炼之后而结婚的夫妻则是美好的婚姻。这里所说的千锤百炼是指有理论指导的恋爱过程。具体步骤是：认识→了解→再认识→再了解→考验→感性认识→再考验→理性认识→谈婚论嫁→结婚。尽管大多数婚姻没有这样明显的公式过程，其实很多夫妻都走了这几个阶段，有的比这几个阶段还复杂。

(2) 恋爱量化的理论

要结婚的青年男女，把恋爱的最后阶段量化岂不是更好吗？而量化的具体内容应当是：容貌、身体、品质、性格、遗传。对每一项的满意程度用分数表示出来，最后用平均分数来得出结论，用这个平均分来判断你是否娶来一个好媳妇，或是嫁给一个好丈夫。

每一项的最高分为95分，最低分为65分，65～75分为及格，75～85分为良好，85～95分为优秀。及格分数段是满意，良好分数段是比较满意，优秀分数段是很满意。比如说容貌这一项你认为满意时打70分，认为比较满意时打80分，如果认为很满意则打95分；身体、品质、性格等以此类推，都把分数打出来之后，再来个总平均，最后得分就是恋爱质量的分数线。假如说相貌不好看，身体有病，品质不好，性格暴躁，遗传基因欠佳（如其父母早逝有传染病），这样的媳妇不合格，娶了她肯定不是一个好媳妇。假如说你最后得到的平均分数是94分，这就说明你娶来一个好媳妇（或者说你嫁给了一个好丈夫），因此说量化因素应当列为重要的环节。

3.恋爱必须掌握的五项原则

（1）首先一条是放长线钓大鱼的原则。 这条原则的重点是不草率行事，犹如慢火炖鱼，时间长了才会香有滋味，当然这放长线不等于把线放到不适当的程度，应该是以质量为准绳。

（2）不十分称心不定婚的原则。 这条原则的重点是找个称心如意的媳妇，恋爱，恋爱，恋出爱来的媳妇有真情，在这方面绝对不将就。这个人不满意你还有权再找下一个，下一个再不满意也可以继续寻找，如果你凑合着算啦，那就失去了再找的权利，结了婚再找情人不合法，所以有的青年男女，宁愿打光棍，或是一生不嫁也要找个心满意足的人做配偶。

（3）恋爱中不乱来的原则。 这条原则的重点是不结婚不上床，这是非常重要而又是难以做到的事情，很多青年男女恋爱则激动，不能控制一时的冲动，结果上了床办了那个事，后果往往是遗憾的，也是不道德的行为。奉劝当今青年男女，都应当树立正确的恋爱观，千万别干出与道德不相容的傻事。

（4）注意性格相投的原则。 这条原则的重点是两人性格合得来能在一起过日子。假如你的性格和她的性格相反，你说东她偏说西，你要她打狗，她却去抓鸡，整天这样的对着干，那你们今后的日子咋过呀？怎样观察一个人的性格，一般说来，一个人的性格特点往往通过他自身的言谈举止和表情等暴露出来。比如说，那些直率热情、活泼好动、反应迅速、喜欢交往的人，这种人是性格开朗的表现；那些快言快语、举止简捷、眼神犀利、情绪易冲动的人，往往是性格急躁容易暴怒的人；一些表情细腻、眼神稳定、说话慢条斯理，举止注意分寸，这是性格稳重处事圆滑的人；有些人表现出安静、抑郁、不苟言笑、喜欢独自思考、不善于交往，这是性格孤僻难接近的人；还有些口出狂言、自吹自擂、好为人师表、乱说乱动不拘小节，往往是个骄傲自大自命不凡的人；那些懂礼貌、讲信义、说话办事实事求是、待人心平气和，尊重别人，这样的人肯定是一个性格谦虚谨慎的人。所以这些性格不同的人，都有他们的特点，如果你们两人是针尖对麦芒的性格，一辈子只能是吵着过，打着来吧。所以说，你想要个好媳妇必须注意性格相投，才能满意，这条原则必须认真遵守。

(5) 婚前体检的原则。这条原则非常重要，然而却让很多青年男女忽视，他们认为检查不检查都一样，反正已经了解了对方的身体情况，检查岂不是多此一举。其实不然，应当说不做科学的检查，那就是不负责的表现，当然婚检也是双方所需求的一个步骤，虽然说大多数没有检查出问题来，但也有少部分人经过体检之后，把热恋的心情凉了下来。因为对方没有生育能力，因为对方是先天性阳痿，因为对方有严重的肝炎，因为对方有传染病……不能结婚或暂时不能结婚，发生如此种种情况，就说明婚前体检具有非常重要的意义。比如，刘丽英和曹玉清就是个明显的例证，体检后确诊刘丽英无生育能力，而曹玉清是先天性阳痿，两人商量分手了。这就充分说明体检是相互负责的表现。有道是："长痛不如短痛。"既然已知对结婚没有意义和好处，那就不能造成婚后的长期痛苦。

第二节　第二件宝　生一个好儿女

如何生一个理想的好孩子，这是一个非常重要的课题。作者为了把这一课题讲深讲透而有科学性、实践性，特意去请教了中国优生优育的权威专家，博士生导师杨教授。对于如何生一个好孩子，作者向杨教授提出了具体的三个大问题，十二个“小”问题，杨教授作了详细而准确的回答。这些问题对年轻的男女都有非常重要的参考价值。现在就把这些问题的记录整理如下。

一、遗传病的问题

1.遗传病要警惕

所谓遗传病，就是从父母那里接受到的，已发生突变的遗传物质，而引起相应的疾病或缺陷。也就是说由于遗传物质改变（如基因的突变或染色体畸变）造成的疾病。这种遗传基因（致病基因），按一定的方式传给子女。例如，他们的父母同时存在相同基因缺陷，难以避免遗传性疾病的厄运，那么所生下的孩子则会表现异常。在日常生活中，父母双方有一方智力低下的，他们所生的子女中智力低下的发生率明显高于父母亲智力正常所生的子女；如果父母亲都是智力低下，他们所生的子女智力低的发生率更高，这就说明了智力与遗传的关系。

为什么要警惕遗传病？因为它是严重危害人类健康的因素，而且是程度不同地代代相传。可见，很多疾病都与遗传因素相关连，这是一个不可忽视的重大问题。有些遗传病在一出生时就有表现，有些则要通过相当长的时间才能表现出来，如遗传性舞蹈症，发病时间要到30～40岁以后才表现出来，甚至隔代发病。有道是："一代没好妻（夫），代代没好子"。遗传病顽固的遗传性给人类造成了难以想象的灾难，所以要警惕遗传病，因此说要从择偶做起。

2.遗传病可改善

应当说人类的体质、生理机能等许多方面都离不开遗传因素，但也不能忽视后天环境因素对优生的影响。这也是我们非常关心的问题。比如说在一个家庭中，父母的个子都很高，但他们的子女并不高；父母两个都是矮个头，但其子女的个子并不矮，有的反而很高。大家都知道身高与遗传有很大关系，然而，为什么会出现以上情况呢？这是由于环境因素、营养条件、生活习惯、工作性质等多方面因素也会影响身高。再比如，虽然智力和遗传基因有关系，但也受外界环境的影响，假如父母有意识在智力方面加以培养，再加上本身的主观努力，刻苦求学，也能补救遗传上的缺陷。同一个家庭中，有的孩子长大后做出了惊人的成就，而有的则很平常，这也充分说明遗传固然能传给下一代某些天赋，但后天因素如家长的教育、培养以及父母的行为对孩子的影响，还有个人的学习和实践，刻苦的钻研程度也是造成智力差异的重要原因。

3.遗传哪些最明显

遗传中最为明显的近视，从许多研究中都可以证明，近视眼确实会遗传的。一般而言，越是严重的近视，越是父母遗传的。但是后天环境的影响也会造成近视，比如说眼睛过度疲劳，或是看书时距离太近，容易近视。

我们应当承认每个人都毫不例外地秉承父母的某些外貌特征来到人间，只是这种遗传并不像“克隆”羊那么一模一样。有些是“绝对”地像，有些是像又不像，或是微不足道的像。但也有的是百分之百的像。例如，肤色，遗传时是不偏不倚的，让人别无选择，它总是遵循“相乘后再平均”的自然法则，打着父母“中和”的烙印。若是父亲黑，母亲白，其子女就是不黑不白的“中性”肤色；父母都是黑色皮肤，其子女白嫩肌肤的非常少见。下巴的遗传不容商量，往往是像得让人们无可奈何。假如父母一方有突出的大下巴，其子女们毫无例外地长出酷似的下巴，像得有些离奇。其次双眼皮也属于“绝对”性遗传，父亲是双眼皮，几乎是百分之百地留给他的子女们，就是出生时单眼皮，成人之后又“补”上双眼皮。另外，还有大眼睛、大耳垂、长睫毛、高鼻梁等，都是从父母那里最能得到的特征性的遗传。

除以上“绝对”的遗传之外，还有半数以上概率的遗传，比如身高，决定身高因素的有35%来自父亲，35%来自母亲，只有30%的主动权在你自己手里；肥胖，如果父母肥胖，53%的几率传给子女。秃头，“上帝”偏袒女性，秃头者只传给男性，就是母亲的父亲是秃头，也有25%的概率传给外孙们。但是少白头遗传的概率很低，不必过分担心父母亲的少白头会传到自己的头上。

二、最佳优生的问题

1.优生应当怎样进行准备?

优生的先决条件，首先是做好两个检查，一是婚前检查，二是孕前检查。这两道关口若是不走，肯定会有风险。先说婚前检查，对于即将步入婚姻殿堂的青年男女来说，绝对不是走形式的事，而是对爱人，对后代，乃至对社会负责，特别是对即将建立的家庭幸福有着非常重要的意义。婚前检查最重要的目的是有利于优生，有利于子孙后代，应当视为是一次优生的监督。未婚男女通过婚前检查，决定能否结婚，是否能生育，孩子是否有遗传病发生的风险。以及怎样预防等，它能有效地防止在某些方面有缺陷的孩子出生，阻止遗传病的发生。通过婚前检查，可以早发现双方的健康隐患，特别是有些不宜结婚或暂时不宜婚配的疾病，比如肺结核、急性传染病、精神病、血液病，以及有严重的心、肝、肾疾病等，经治愈之后方能结婚生育。因为有许多疾病是自己不能认识和察觉的，必须通过婚前检查才能发现。所以说，婚前检查就显得极其重要的。为了家庭幸福和下一代的健康，应该认真做好婚前检查，因为它是保障夫妻生活幸福、孩子健康的第一关。

如果由于种种原因，错过了婚前检查，那么一定要注意不要再错过孕前检查。我认为，一般体检是不能代替孕前检查的，而孕前检查的主要对象是生殖器官和与之相关的免疫系统、遗传病史等。特别是在已经取消了婚前检查规定的今天，孕前进行一次检查能帮助你孕育一个很健康的子女。所以说孕前检查对每一个准妈妈来说是一个很重要的措施。总之，青年男女进行孕前检查，可以让双方都能真正了解对方是否健康。欲孕的男女青年，应当本着科学的发展观和坦诚的态度，认真回答医生的提问，并积极虚心地请教，以便更好地生出一个智商高而健康的宝宝。

2.新婚怀孕应有哪些准备?

要说怀孕前应当做好哪些准备,首先是有计划地受孕。孩子是父母生命的延续,也是夫妻未来的希望。如果你想要一个既健康又聪明的孩子,必须做到有计划有目的孕前准备。小宝宝绝不应是偶然受孕结下的“果实”。确切地说,应该在精子和卵子结合前3个月至

6个月,就要做好受孕的准备。因为如此准备之后,可以使最健康、最有活力的精子和卵子在天时地利人和之时,将父母的最优良的精卵中得到最佳的组合。这样的结果来日与你们夫妻见面的将是一个既健康又聪明的理想的小宝贝。其次是为怀孕做好应有的行动:良好的心理状态与和谐的性生活紧密结合,是达到优生的重要因素,这是以行动作出贡献的。比如,做爱时,夫妻双方要把情感以百分之百地投入,注意力应达到非常集中的程度,要彻底排除杂念以及种种事情的干扰。双方都有强烈的性欲和性冲动,要在高度的兴奋、激动、舒坦、满足中完成性行为。在性交过程中,夫妻双方以激动、兴奋、欢快的情绪来互相影响、感染、激励。根据夫妻双方性生活的心理特点,为了保证性生活的和谐,提高满意率,同房时应创造良好的环境,排除一切情绪的干扰,全心全意地投入到做爱之中,并同步进入性兴奋,性高潮,这样的精卵结合才会更有活力,将来的宝贝才会更加聪明。

3.最佳怀孕应当如何控制?

当今社会,人们对生男生女的问题,基本上得到了正确认识,重男轻女的现象在认识上有了很大的转变。特别是在城市里的人们,重女轻男的意识有所抬头。但是,从优生的角度上讲,生男生女都一样,关键在于“优生”。都是以生一个聪明而健康的小宝宝为原则。那种一味重男轻女而造成性别比例失调的现象,其后果是不堪设想的,应当彻底根除。但是,为了保证人种的质量,阻断某些对民族素质影响很大的遗传病,有的情况控制性别是一项非常重要的措施。比如,血友病,经调查统计发现,患者大都是男性,鉴于此种情况,如果胎儿是男性,应做流产手术,而女性可以考虑保留,但她长大结婚后也只能生女孩,因为女性只是致病基因的携带者,不会发病,要是生男孩则发病。还有一种叫进行性肌营养不良症,几乎全是男性发病,大都在二十岁左右时死去,属于半性、隐性遗传病。这就不难看出,有些人虽然可以结婚,但应知道结婚后生育时应注意会出现什么问题，特别是有家族中的遗传病的未婚男女，一定要在医生的指导下生育，才能确保优生和家庭的幸福。

4.补充叶酸确保优生

有一个重要问题，广大妇女还没引起注意，这就是孕妇在怀孕前必须补充叶酸。因为叶酸是人体细胞生长和造血过程中所必需的一种营养物质，叶酸它最主要的功能是制造红细胞和白细胞，增强免疫能力。它是一种维生素，是人体的必需物质，特别是孕妇缺乏叶酸，可以导致胎儿发生神经管畸形，如常见的无脑畸形和脊柱裂，新生婴儿唇腭裂畸形以及先天性的心脏病等。如何补充呢？根据美国的一篇实践报道表明：从计划受孕时起到怀孕3个月之后，每天服用400微克小剂量的叶酸，可以减少70%以上的神经管畸形病，还可以减少35.5%的先天性心脏病，以及减少83.7%的唇腭裂病。又可以大大减少自然流产率，同时还能减轻妊娠的反应，促进胎儿的生长和发育，以及避免孕妇的贫血症状。

叶酸是一种水溶性的维生素，它最怕高温，尽管它几乎存在所有的食物中，但经过高温炒煮的烹调之后，其中绝大部分叶酸被破坏，致使孕妇体内叶酸严重不足，要以特殊办法加以补足尤其重要。准妈妈最好在准备怀孕的前3个月注意开始摄取叶酸，至少是前一个月至怀孕满3个月补足理想的叶酸，确保胎儿发育的需要，以达到优生的目的。叶酸增补剂名称叫“斯利安”片，每片含酸400毫克，一天一片，一般说来，必须天天服用，不能遗漏，因为叶酸在孕妇体内存留时间特短，遗漏之后补用无效，导致效果降低影响胎儿的发育。

有道是：“种瓜得瓜，种豆得豆。”农民特别注意精耕细作，因为他们都知道种地千万别糊弄，要想丰收必须在耕种上下工夫。然而，你要想生一个优秀的宝宝，也必须在“种”上实施科学而有效的种种措施，你家、他家，还有许多家，要是都能生出一个聪明、智慧、有才干的宝宝，不但对你们家庭是个幸福，更重要的是为国家培养栋梁之材作出了很大贡献。

三、生男和生女的问题

1.生男生女有科学理论

随着科学水平的不断发展，生男生女的问题，不再是神秘的想象，已经变成理想的现实。关于这方面论述报纸杂志都有发表。为了更简要而通俗地讲清这个问题，这里提出一个生育方程式：X+X=G；X+Y=B。式中X代表女性染色体，Y代表男性染色体，G代表女孩，B代表男孩，+号表示结合的意思。从这个生育方程式中我们可以清楚的理解，生男生女的问题并不深奥。

大家知道形成人体的条件是精子和卵子相结合后形成受精卵，这叫坐胎成为新的生命。男人的精子有两种类型，一种叫X性染色体，简称X精子，还有一种叫Y性染色体，简称Y精子。形成女孩的精子是X精子；形成男孩的是Y精子。而女人卵子的性染色体只有一种类型，叫X染色体。女人的X性染色体与男人的X精子结合则生女孩，与Y精子结合则生男孩。如公式：X+X=G；X+Y=B。这里所说的染色体，就是决定男孩女孩性别的因素染色体。

在正常情况下，女人一个月经周期只排出一个卵子，个别情况有排出2个或3个卵子的。因为X精子决定生女孩，Y精子决定生男孩。生男生女的问题，就看如何结合了。然而精子和卵子的结合并非是件容易的事情，它需要一个艰难的运作过程。要想让它们分别相结合来解决生男生女的问题，就需要夫妻双方做出应有的努力。

X精子和Y精子在形状和性能上是有区别的，X精子头部较大，椭圆形，尾巴较短，比较笨重，行动缓慢。但它耐酸性能强，存活时间比较长，进入阴道后能存活2至3天；Y精子的头部较小，圆中带尖形，具有穿插能力，尾巴较长，游动速度较快。但它耐酸性能弱，遇酸性环境死亡率高，存活时间较短，只能在子宫腔或输卵管里存活24小时左右，喜好碱性环境，在碱性环境里活泼游动，速度也比较快。

综合上述，生男生女的问题，就是要创造条件，促使X与Y分别与卵子相结合的结果。如果受精卵是XX染色体，就形成女孩，受精卵是XY染色体，就形成男孩。X与Y精子它们之所以决定性别，其中的奥秘就是这两种染色体上存在有控制性别的基因，而基因才是决定生男生女的关键因素。

2.生男生女有具体办法

明白了生男生女的科学理论，就会想出具体办法。尽管办法不能保证百分之百地准确，然而有科学论证还是行之有效的。这里特别要说明的是："每对夫妻都应当树立全局观念，要以大局为重，重男轻女或重女轻男都是错误观念"。男孩女孩在总体数量上应当相对平衡，这是基于生态平衡也是道德准则，因此，做医生的是不支持有人特意选择孩子的性别的。尽管如此，人们还是懂得了有关生男生女的科学措施，还是想出了种种办法来实现了他们的愿望。比较普遍的办法是控制饮食，因为饮食的酸碱性对于生男生女有很大的影响。

通过多年的实践证明，身体偏酸性生女孩，身体偏碱性生男孩。这里需要说明：关于酸碱性食物的划分，是根据这种食物经过消化、吸收、代谢之后在体内变成酸碱性来定夺，并非酸味食物就是酸性，食物的酸碱与其本身味道没有直接关系。

为什么饮食的酸碱性会影响性别的出生？这是有科学理论根据的。在理论上已经明确：X精子耐酸、Y精子喜碱。酸性环境给X精子创造了有利存活条件；碱性环境给Y精子创造了适应于活泼生存的条件。两种环境会出现两种结果。因此，这一科学推论已经被人们高度重视，并在饮食上注意分辨出酸碱食物。

强酸性食物：蛋黄、柴鱼、奶酪、乌鱼子等。

中酸性食物：猪牛肉、小麦面包、火腿鸡肉等。

弱酸性食物：大米、花生、酒类、章鱼、泥鳅等。酸性食物在人体内含有氯、硫、磷的元素，最终代谢呈酸性、是生女孩的最有利的食物。

强碱性食物：海带、茶叶、葡萄酒、绿藻等。

中碱性食物：橘子、草莓、蛋白、大豆、菠菜等。

弱碱性食物：苹果、红豆、萝卜、洋葱、豆腐等。

这些食物在体内最终代谢呈碱性，是生男孩必须吃的食物，因为这些食品中含钙、钾、镁、钠的元素较多，为生男孩的条件增加了可靠性。

依照X + X = G,X + Y = B的科学论断,夫妻利用饮食的酸碱性的办法,来达到生男生女的目的,应当认为确实是行之有效的好办法。

3.生男生女有关键时期

为什么说生男生女有关键时期？因为这里的关键是如何掌握排卵时期以及准确的排卵日。掌握排卵而性交，对生男生女的问题关系很大，这里首先应当明确排卵期和排卵日，排卵期是指在某一个时期排卵。例如，大部分女性都在下次来月经前两周左右排卵，即为12至16日为排卵期，也可以说女人在月经来潮后的第14天左右排卵。这里的左右是大概的意思，没有明确地肯定那一天排卵。为了解决生男生女的问题，必须明确诊断出排卵日，确定排卵办法有几种措施。这里主要讲四点，第一，通过检查宫颈黏液来判断。接近排卵时，宫颈黏液清亮，滑润而富有弹性，如同鸡蛋清状态。如果出现这种黏液的最后一天前后48小时之间就是排卵日。第二，通过基础体温来判断。在3个月内以平稳悠闲的心情记录体温，将观察到每个月的某一天体温骤然下降，这天就是排卵日，但在排卵后的体温必须上升0.3℃～0.5℃，如无排卵体温不会上升。第三，请妇科医生做指导。排卵可受疾病、情绪、环境以及药的影响而发生改变，在医生的具体检测下，就会准确地认定出排卵日。第四，自己对自己认定排卵日。要排卵自己有感觉：食欲突然下降，肛门有轻度下坠感，同时一侧腹经痛，阴道分泌物增多稀薄乳白色；精力旺盛，性欲高涨，神采奕奕，再加上体温也有所变化等，有经验的女士自己就能寻找出排卵日。

为什么要认真确定排卵日？因为它是生男生女的关键时期，比如说要生女孩，必须在排卵前两天做爱比较把握，因为决定生女孩的X精子寿命是2天3天，而决定生男孩的Y精子的寿命只有一天，等到排卵出来之后Y精子大都死亡，这就给X精子与卵子结合创造了独到的条件。X + X = G，结果是女孩。

第三节　第三件宝　找个好工作

首先明确什么是好工作？这要因人而定。根据每个人的知识水平、工作能力、技术本事、社交能耐、个人爱好、身体条件等等，能够找到一个适合你所胜任的并且让你非常满意的，而且是挣钱较多的工作，就应当说是一个很好的工作。

找个好工作，其中的关键是在“找”字上做文章，然而在“找”的过程中，说话、办事必不可少，因此得出结论：“找个好工作就两条，说话办事有技巧。”因为你要是说话说得好，办事有技巧，肯定会找到好工作。如果你还没有找到好工作，说明你的说话尚欠好，办事还缺乏技巧。为此，你还应当继续努力学习好如何把话说得好，把事办得有技巧；找到了好工作，你的说话、办事会更好，保障你的好工作干得更牢靠。

现在的问题是说话要会使用更好的语言，办事要具备应有的本事和必有的能耐。这个难题应当成为你认真努力攻破的目标。说话、办事两者的重要性和如何努力学好掌握技巧，就成为你眼前的重要课题。

一、找个好工作必会说好话

1.语言代表形象

与人交往，说话是第一要紧的事情，你的语言要让对方听得懂、听得明白而透彻是非常关键的大问题。如果你邋里邋遢，语无伦次，话虽说了一大堆，却没有主题没有分量没有力度，对方不知你的用意何在，就没有办法对你表态。你就是一个不会交往的人，更是一个不知深浅的人，当然，你的形象就是一个糟糕的人。

与人交往初次见面说话，会在不知不觉中给对方造成一个好与坏的印象，如果第一印象不好的话，你想挽回则需要付出很大的努力，因此，初次见面说话必须注意你的形象。

萍水相逢，互不了解，而你的言谈举止首先作为第一信号打入对方的心中。尽管相互都有陌生之感，只要你能抓住人们初见的心理特点，在语言上一开始就有意识地树立良好的形象，以后的事情保证你会万事如意的。因为人们的突出特点是最相信自己的最初印象，机敏而灵活的人，在初次见的一瞬间，凭着心理定势给你打上好与坏的烙印，这样的最初判断往往难以改变他的心理印象。

有些人辛辛苦苦费尽心机，却是一辈子没有翻身，老是不景气；而却有些人为什么事情都是那样的得心应手，可以说是物顺人从，似乎是红运从天而降，其中的奥秘就是他的语言带来的整体形象起到了非常重要的作用。

你是语言出色的人，要是听你谈话的感受简直是一种难得的艺术享受，像你这种善于用语言表达情感的人，说话时引经据典，抑扬顿挫，诙谐幽默，引人入胜，就像一个专业讲演家，将语言的节奏安排得恰如其分，犹如弹奏出一曲动人心弦的高山流水，你那宏伟的形象很快印入对方的脑海。在对方心情满意的情况下，你要是有求于他，让他帮你找一个合适的工作还不是水到渠成了吗。

语调能反映出人们说话的内心世界，也更能表露出你的情感和态度。当你激动时、怀疑时、生气时以及你惊愕之时，你表现出的语调肯定是不自然的；从你那轻松愉快的语调中，人们会感到你是一个令人信服、幽默、可亲可近的人；从你那语调的节奏上，可以领会到你是一个呆板、保守、具有挑衅性，以及好阿谀奉承和阴险狡猾的人。你的语调同样也能反映出你是一个优柔寡断、自卑的人。也可体会出你是一个充满敌意的人，还是一个诚实、自信、坦率或是一个尊重他人的人。因此说，无论你谈论什么样的话题，你都应当保持说话应该有的语调，你所谈的内容与所谈及的语调互相配合，并能恰当地表明你对某一话题所抱的态度。

正确而恰当的发音，将有助于你准确地表达自己的思想和意图，是提高你的言辞、智商和智慧的一个重要形式，只有清晰而爽快地发出每一个音节，才能让人清楚地明白你要表达的意思。相反，不良的发音将会有损你的形象，更有碍于你展示自己的才华和理想。在恰当发音的基础上，还要注意音量的控制，高声尖叫就意味着紧张惊恐或是兴奋激动，这种让人难以接受的音调其后果往往是失败的前兆。

要是讲道理，可以说人人会讲，由于人们的讲法不同，效果就会截然不同。有时一句不中听的话，使人跳起来，有时一句悦耳的语言却让人笑起来。这就充分说明凡事都不但要讲理，而且必须会讲理。不讲理的语言肯定叫人跳起来，合情合理而又幽默的话，就肯定会让人笑起来。切记绝不能用强词夺理的语言来压倒对方，更不能意气用事，用歪理恶毒的语言去无理狡辩，尽管你鼓动起三寸不烂如簧之舌，情感好似撩人，语言又是非常精美，而且是善于辞令。但是，如果你讲的道理不正确，你的形象就会大大损坏，你就不可能成为受欢迎和受赏识的人。切记，语言代表你的形象。

2.语言代表风格

人们的语言，各有各的特点，有的人一说话就逗你笑，有的人说话好张冠李戴，有的人说话时语意双关，有的人善于说些逗趣的话，还有的人爱说些俏皮嗑，特别是有人一说话叫人感到非常真诚，还有什么语言中肯谦虚又很有礼貌等等。这些种种表现形式都是用他们的语言代表了他们为人的风格，

说话幽默的人，会调节紧张气氛。有人说：“幽默是人生智慧之花，聪明的人不一定善于幽默。但幽默的人一定聪明。”幽默能

有效地缓解矛盾，调节人际关系，因此说幽默是一种善解人意的风格。幽默风格的人，他的语言往往很幽默。在日常生活中，到处可见人们的幽默。公共汽车突然刹车，一个青年小伙没有站稳，撞到一个年轻漂亮的姑娘身上，这位姑娘横眉立目地喊：“德性！”青年小伙立即回答：“不！是惯性！”显然，姑娘所说的“德性。”含有骂意，是责怪他行为不妥，是有缺德的表现，而青年小伙却很会用语言风格来缓解矛盾，他巧妙地用一个“性”的字眼来故意地使用物理原理中的“惯性”之词，既避免了和姑娘发生争执，又委婉地解释了这是一种意外原因，绝非是他故意地撞她，他这样幽默地一说，姑娘却“扑哧”一声笑了。这样不但缓解了姑娘的怒气，而且还引得全车内的乘客都笑了。从这个生动的故事可知，语言的风格魅力无穷，其作用更显得可贵。本来不属于青年小伙的责任，是刹车而产生的惯性所致，姑娘的“德性”含有骂意，青年小伙若是个愣头青回骂她几句，姑娘也没有办法，她要是敢奓翅，他敢揍她或再说些不三不四的语言，这就会促使矛盾扩大化了。像这种张冠李戴的幽默在引人发笑的同时，既可以有效地驳回恶意的攻击，也可以缓和矛盾进一步升级。至于如何运用得当，运用者则需要有一种机动灵活的智慧。

语言风格虽有几种，但说话谦虚的风格值得学习和提倡，既然是语言代表一个人的风格，那么谦虚的风格是做人必须有的一种高尚品质。有道是：“谦虚使人进步，骄傲使人落后。”此话经过实践的检验已被人们认为是一句至理名言。它给人以明确的启示：还没有取得成功的人，当然就没有什么值得骄傲的，所以他应该继续保持谦虚；然而，已经取得成功的人，也不应该自命不凡自高自大和自以为是，仍然保持谦虚的风格和虚心向学的作风。因为世界上的知识是无穷无尽的，当前还没有任何一种力量能够战胜未来，而未来的知识谁也摸不透彻，所以说骄傲情绪就意味着倒退的表现，永远进取才是成功者必须走的道路。有道是：“满受损，谦受益。”哲人忠告世人要虚怀若谷，无论是对人对事的态度，绝对不要狂骄，否则就会吃亏在眼前。

3.语言要讲艺术

有道是：“良言一句三冬暖，恶语伤人六月寒。”遇到难堪的事情，记住这句名言，面对难堪，煞有介事，顺藤摸瓜，因势利导，运用委婉含蓄的语言，使难堪的局面得到有效的缓和或是自然而然的消失，这就是语言艺术的作用。

语言有两种，一是有声语言；二是无声语言，其中有声语言则是语言交际中的主要途径。语音的轻重，语调的高低，以及语气的抑扬，更是千差万别的，它具有非常丰富的含义。因此，说话要讲究艺术性，追求艺术化的风格，假如你的语言艺术化了，那你就会成为一个无穷魅力的人。若是如此，你还能找不到一个满意的工作。当然，这种艺术化的人，不是一天两天就形成的，它需要比较深的文化素养，高尚的品格和积极的心态综合之后而成功的。同时，还需要时时刻刻地在生活中去锻炼潜心苦研，更要不断地进行学习。

首先你要努力学习说客气话，所谓说客气话，就是对人说话要有礼貌，真正善于交际的人，是很少发火的，因为发火是最不礼貌中的表现，更不能出口伤人，出口伤人的话则是最不礼貌中的极端表现。比如说，你要拒绝别人对你的请求，这种说“不”的语言，究竟用什么样的语态更好呢？实践证明，谦恭的语态更能使对方容易接受，它能促进双方的感情融洽。有道是：“感人心者，莫先乎情。”拒绝别人请求的话，谁都不愿意听，然而又不能不说，这就要求你在语言上下工夫。通过语言的交流给对方以“都是自己人”的感受，如果能形成“都是自己人”的定式，都站在对方的立场上，从对方的利益出发来看待问题，在对方互调的原则下，容易接受你的拒绝。切记，粗暴生硬的语态，肯定会给本来已经很难进行的拒绝火上浇油，其后果不堪设想。因此说拒绝别人的请求，就应该学会韧性，即使是在对方无理取闹的情况下，也要以韧性的姿态客客气气地拒绝他的请求，因为客气本身是一种高超而无形的力量。

语言的艺术性是多种多样的，其中的模糊语言也是相当高明的。比如说你在拒绝别人的请求时，不做明确的肯定与否定，而且采用模棱两可，用似是而非的语言给予答复，让对方摸不着头脑，不知是赞成还是反对。在具体运用中并不排除语言的多种技巧的使用，可以适当而巧妙讲些诸如“大概”、“也许”、“可能”之类的模糊语言，让对方不知不觉地处在已被拒绝的状态。因此说，模糊语言适应性很强，具有很强的应变功能，灵活运用它，可以帮助人们有效地摆脱困境。凡是跟政府机关领导打过交道的人，都能经常听到诸如“研究研究”、“考虑考虑”、“看看再说”之类的语言，这些都是模糊语言，假如你求某个领导办件事，他表示“考虑考虑”有两种可能性，一是你的请求毫无希望，二是他话里有名堂，你应对他“意思意思”才能给你办，这就是语言里的艺术性。

在语言的艺术中，赞美的语言比较普遍地使用。有道是：“到什么山上唱什么歌，见什么人说什么话。”当然，这里边有溜须拍马，见风使舵的消极因素，但是，“看人说话”还是有积极意义的。如果你能做到做好看什么样的人说些恰当赞美的话，就会让你在交往中游刃有余，得心应手，办事成功。

你要求人办事，免不了要说些赞美他人的话，然而赞美他人，不应该单是花言巧语、甜言蜜语、不着边不实际的语言，最重要的是根据对方的个性、性格、文化修养、心理需求，以及所处的背景、角色关系、语言习惯，甚至职业特点，性别年龄等等。对这些不同因素综合考虑之后，恰如其分地恭维他、赞美他，让他感到你的言语非常切合实际，而又是恰到好处。这样的效果肯定是理想的，你的所求还能不行。比如说，你对体胖的女人，你要是说她又矮又胖，她肯定反感，但你夸她：“看起来你一点儿也不算胖，只是让人感到你很丰满，身体很协调、匀称。”她听了会感到几分心理上的安慰也会很开心。对待年龄较大的女性，尽可能不提年纪问题，因为女性对年龄是个“雷区”，问不好讨人厌，对待不到40岁的中年女性，你若是开口便说：“你快50岁了吧！”对方肯定不高兴，你要是说：“我看你呀，最多也不过30岁。”她一定会心花怒放，笑逐颜开。有道是：“入门休问非荣事，观看容颜便得知。”赞美别人时，你要学会察言观色，如果你面对一个为了债务焦头烂额、心绪不宁刚倒闭的企业家，夸他：“事业有成，春风得意。”对方马上会说：“你这是讲我的风凉话，滚一边去！”你这样的赞美便会适得其反的效果，这就是不会察言观色的恶果。

社会上有些领导干部嫉贤妒能，受害者是个有才干的知识分子，你安慰他说：“木秀于林，风必摧之；堆高于岸，流必湍之；行高于众，人必非之。”你对他说出这样的认识，则说到了对方的心坎上了，他不但能听懂，而且很开心。如果你面对的是一个文化水平不高的群众，你就得说：“枪打出头鸟。”；“出头的椽子先烂。”对方才能彻底明白你的语意，感到你说得有理。你讲的话才会引人入胜有效果，而赞美别人的语言更应该因人而异，把话说到点子上，才能起到理想的效果。

4.见啥人说啥话

这个问题很复杂，说是好说，但做起来却很难。人们都想做到见什么人会说什么话，实际上有些人真的做到了，得到不少的理想的效益；然而，有些人一辈子也没有做好，虽然做了很大努力，但效果很不理想，这就充分说明见啥人说啥话是件很难做好的事情，有待人们必须努力，努力，再努力！

不用细说，社会上都有什么样的人，都是客观存在的人群，有些人你一辈子也接触不上，根本不存在你和他如何说话的问题。然而，无论是谁都不能独立地存在于社会上，都有上级、同事、长辈、晚辈、亲朋好友，另外还必须接触一些陌生人。在男女方面，有妻子、丈夫、男人、女人等等。所有这些人，性格不同、身份各异，职业多种多样，素质、品行更是难以分清。要说见啥人说啥话，只能是举几个例子而已，谁也不可能做出完整答案。

(1) 与不同环境的不同人说话

这里说的不同环境的不同人,例如,在家里对待老婆和在单位对待上级领导,这种不同环境对待的不同人。有个幽默小品是这样说的:老师给学生出题,用“大喊大叫”和“轻声细语”各造一个句子,学生说:“爸爸在妈妈面前大喊大叫。”老师问:“那轻声细语呢?”学生想了想回答:“爸爸在局长面前轻声细语。”这就充分说明在不同环境下所见的不同人的态度,也显示出见啥人说啥话的例证。

(2) 与长辈和晚辈说话

敬老、爱老是中国人的传统美德，说话时要用敬语。称他为“您老”、“姥爷”、“爷爷”、“前辈，长辈”之词。老人爱听他过五关斩六将的往事，千万别提他走麦城的那段经历。常言道：“姜是老的辣。”老前辈资深阅广有时要摆老资格，这种现象应当给予尊重。长辈与晚辈有许多差异，也就是人们常说的“代沟”。长辈应多谈些年轻人感兴趣的话题，长辈的所谓经验是有局限性的，此一时、彼一时，环境在变，为了适应新的环境，长辈也应迈出经验的圈子，学些新知识，否则，同晚辈交谈会变得越来越困难。

(3) 与有意见和有矛盾的人说话

心理学家告诉我们：“与有意见的人说话，必须先创造谈话的气氛，心理相容才能沟通”，而说话的内容不能超出对方心理所能承受的范围，否则，对方听着不顺耳，对你的意见会更大。切记，多寻找共同点来吸引对方的兴趣，交谈下去就容易达成共识，特别注意千万不能制造出新的矛盾来。

与有矛盾的人说话必须小心翼翼，切不可轻易暴露你的内心世界，因为你和对方有矛盾，甚至是恨之入骨，心情本来就是对立的，在这种情况下，说话要特别慎重，话里绝不能带刺，也不能很冲，最好的办法就是避其锋芒，你要是用钢刀砍石头的语言，肯定会溅起火星，如果你的言语是把钢刀砍在了棉花上，那样软绵绵的态度，对方则不会再强硬下去，这种气氛是最理想的开始。善于同有矛盾的人说话，可以缓解矛盾，言归于好。不善于说话者，则会加深矛盾。切记，矛盾宜缓不宜深，解开矛盾海阔天晴，加深矛盾会酿成悲剧。

（4）与同事和朋友说话

与同事相处，不能太远，也不能太近，太远了是不合群的表现，大家会说你这人孤僻难交往。太近乎了，容易叫别人说闲话，有时还让上级误解你在搞宗派小圈子。因此说，与同事之间处于不远又不近的关系，应当说是理想的。关系的远近关键在于说话，该说的要说，不该说的千万别说，祸从口出这是做人要特别小心的弊病。有道是“林子大了，什么鸟都有，人多了什么人都会出现。”然而，说话是第一要务，与人相处，不说话怎么行，而说话的内容是可以选择的。“顺情说好话，耿直讨人嫌”这个道理谁都懂，关键在实践。

跟朋友说话，要做到真诚、实在、和气，但这并不等于与他说话不讲方式方法和技巧，说得好，可以进一步加深你和他的感情，如果你认为是朋友了，可以随便说，不注意分寸，不讲究方式，迟早会造成矛盾，不但会疏远了朋友，有可能还会得罪了朋友。有道是：“中庸之道是一种至高做人的法则。”你若实施这样的法则，便会在社会生活中游刃有余。和朋友说话也应讲究中庸，说话除谈而不厌之外，还应做到“简而文”；“温而理”；“温文尔雅，然后君子。”真可称是“谈笑有鸿儒，往来无白丁。”说话简而明但要文雅、温和且合情合理。一切都顺畅又都是那么简单，真正体现出一种儒雅、温和的味道，让友人心中向往。

朋友也会有断交的可能，然而，要做到平平静静地断交是很不容易的，往往是以不解之矛盾而导致断交。但要切记，与朋友断交之后千万不要说他的坏话，若是说了等于承认自己无能，没有善交朋友的眼光，另外也会招来以其人之道，还治其人之身的后果。

（5）与恋人和妻子说话

与恋人说话怎么说，不用别人教你，你自然会说。但是，你没有良好的口才素养，就不利于感情的表达和交流，你也很难掌握恋爱的几个阶段中的“要害。”假如你善于表达心中的激情，便会使你的爱情语言妙趣横生，当你们进展顺利时更需要甜言蜜语；闹了矛盾时开个玩笑，逗了乐趣，就会化干戈为玉帛，和好之后情更深。如果你不会说些甜言蜜语，口才素质低下，“爱”不能表，“情”不能谈，久而久之，已发幼芽的爱情便会很快地枯萎。

钟情的少男，怀春的少女，当你们之间要相互倾注情感的潮水时，是否为怎样开头说话而苦苦思索呢？有道是：“身无彩凤双飞翼，心有灵犀一点通。”恋人之间仅仅是“心有灵犀”是很难奏效的，关键还需“一点”方能“通”。那么，靠什么来这“一点”呢？正是求爱的语言，你得会说，只有会说才能会求爱，这样一来，求爱语言显然占有非常重要的地位，关键是你那能说会道的嘴，因为恋爱的结果是用嘴谈出来的。“我总是惦念着你！别的事情我全然不想，整天想的是你。”“我一时一刻都忘不了你！我的感觉好像一直跟你在一起。”。久别重逢时她说：“是在做梦吗？我们真的相见了？”“爱就是一切，你如果抛弃我，我就去寻死。”……热恋中的甜言蜜语重复地说不会让人感到厌烦，也许还认为说的不够多，不够劲。

与妻子说话则不必客气，该说的必须说。有这样一个故事，一位妻子请求丈夫帮她制定5件他认为她是个最好妻子的事情，丈夫听了很高兴，但觉得这请求有些过于玄乎，于是他对妻子说：“让我好好地想一想，明天早上告诉你。”第二天早上丈夫着急上班没来得及细说，只是在饭桌上留下了一个纸条，上面写着：“我怎么想也没想出那5件事，只想出一件就是爱你。”当天晚上丈夫下班的时候，他妻子已在门口等候着他，她眼中充满了泪水。她说：“那是我听到的最爱听的事情。”与妻子说话，捡主要地说：“给我点儿水喝，今天我高兴，我要说儿点重要事情。”“什么重要事情？看你这神秘劲儿”“来！靠近点儿，这事可不能大声说，”“屋里没外人，声大点儿怕什么？”“声大了那就没味道了。”“来吧！我需要你……”“讨厌，嘻嘻……”夫妻间说话就应当多说些表白爱意的甜言蜜语，促使爱不断升温，在那二人世界里，不应该老是说些油盐柴米酱醋茶的事情，女性天生的气质是阴柔，男人在妻子面前说话不要压抑自己的本性，恩爱夫妻的确是人生最美丽最幸福的享受，正如做爱一样，如果没有变样的新鲜感，没有耐心，爱心，诚恳之心，没有爱与被爱的技巧，恩爱的幼苗若是遇到风吹也是很容易折断的，而丈夫对妻子说话的方式和态度以及出口的种种词语至关重要。切记：“相爱总是简单的，而长久的相处却有难题”

二、找个好工作，必须会办事

1.能办事和会办事

一个人要说他能办事，是指他敢于去办事，不管困难多大，多么有风险，问题多么复杂，他都不怕，勇敢地接受这项的任务。持这种态度的人，叫做能办事的人；要是说他会办事，则是指他办事的速度快、效率高，有较强的办事能力，有较高的社交水平，效果明显而且有较大的价值。社会上对能办事和会办事的人给予了肯定性的评价，然而得到这样评价的人却很少也很难，因为它是多方面因素都优秀的体现，其中包括语言水平高，思想品质好，情感很丰富，外交能力强，性格很随和；同时也证明了此人的涉世城府深，经验积累得厚。有道是：“冰冻三尺，并非一日之寒。”若是达到如此程度的人才，可称是个“鹤立鸡群”的人物，像这样多才多艺而又多能的干才，找工作还会成问题吗？然而，这种样板式的人物，很多人把他当成努力的方向，奋斗的目标，积极地进行磨炼，往往都是一步一步地从头学起。

2.好印象是办成事的基础

你要去办事情，首先注意初次见面给对方一个好印象。最突出的是用你的仪容和表情体现出来，在这方面人们唯恐因衣着粗俗而令人看不起，所以总是对照镜子刻意打扮一番，然而，却忽略了面部表情的精神准备，很少意识到面部表情对办事成功的影响。却不知，整理表情比整理仪容更重要。

你即将去办事,衣着打扮是很重要的,更为重要的还有你的表情，因为衣着打扮很简单，而你的表情却是很复杂的。调整好表情往往是经过一番认真的努力才能达到满意的程度。你首先应当明确，当你被快乐、感激和幸福包围着的时候，你所流露出来的笑容是自然的；当你的心中有了温和、体贴、慈爱的感情时，眼睛就会露出微笑，给人以诚心诚意的感觉，这就充分说明，真心的笑容是最美丽的。有了这样的笑容和这样美好的心境一定会增强你办事的效果。

有一位名叫王晓丽的女孩去参加铁路贵宾室服务员的招聘会，她没有后门领导的介绍，也没有熟人，更没做到先前的打点，完全是凭着自己的本领去争取，但是，她非常顺利地被录用了，这里的奥妙就是王晓丽的脸上总是带着一种让人看了非常真诚而亲切的微笑。主试者高兴地对王晓丽说："你被录取了，你最大的特点是你脸上的微笑，我们铁路上的贵宾室需要像你这样面部表情的服务员，希望你在将来的工作中充分运用和发挥这个特点，让每一个贵宾都能体会到你的服务精神。"印象好的作用就是如此突出。

3.控制情绪有利于办事成功

把情绪看做是办事成功的催化剂，轻松而稳健的情绪会给你带来意想不到的成功效果，而暴躁和发怒往往让你很快失败，因此，办事成功需要有一种很强的自控力，要有处变不惊的素质。

怎样才能控制自己的情绪，最主要的经常将自己放在他人的位置上想问题，有时自己被激怒并非对方故意所为，而是无意识的表现，就不该闹情绪。如果你的脾气比较暴躁易怒，必须在办事之前先稳定一下情绪，先给自己打个预防针："注意情绪，千万要注意对方的语言不周而发怒。"必要时，先喝一口茶水或吃点儿什么东西压压火气。等心平气和了之后，再去和别人打交道，总之，在思想认识上先来个自我反省，这是控制情绪的积极措施。

有一个年轻小伙名叫李玉品，这天，他要去办一件他认为很难办的事情，因为他已经跑了五趟了，听到的答复都是一句话："你等着吧，过几天再来听信！"李玉品今天是来听信的，他万万没想到他刚迈进了办公室，就听到一声严厉的喝令：“出去！你给我出去！”李玉品嘿嘿一笑说：“为什么让我出去？”，“敲门后经过允许再进来！”，“好，好，我照办！”李玉品出去之后，敲了一下门，屋里边没有回应，紧接着他又敲了两下，还是没有回应，于是他敲了三下之后才听到：“进来吧！”“我今天是来听信的，有信吗？”，“没有，你回去等着吧，过几天再来听信！”“好，好，你忙吧，我走了。”，“回来！我命令你回来！”李玉品仍然笑着但很纳闷地问：“你方才不是让我走吗？怎么又让我回来呀？”李玉品的态度总是笑呵呵的。“你把地板给我擦了，你都给我踩脏了，快点儿！”“好，好，这活我会干，保证没问题。”李玉品急忙拿起靠墙放着的地板刷子，开始擦地板。他连续擦了两遍之后，刚要走，只听得：“好啦，你被录用了，因为你的工作特殊我们人事处长说要选一个脾气好的青年，前边五六个都淘汰了，你合格，去到人事科办手续吧！”原来这一切的一切，都是在考查他。李玉品找到了他满意的工作。他所以做到了控制情绪，主要是因为他善于将心比心的结果。

4.肯吃苦耐劳是办成事的资本

有个哲人曾说：“人间有七苦，即生、老、病、死是苦；还有：爱别离、求不得、冤家会也是苦。”其中老、病、死当然是苦，那么生为什么也列为苦呢？哲人解释说：“人们只要是认真生活，就会遇到许多困难和麻烦，克服的过程就得吃苦。”最后的三苦：“爱别离”，一个人如果遇到一个真心相爱的人本来就是很难的事情，然而，遇到了却要分离，岂不叫人肝肠寸断痛彻肺腑吗？“求不得”，人们一心想追求的东西——金钱、地位和荣誉等，费尽了心思和伎俩，却始终是可望而不可即，这不是很痛苦吗？还有“冤家会”，有的人生性好恶凶悍，言辞刻薄，施于心计，对于这种人躲都躲不及，然而这种避之唯恐之人偏偏他是你的同事，更不幸的他却是你的伴侣，无办法，你只能是忍耐苦受吧。不受又有何方？这里所说的七苦，你可能遇上的不是全面的，但总会有人遇上吧。

生活就是一杯苦咖啡，香醇中掺进了苦涩。人活着就必须有吃苦的准备，要接受许多挑战，要面对许许多多的难题。因此说，生活的本质就是苦。苦是必然存在的，它不能以人们的意志来转移。问题是我们应当以什么样的态度来对待这苦。从另一个角度来看，苦是一种警示，它告诉人们有了难题，有了困境和危险，必须拿出勇气认真地对待它，想尽办法来解决它。否则，难题就会累积重叠，构成更严重的苦难，导致生活的溃败和灭亡。想活下去就必须克服前进中的绊脚石，只有解决问题，才能泯灭痛苦。有道是："吃苦耐劳是精神生活的核心，自强不息是高尚的进取态度"

"没有苦中苦，就不会有甜中甜"。一个肯吃苦的人，才能享有福气，苦尽甜来是自然。勤俭是一种美德，吃苦更是高尚的锻炼，只有吃过苦的人，才能体会到成功的喜悦。在所有成功者的道路上，无论是学术上、事业上以及任何工作上的成功，都是以苦干、实干为基础，所以说吃苦是办事成功的资本。

切记："发达亦不足贵，吃苦亦不足悲。"前进的道路上无坦途，只有经过一番痛苦的磨炼之后，办事才会出现奇迹和理想的收获。

第十三章
历尽沧桑放光芒

提示：作者对您说，童年危难多，亲临战火飞，危险更曲折，就在一瞬间，生死很难说，冲出死难关，救星巧突破。闯字胜过勇，意志坚是辙，抓住了机遇，成功显智谋。风雨难定向，世事要斟酌。立志作贡献，沧桑又几何？信念定不移，夙愿浪滚波，光芒能四射，终归是凯歌。您要知详情，细读则明白：牢记过去面向未来作贡献。

一、话说童年　经历非凡　激励向前

作者的童年，正是战火纷纷的年代，当年是儿童团长的作者，亲自经历了战斗最危险的几关，面对敌人的凶恶，几次即将走向死亡，然而又都是出乎意料地冲出了死亡的边缘。虽说是意料之外，但又是在情理之中，奇迹般地活下来。这样奇迹的出现，具有传奇的色彩，不是巧合，而是饱含人生的哲理，生生死死的现象，往往就发生在刹那之间……

劫后余生，激励着作者勇猛向前，既然有幸活着，就要有所作为。学习，学习，再学习，是作者动力的源泉；奉献，奉献，再奉献！是作者努力追求的人生观；写好《家人必读》是作者最大的夙愿。因为有那童年经历的非凡，才会有作者实现愿望的今天。写出童年的战斗情景，让我们做一个永久的纪念。您若细读品味这篇纪实文章，就会领悟作者的心愿。

二、冲出死亡的边缘

一生岁月华年尽，白发苍苍忆童年。

童年的风雨危难永不忘，它激励着我不断争取更大的成绩。确实，经过多年努力奋斗，潜心钻研，辛勤耕耘，应当说取得一定的成绩。例如，我的专著《行车事故与防止》一书，由中国铁道出版社出版，在全国发行后，曾防止多起重大行车事故，社会效益显著，荣获铁路科研成果一等奖，该书的作用仍然潜移默化地继续向纵深发展。

防止多起重大行车事故，就意味着成千上万旅客的生命得到延续，数以万计的国家财产免遭损失。另外还有四部专著，正式出版，有二部获奖；数篇论文在大型刊物发表并有多篇荣获特、一、二等奖。一项项成果，一点点收获，都可以说是我冲出死亡边缘之后的贡献。

1.生命如此得到延续

要说我“今天”有些成就的话，应当归功于“昨天”的经历，没有“昨天”的现实，就不存在我“今天”的一切。那是1946年的春天，我和爸爸还有刘天荣叔伯大哥，在一个叫“老刘家坟”的西边耕田，我牵牲口，爸爸扶犁，刘天荣大哥施肥。突然，东边传来枪声，时间不长，就发现从坟上下来一个细高个背着一个较胖的两个穿便衣的人，他们手里都拎着手枪。高个儿气喘吁吁走到我们的身旁：“老大爷，想想办法，我们实在是跑不动了！”我爸爸放下犁杖惊讶了：“喂呀！这不是老李吗！”我也急忙放下牵牛的缰绳跑到他们跟前：“李叔叔，小赵！”因情况紧急，不能多说什么，我爸爸当机立断：“快！跟我来。”我们很快就把受伤的老李藏在坟边斜坡被雨水冲出的小沟里，并用青草盖在他的身上。

老李是藏起来了，“小赵怎么办？”我问爸爸。因为小赵是老李的警卫员，此刻不能离开老李。

“有办法！”我爸说着给我递了一个眼色，我明白了，于是我把牵牛的缰绳递给了小赵："来，你牵牲口好做掩护，我去后边踢垄沟"。

说时迟那时快，一切都安排妥当，爸爸扶着犁杖，小赵牵牲口，耕种又开始了，因为还有我们跑散了的人，不断向东方打枪，敌人的骑兵不敢靠近，嘿嘿马叫声可以断定离我们不远了。紧接着，有一个骑兵在老刘家坟的北面出现了。他勒住马，看得清马前腿高扬，嘿嘿的叫。这个跑单帮的骑兵怀疑我是假装踢垄沟的八路军。他从马背上跳下来，直奔我来了，一腿跪下向我瞄准，只听"啪"一声枪响打中了我，立刻，我觉得右腿像是碰了一下锅台，接着又像坠上一块大石头沉得不能迈步，往下一看血流出来，我慌忙喊："爸爸！爸爸！我……"爸爸回头一看明白了，他放下犁杖，举着双手："长官，千万别再开枪，他是我儿子，是个小孩!"这时，敌人端着枪顺着坟的斜边向我逼近，他迈着猫步，枪口对准我，当他看清我腰中扎着皮带时，又举起枪要把我置于死地，只听"砰"的一声，这个将要向我开枪的敌人，身子向后一仰，又左右歪了两下，慢慢倒下，这时我和爸爸都愣住了，瞬间，又都明白了，这是藏在敌人脚下不远处的老李，见势不好，把这个将要向我再开枪的家伙送上了西天。

时间在紧张中过去，敌人的大队人马围过来，我爸向我高声说："别动，千万别动!"这喊声是给老李的信号。我的爸爸用非常机灵的办法蒙骗敌人的长官。敌人把死去的骑兵抬上马背，大队骑兵去包围我们的村庄……

因流血过多，我在傍晚昏迷了，我似乎觉得走进了天堂，一切都在不知不觉中消失，又都在不知不觉中发生……等我醒过来，已经是第二天的早晨了。

"醒了，醒了!"妈妈高兴地喊声，四周立即围上来不少人，大都是陌生的穿白衣的军人，只有小赵我认识，他低头对着我的耳朵说："输了血，我说肯定能活过来吧，你们看，儿童团长又要开始讲话了!"小赵幽默的语言逗得大家都笑了。

原来是在我昏迷生命绝望的时刻，小赵带领八路军医务人员，专程来到我家，经过紧张抢救，小赵的血已经输到了我的血管里，又一次把我从死亡的边缘拉回来。我的伤很快就养好了，又继续放牛、放马、读书、还当儿童团长，李叔叔和小赵却无音无信，他们到哪儿去了呢？我经常梦到他们。

2.将敌军带入埋伏圈

转眼之间到了1947年的秋天，斗争形势依然严峻，敌人各处的据点仍在进行着白色恐怖活动，老百姓整天都在担心着敌人的扫荡，过着提心吊胆的日子。

这天清早，我从大姑家牵着黄牛往我家走，因为大黄牛没有喂“早餐”，大姑父给我的任务是边走路边放牛，目的是好让黄牛吃饱吃好，所以，碰上路边有牛爱吃的草就停下来让牛吃一阵。当我牵着牛走到一片坟连坟地时，黄牛自己就跑上了一个大坟丘，我也顺势地跟着上了这个两坟夹一路的地方，我刚迈进坟的边缘，就发现这片坟茔地里黑压压地坐着好多穿绿色军装的八路军，很快又见到从石碑后面跳出两个拎着三八大盖枪的士兵，枪尖都上了刺刀，闪闪发光的刺刀有些耀眼，他们对我说：“这里不准放牛，赶快走开！”“好！好，我走，我走！”我抓住缰绳牵牛要往下走时，只听得有人喊道：“站住，往哪儿走？”我回头一看，“啊，李叔叔，小赵！”一年多没见面了，真是巧，没想到在这碰上了，我哭了：“李叔叔，你们这么长时间……”没等我说完，老李就把手一挥说：“哭了，我的儿童团长，现在是什么时候，敌人就要来了，你……”没容老李往下说我马上振作起来，行了一个举手礼：“是！有任务吗？请指示……”

我牵着大黄牛，不让它再吃草了，我从杨树上掰了一根杨树条，不断地抽打着黄牛的后背，快步往我家走着，当我过了一个叫“三岔路口”的地方时，发现前边的树林里有很多毛驴，毛驴的那边有一堆一堆的背枪的人群，我立即明白，这是无恶不作的小驴队，当地老百姓称他们是魔鬼，烧房子、抢东西、杀人不眨眼，残忍的程度到了令人发指的地步。一提起这帮小驴队，人们都是深恶痛绝，盼望着有一天快让八路军把他们消灭。老李方才说："敌人要来了！"肯定就是指的这群坏家伙。他们发现我的到来，立即过来两个拎着手枪，头戴钢盔，身穿便衣的人，我假装没事似的继续打牛往前走。

"站住！哪庄的？"一个满口金牙的矮个子用匣子枪指着我说。"是……是井二里庄的"我用很害怕的腔调回答。另一个手拿撸子枪的高个子却温和地说："小孩，别怕，你是从前边那个庄来的吧！"我回答说："是呀，大姑家借我家的牛种秋麦，今天让我牵回来，这牛早上没喂，我是边走边放牛的。"，"少啰嗦！"黄金牙不耐烦了："我问你前边有没有这个"他边说边用手比画了一个八字，我假装不懂他的意思："那是啥？"高个子接过话："问你有没有八路？"我回答："没有八路！"黄金牙上前抓住我的头发大声喝道："你是八路派来的小探子，快说是不是？"我挣扎着："我是放牛的，不是探子，前边真的没有八路，若是有八路我还看不见。"黄金牙放下抓我头发的手威胁着说："不说实话老子崩了你！"

我继续解释："前边绝对没有八路，我敢和你打赌，要是有八路，我把这大黄牛白送给你们吃肉！"我很认真的表情却让两个恶棍都笑了，他们俩互相看了看后，高个子问："去岳庄怎么走？"我说："正北方向，遇岔路简直走别拐弯！""胡说！"黄金牙故意试探："岔路在哪儿？"我急忙解释："这条路我最熟，再往前走不远就是三岔路口，左边通大兰庄，右边通小兰庄，直着走就是通岳庄！"

"既然你路熟那就给我们带路吧！"高个子用商量的口气说："那可不行，我家等牛使唤！"我故意地说。矮个子又露出满口金牙："你敢说不行，快头前带路！"

带路开始了，我牵着大黄牛在前边走，有4个拿大枪的紧跟在后，他们端着枪，监视着我和左右两边的情况，小驴队伍和我们拉开了长长的距离。这样我明白，我是处于尖兵位置，过了三岔路口，再往前不远的地方就是两坟夹一路的埋伏圈，黄金牙从后边追了上来："站住！站住"他边喊边用千里眼（望远镜）四周扫视着，过了一会儿他放下手中的千里眼恨恨地对我说："要是有八路，我立即用枪崩了你！"

我们继续往前走，已经过了两坟一路的边缘，我心中开始纳闷，怎么没开火呀？莫非李叔叔他们撤走了？我牵着黄牛边走边四周观看，引起4个尖兵的怀疑："看什么？""看看我走的路对不对？"

正在我与4个尖兵对话的节骨眼上，只听到枪声、手榴弹爆炸声连成一片，紧接着就是嘹亮的冲锋号声……

黄金牙举着枪奔我跑来，边跑边喊："顶住！顶住！"他直奔我跑来的目的 我很明白，我用大黄牛做掩体，我围着黄牛转圈圈，他追我躲，没想到小赵带领一班以迅雷不及掩耳的功夫，十几个八路军包围了4个尖兵和黄金牙，4个尖兵举手投降，黄金牙想反抗，小赵一枪打中了他的脑袋，如果小赵再晚来一步，我也就完了。

整个战斗还没用上10分钟，小驴队全军覆没，给这一带的老百姓除了一大害。

"好样的，我的儿童团长！"老李急忙跑过来夸奖我："你的大黄牛我在望远镜里早就看见了，确保你安全的任务我交给了小赵。"

"我还着急呢，都走过了还不开火！"

"把尖兵放过去，才能更好地消灭后边的敌人，再说，放尖兵也是为了你的安全"老李高兴地解释说，小赵在一旁补充："你现在是一个纯纯粹粹地活着的王二小了。"我和小赵齐声唱："牛儿还在那山坡吃草，放牛的却不知哪儿去了……"

3.夜送情报我军得救

经过彻底打扫战场得知，那个拿撸子枪叫我带路的指挥官死不见尸，活不见人说明他跑掉了，我特意查找这个高个儿的家伙，并向李叔叔做了报告，李叔叔对我说："这是个后患，将来他会更凶残！"

尽管跑了一条大鱼，凶狠毒辣的小驴队已不存在了，据点的敌人也不敢轻易出来了，当地老百姓以为暂时可以过一段安稳的日子，起码可以过个太平而快乐的中秋节，然而事实却不是这样。

中秋节的下午，我照常去庄南棉花地里去拾棉花，爸爸有"令"，今天必须早点儿回来，太阳还没落我就收工了，当我正准备往家走的时候，有一个中等身材脸上有麻子的人匆匆忙忙向我跑来："快！十……十……十万……万火……火急！"这人是个磕巴，越着急越说不出话来，我看他着急的样子真是好笑："别着急慢慢说，实在说不清你就唱！"我听人说过"磕巴"说不行唱可以听清，对方哪有心情唱啊，只是满嘴白沫，脸色发紫，看他这样子肯定有急事，我问他"啥事？什么十万火急！"他靠着地头上的一棵小杨树喘着粗气一个劲地拍打胸口……

这个人我好像认识，呵！想起来了，三年前老李在我家养病的时候，他经常来到我家和老李谈事，他们都谈些啥，不叫我们小孩听，后来，就不知他干啥去了。今天，他突然出现，我得提高警惕，他为什么急忙来找我？他怎么知道我在这里拾棉花？"你是干啥的？"我故意审问。这时，他真的唱着说了："我是敌人的密探！""啊！你说啥？"我惊讶得不得了，又听他补充着唱道："我是八路军……军敌工部的！"这么一说我才有点儿觉醒，原来他是叫我急送一封信，叫我必须亲自找到老李，而且又是必须在今晚8点前送到。当他把来意说清之后，又自我介绍说："我……我叫孙悦，受老李直接领导，是老李指示我紧急情况可以找你。并说今晚有大批敌人去包围老李的部队……"这个"磕巴"慢慢说话不着急的时候说得倒很清楚。他最后说："给你，把它含在嘴里，快送！我必须马上回去，以免他们怀疑！"说完他又匆匆忙忙走了。

我从他手里接过来的是一个经过加工圆滑滑的杏核，我知道这就是信，情报在里边，十万火急我得马上动身。按照孙悦说的庄名

——杜家平坨我很熟悉，因我大姑家就是这个庄。我心急火燎恨不得一下子就飞到老李身旁。可是，天公不作美，我走了一段路之后，突然间乌云滚滚，少见的秋雨顷刻而来，同时，又接连不断地响着“嘎啦啦、嘎啦啦”的雷鸣，我从小就怕打雷，然而，此时此刻我却不害怕了，一种特殊的心情促使我尽量快点儿把情报送给老李。

夜幕笼罩着大地，借闪电的光亮隐约地看到树林和村庄的轮廓，雨点斜射在我的脸上，顺着腮帮子流下来，风越来越大，雨越下越猛，地上路滑，一会儿一个跤，我跌倒爬起来，慌不择路，不知跌了多少跟头，终于到达目的地——杜家平坨庄。

“站住！干啥的？”两个手电光柱直射在我的脸上，经过简短的审查之后，哨兵把我带到老李身旁。“喂呀，我的儿童团长，这么晚了你来干啥？”老李看我满身泥湿漉漉的样子立即命令：“快，先给他把衣服换换！”这时，我从嘴里把杏核吐出来，递到老李的手中，老李当然明白这是“情报”也是非常重要的“信”。只见他打开杏核取出一个小小的纸条，借着煤油灯光看得出，老李的脸色变得很阴沉，随即命令：“参谋长紧急集合！马上转移！”就在这时，小赵进屋了，他看我正在换衣服高兴地喊：“团长大人，你好哇！”我俩亲密地拥抱在一起。

老李却很严肃地说：“别闹，马上转移！”转过身来老李对小赵说：“你送送这个立了大功的儿童团长，从小道走，现在敌人正向我们靠近，你要确保他的安全，快，出发！”“是！”小赵敬礼后转身拉我要走。“等等！”老李又叫住了小赵低声耳语了几句：“去吧，快去快回到指定地点！”

4.不幸被俘内线相助

我换了一身不合体的军装，拎着湿巴巴的衣服，小赵一只手拎着手枪，另一只手拉着我的衣袖，先是并排而行到了庄外头，我俩一前一后，他小声对我说：“注意敌情！”

雨过天晴，十五的月亮冲出云层，为我们的行走照路，为了避免碰上敌人，我俩绕道再加拐弯，在尽可能走小路的同时还不断走庄稼地，我俩走一阵就停下来小赵趴下，耳贴地听听近处的动静，谨慎小心不敢大声说话，时刻警惕敌人的突然出现。尽管是小心、谨慎、警惕，结果还是没有逃脱敌人的拉网式包围圈，当我们快到三岔路时，突然间有十几个拿着冲锋枪的敌人从坟的边坡上跳下来，这个迅雷不及掩耳之势，小赵的手枪还没举起来就被两个敌人按住，我俩成了敌人俘虏。

我和小赵都是用麻绳五花大绑被带到三岔路口的高岗平台上，有一个高个儿的指挥官认真细致地审视我俩一遍之后："哈哈哈，哈哈！"他冷笑一阵之后大声说："真是冤家路窄！"他边说边用撸子枪指我的头训斥道："小家伙！还认识我吗？上次你为我们带路，带得好哇！"他边说边点了一根烟，吐着云雾接着对我又说："你不是放牛的吗？怎么变成小八路了，想不到咱们又见面了，有缘，有缘！真是缘分哪！"说完他又是一阵狂妄的大笑："看你今天往哪跑？等着吃枪子吧！来人，把他俩看管好！"他来回走了几步接着又说："小驴队叫你们老李头给打垮了，全军覆没，今天我也让老李头的八路也来个全军覆没，嘿！瞧好吧！"说完他把烟头一甩："哈哈！哈……"

"那是做梦！"小赵把头扭过去气愤地说："你高兴得太早了！""对！"我接过话题说："你们来晚了，八路军早就转移了！"手拿撸子枪的高个儿家伙又把枪口对准小赵，严厉地说："好，如果是这样，就拿你俩的头做个纪念吧！"

我和小赵用麻绳绑得紧紧的，关在一个深宅大院里，屋子空荡荡的，没有家具和摆设，我俩分别绑在支撑过梁的两个顶梁柱上，屋子里没有灯光，只是看守不时地从门缝处往屋里用手电筒照一照。开始时我俩一致认为："这下子可是死定了。"于是商量的是如何去死，要学刘胡兰，狼崖山五壮士。总之，要挺胸壮烈的去死。到了后半夜有人送来一盏煤油灯，外边的看守发出打呼噜的声音，煤油灯放在一个小板凳上，光亮跳动着，借灯光我俩可以互相看见了脸色，小赵突然笑着对我说："我们不能死，要活着出去，我俩都很年轻，革命需要我们，我们还得要继续革命！"小赵这一连串的话语让我有点儿开心，我也笑着对他说："看你说得倒轻巧，眼下的情况活着出去，有可能吗？""别灰心，有了灯就是光明！"小赵这话我以为是故意给我宽心丸吃，没承想他要真的在灯上做文章，只见他从顶梁柱旁往灯处移动，我很奇怪，他是怎么摆脱顶梁柱的？又见他慢慢地向煤油灯移动，绑他的麻绳在灯火上很快就烧断了，他的两手解放了，又急忙把我的绑绳也解开，并小声对我说："有希望吧！"蹭地一下他跳到过梁的空隙中向我摆摆手，样子就似孙悟空的形象。我惊讶了："真了不起，你还有这个本事！"他这两下子我从来未见过，他看我很奇怪的样子又小声解释说："我是沧州人，从小练武术，蹿房跃脊是一般技能！"啊，我明白了，要是没有两下子，能给老李当警卫员吗。这时，我从他的举动上真的看到了希望，我急忙问："这下一步怎么办？""有办法！见机行事！""好！"我鼓励他说："不是鱼死就是网破！对！见机行事！"

尽管是我俩挣脱了捆绑，但屋外边的情况却一概不知，等待我俩的是什么命运，还是个未知数，虽说是见机行事，在这个戒备森严的院子里，要想逃出去还是个非常严峻的问题……

在天一放亮的时候，听见屋外有人训斥："都睡着了，快起来，把门锁打开。"只听得哗啦一声，门打开了，进来一个穿便衣的人，这人就是"磕巴"麻子脸孙悦，他低声说："我已安……排好……了，跟……我走！"这可是没想到的从"天"上掉下来的救星，不知怎的我的心快要跳到嗓子眼上来了，孙悦的到来这真是如鱼得水，活着出去大有希望。只见孙悦和小赵小声嘀咕了几句……

正当我们要往外走的时候，外边看守的两个兵持枪进屋，这两个看守是计划在走廊里结果他们的，现在他们已经进屋来，只好将计就计，三下五除二，小赵一个人就把这两士兵的枪缴了，又来个临时处理办法，孙悦命令："你俩……快……把衣……服脱下来，快！”小赵立即明白孙悦的意思，以极快的速度，我和小赵的八路军装换成敌人的军装，又把这两个匪兵分别绑在顶梁柱上之后，我们三个人大摇大摆地从这个深宅大院里往外走了出去。孙悦挎着一个盒子枪走在前面，我和小赵拿着的都是大盖枪紧跟在后。然而，事情不是我们想象的那么顺利，尽管是我们3人没在门卫处卡住，到了大街上却碰上了那个挎撸子枪的指挥官，这也是冤家路窄吧，因为包围老李扑了空，我和小赵的被俘，这就把孙悦给暴露了。所以孙悦要抢先逃走，还要营救我和小赵一同出牢笼。挎橹子枪的人见到孙悦用温和的口气说：“老孙，一大早你这是干啥去？”孙悦却理直气壮地说：“去……去执行……行任务！”因为这个挎橹子枪的指挥官是敌人较大的头目，他后边也跟着两个警卫员，我和小赵穿的都是敌人的军装，没有引起这个指挥官的注意。

“执行什么任务？”“去……去……逮捕逃兵！”孙悦说着还把准备抓逃兵用的手铐显示了出来。

“什么时候回来？”“半个小……小时吧？”

“那好，你去吧！回来之后立即找我，有事和你商量？”这个指挥官是想稳住孙悦等他回来之后再处置。“好……好……我马……上就回来！”孙悦一挥手，我们三人继续往前走……

这个挎撸子枪的指挥官，一大早起来直奔关押我和小赵的深宅大院，想通过审讯了解一下昨晚上围攻老李的部队为什么扑个空，是谁走漏的风声，这个通风报信的人他怀疑是孙“磕巴”，孙悦是奸细？但还没有确凿证据，猜测是根据孙悦昨天没在指定地点活动违反了保密纪律。

当这个挎撸子枪的指挥官到大院门口时，有人向他报告：“孙悦用偷梁换柱的把戏，和两个罪犯一起跑了！”“赶快给我追！”挎撸子枪的指挥官立即组织摩托车队追捕我们三人……

孙悦驾驶一个挂斗的三轮摩托车，我和小赵分别坐在后边，因为附近方圆40里都是敌人的驻兵，我们三人只能绕庄而行，但是，三轮摩托车没有两轮摩托跑得快，因车速的差距眼见后边的追兵已经发现并靠近我们了，这时前边也出现摩托车的追兵，这前后夹击的形势，对我们已构成很大的威胁，过了一个高岗地带，有三条进路的情况下孙悦停下车对我和小赵说：“你……你俩快……快下车!”他指着一块未割倒稗子的地：“藏进去，我……我来……引开敌……敌人!”

“不行!”我和小赵齐声说：“我们三人死也死在一起!”

“说傻话，我……跑一段再扔这车，我……我也……藏起来，快!”他边说边把我俩推下车，他独自一个开着三轮摩托车直奔另一条小路，岔开了夹击追赶的敌人，这时，前后夹击的追兵在一个三岔路口会合，一同去追孙悦……

农村的小路凹凸不平，没有三轮摩托宽，其中一个轮必须轧着垄沟走，这样一来势必影响速度，而单人两轮摩托车在小窄路上照样可以提高速度，追兵骑着单人双轮摩托车追赶，很快就接近了孙悦。

“哒哒哒”听得很清，敌人不断地向孙悦打枪，我和小赵可以清楚看到，孙悦骑的三轮摩托车冲上一个很高的土岗，敌人的摩托车包围了这个高高的土岗之后，不断地向里打枪。小赵看到如此情景说声：“坏了，孙悦肯定牺牲了!”不多时，枪声停止了，这说明孙悦已经牺牲在了这个长满蒿子的地方……敌人几乎把用在包围老李的步兵都调来搜捕我和小赵，方圆几公里，坟茔地、庄稼棵、小河边、壕沟里，还有附近的小树林，凡是能藏人的地方他们都不放过，我们听到指挥官高喊：“要用梳子梳头发的办法，把人给我梳出来，抓不到逃犯绝不收兵!”……

我和小赵起先是藏在稗子地里，稗子穗已都剪掉了，只剩下准备冬天喂牛的稗秸子长在地里，因为兵荒马乱的形势，各庄的民兵队号召老乡们暂时不要割掉它，以便大家跑敌情好藏身。而这些稗子地，现在正是敌人搜捕我和小赵的重点。藏在稗子地里是最危险的地点，这是小赵首先感到的问题。

借敌人调动步兵大搜捕的空隙，我和小赵也用迂回的战术，慢慢地转移到孙悦牺牲的地点，这个高岗之地杂草丛生，蒿子草足有一米五以上的高度，人站在蒿草地里只露出一个头来，我们第一眼看的就是一个死人的尸体，这个尸体肯定是孙悦了。四下一观望，敌人就像蚂蚁似的，个个都是弯着腰端着枪如临大敌……

“这个地方保险吗？”我问小赵。小赵低声地满有把握说：“保险，你想想，这个高岗敌人已经认真细心地搜查完了，挎撸子枪的家伙，不会再让士兵搜第二遍！”

站得高望得远，我和小赵清楚看到，原先我俩藏身的那块稗子地里，大约有100多持枪的士兵在进行搜查：“你看看，那块稗子地！”小赵用手点了一下我的胳膊接着说：“我们若是不转移地点，现在又成了敌人的俘虏了！”“还是你有经验，我真的没有想好如何躲藏，你是哥哥，我听你的！”我从心里佩服小赵的本事。

天黑了，敌人点起火把还在进行搜查。我有点儿沉不住气了：“赵哥，咱们怎么办？我很饿了！”小赵这是第一次听我管他叫赵哥，在这种情况下，当哥哥的必须为弟弟拿主意。要说饿，一天多没吃饭的小赵肯定也饿了，但他不说饿的问题：“我俩能活着跑出来，多亏了孙悦，他为我俩牺牲了，现在我们还没落在敌人手里，只要我们有自由，办法是人想出来的，你想想，天黑对我们有利！”小赵把我搂在怀里，亲切地说：“别着急，现在四处都是敌人，孙悦的尸体我俩应当处理一下，我们不能叫他老躺在这里呀！”“对！你说咋办？”我站起来向孙悦躺的地方看了看：“我们把他暂时埋起来，等形势好转后，再用棺材葬一个好的地方”。

“咋办？你这不是提出来了吗！咱就动手吧！”小赵也站起身来，我俩开始掩埋孙悦的尸体，没有工具，用手扒土，用刺刀扎地，很快就把一个尸体大小的坑挖出来了，我抱头，小赵抱腿：“老孙啊，你安息吧！暂时委屈一下，改日我俩给你盖个好房子叫你住得舒服！”我接着说：“救命恩人，我们永远不会忘记你！”在我们刚埋好孙悦的时候，突然听到摩托车的响声，而且是越来越近：“不好敌人来了！”小赵果断地说着，拉了我一下，让我跟他快走开，小赵急走在前，我紧跟在后，我们撤到附近的一片小树林里，敌人把摩托车停在高岗的下边，借着八月十六的月光，我们看到一群敌人，打着手电筒四处乱照，只听得一个高嗓门的敌人喊："尸体哪里去了，你们着群笨蛋，尸体哪里去了？"听喊声，这个家伙肯定是个官，他正在暴跳如雷地指责他的下级，接着又听到喊声："用尸体示众！没有尸体怎么示众！"听到这后一句话，我和小赵才明白，这群摩托车来的目的，他们是想把孙悦的尸体运回去，不是来这搜查的，因为敌人没找到孙悦的尸体，不一会的工夫，摩托车就开走了。

5.出牢笼巧遇通信兵

这场虚惊过去之后，敌人的搜查结束了，我和小赵商量如何弄点儿吃的，我提出的方案是进村找熟人，小赵问我："哪个庄有熟人？"我说："这得靠你呀？这个地方我从来没来过，东南西北我都分不清了！"小赵说："嘿嘿，你没熟人我上哪儿去找哇，你看看，你、我穿着这身军装，老百姓能相信我们吗？"

确实，我俩穿的是敌人的军装，手里拿的是从敌人手里缴的大盖枪，当然枪是分不出敌我的，军装一下子就让老百姓分清楚，弄不好，我们一进村就可能让民兵给消灭了，吃的找不到，还白白搭上两条命。

"饿肚子问题不解决，我们就会减弱抵抗敌人的力量！"小赵提出一个严峻的现实问题，"浑身没劲若是碰上敌人，难以取胜！"小赵靠在一棵小树上接着又说："我们要有把握地行动，不能因找吃的落入敌人手里！"

"那你说咋办？"我同意小赵的说法，但我迫切地想知道小赵有什么办法？可是我也知道附近的村庄都驻有敌人的部队，要想进村寻找食物是很危险的。

"现在的问题是要弄清楚周围环境，我俩处在什么位置，附近的村庄叫啥名，这个陌生的地点对我们下一步行动确定方向。"小赵说着四下观察着，借月光可以看到最近一个庄的轮廓，他说："走，我们试试看！"

接着小赵又果断地说："天亮以前，我们必须弄点儿吃的，还必须跳出敌人的包围圈！要是这两点都做不到我们还是处在饥饿和危险的情况，很被动，我们不能坐以待毙，老躲在这是不行的。"小赵小声地说着，还拉住我的手，意思是并肩前进。

就在我们走出树林不远的时候，忽然听到脚步声，小赵急忙拉我躲起来，借月光可以清楚地看到，只有两个人，后边没有跟随的队伍，小赵计上心来，对我耳语："我们捉活的，你在前我抄后路。""好！"我持枪从壕沟里猛地一下跳出来："站住，别动！"这个突如其来的动作一下把这两个家伙造蒙了，接着小赵也从后边把枪口顶住了一个家伙的后背："动一动打死你！"这前后的突然夹击，促使这两个家伙急忙举起了双手："别误会，是自己人。"我和小赵乘机分别抽下敌人腰中插着的手枪。"走！"我们押着这两个举着双手的敌人，又来到树林里，因为这两个家伙是从上级司令部来的，尽管举起了双手是为了不吃眼前亏，当他们看到我和小赵都是拿大盖枪时，态度就硬起来："你们这是干啥？我们是上边派来的，是专程来找你们高司令送信的！"另一个也硬气地补充说："我们有特别通行证！"小赵一听厉害地说："送信的，还有特别通行证！都拿出来！""快！"我用手枪顶了一下其中最不老实的家伙。

经过进一步审讯，有些情况对我们很有用，是否真实，还不敢确定，但是就用这封信和特别通行证这两个凭证，我和小赵进村混口饭吃，是不成问题的。我大胆提出一个抓捕司令官的方案，得到小赵的赞成。

我们用孙悦准备抓"逃兵"的手铐，将这两个还不够老实的家伙铐在两棵树上，一个人抱树铐紧，另一个背靠着树两手套在树上铐牢，之后我们说了声："对不起，暂时委屈一下吧，等我们吃完饭再来请二位，如果你俩说的不是实话，那就更对不起！""别走！我还有句话要说！"两个家伙看我们要走开其中一个讨好地说。小赵回头问："你还有什么话？快说！""其实高司令并不认识我俩，我是高司令岳母的外甥，张司令的通信兵，见到高司令一提张司令，准高看你们！""张司令是谁？"我奇怪的问。"张司令是高司令的顶头上级也是高司令的岳父，我们的特别通行证就是张司令发给的，没有张司令在证上的签字，特别通行证就是假的。"小赵听了感到这个情况很重要，接着又问："还有说的吗？""没了，要是有就是请你们二位早点儿回来，别把我们放这不管。"

尽管最后的表现有点儿老实，我和小赵商量必须把他们的嘴塞上，否则他们乱喊，也会招来麻烦，于是我们用毛巾，分别把他俩的嘴塞好。然后，又把大盖枪藏起来并做了标记，拿着信和特别通行证，挎上短枪，大摇大摆地进了村庄。

6.入敌营智捉司令官

夜深人静，敌人的大队人马，搜查了整整一天加一个晚上，人困马乏，这时已安然入睡了，但村头上，房顶上还有站岗放哨的敌兵，通过手电筒的光柱可以断定他们的位置，我看到这样的情况心中有点儿发慌："不行吧，赵哥，这不是又送上门了吗？万一被敌人看破，我俩咋跑？"小赵这时却有把握地说："别！这信和特别通行证可为咱俩保驾护航。况且大批的敌兵都睡了，岗哨只是一两个人，咱有办法对付。"在小赵的带领下，我俩巧妙地躲过哨兵顺利地进入庄里，在街心里，我们发现一个墙上有四个大字："米官营庄"，见到这四个大字小赵高兴地小声说："这个庄我有熟人，有希望了。"小赵手牵手地领着我继续往前走，到了并排三个黑色大门附近，看见中间的那个大门前有两个卫兵在站岗，大门上挂着两个红灯，红灯两边的大门紧关着，其中靠右边的大门就是小赵要找的人家，小赵告诉我："咱俩慢慢摸近大门，注意岗哨的动态。"当我们以神速的行动到达大门前，我看到门上有四个大铜环，关得严严的，怎么进去？这时小赵对我耳语："你等着我进去开门。"他说着"蹭"的一下，纵身跳上门的房顶，不多时，门开了一道缝，我俩悄悄地来到院里一侧猪圈旁，蹲下身来听动静，就在这时，第一个正房的门嘎啦一声开了，出来一个人，这个人拿着手电筒，一直往大门方向走，如果他往左右一照，肯定会发现我们，这时，我有点儿忐忑不安，心想又进入敌窝了，在这种情况下，还是小赵沉着冷静，他把我搂在怀里小声说："别怕！"因为小赵心中有数，对付单个敌人那是手拿把掐。这个人原来是到大门旁的厕所里，不一会儿他就回来了，如果他不发现我们也就让他顺利回屋睡觉去了，可是当他往回走的时候，边走边用手电左右照，正好照到我和小赵的身上，这个家伙似乎不相信自己的眼睛，特意走近前来看个究竟，这样一来势逼我们对他不客气，只好借机摸摸情况。小赵一个跨步掐住他的脖子，想喊是喊不出来 ，我用枪口对准他的胸膛："别动，想活命就老实点儿！"突然被劫，这个家伙万万没想到，他也只好表示："有话好说，都是自己人！你们是哪部分的？""少废话！你是什么人？""我是高司令的参谋长！""高司令住哪里？"小赵边问边撒开用力的胳膊，他回答："这三个院是临时司令部，高司令就住在这个院里。"正在这时，从第一个正房里又出来两个全副武装的敌人，他们看到院子里有人说话，急忙上前问道："怎么回事！"当他们看到这个参谋长时，两个全副武装的士兵立即报告："王参谋长，我们去查岗！"因为这个王参谋长对我和小赵的突然出现，还摸不清底细，再加上方才我们给他的下马威，不敢轻易动武，只好对这两个查岗的是士兵说："好，去吧！"看到这种形势小赵灵机一动，马上转变了态度："对不起我俩是从唐山来的，是高司令的岳父张司令叫我们来找高司令的。"参谋长一听半信半疑地说："噢！你们是唐山来的，怎么没从中间大门进院呀？"参谋长知道，中间大门有岗哨，外来人一律由门岗勤务兵通报，没有通报怎么进这个院来啦？"我们有信和特别通行证，门岗看了就让我们进这院难道你不信吗？"小赵说着把信和特别通行证拿出来给这个参谋长看。这个王参谋长细细地看了又看，他一手拿手电筒照亮，一手拿着特别通行证和那封张司令的亲笔信，看完之后他用非常温和地态度说："这真是大水冲了龙王庙。"，小赵有趣的接着说："一家人不认一家人呀!""嘿嘿……"王参谋长笑了。小赵也假装不好意思地说："方才太不礼貌了，请王参谋长多包涵，因高司令的岳母病重我们急呀!"这个王参谋长很会说话："没啥，没啥，高司令的岳母有病我知道，张司令是高司令的岳父，这我也知道了，张司令对我可好啦，我就是张司令推荐给高司令当参谋长的，张司令派来的人，我哪能不相信呢，好！我这就带二位去见高司令!"这个自我夸耀的王参谋长头前带路，奔向高司令的住屋。

"报告!"屋里没有回音，王参谋长又大声喊："报告!"。

"进来!"屋里发出勉强听到的小声。高司令的卧室，可不是一般人都可进来的，按规定只准三个人可以进去，一个是参谋长，另一个就是高司令的女秘书，还有一个贴身警卫员，此时此刻，警卫员已在对面屋休息，王参谋长听到"进来"二字之后，回手示意我和小赵暂在门外等候。屋里原先没有灯光，在王参谋长进屋之后才看到屋里面有了灯光，这说明高司令已经睡了。

"这么晚了，王参谋长来报告肯定是有急事!"高司令的声音听得很清。"报告司令，唐山来人了，急着见你!"这个王参谋长说话直截了当，接着又补充了一句"张司令亲自派人来的!""人呢?"高司令着急了："快叫他进来呀!"王参谋长立即推开屋门："二位请进吧!"我和小赵这才进了高司令的住屋，我们进屋一看，除王参谋以外还有两个人，其中有个胖胖的身穿睡衣高高的个头，这个肯定是高司令，另外一个是女的，坐在靠椅上正梳头。我和小赵首先是立正敬礼，然后说声："报告"，紧接着就是递信，高司令一手接信，一手招呼示意让我们坐下，接着又客气地说："辛苦了，还没吃饭吧，"小赵急忙表示："我俩着急赶路，哪有时间吃饭，路真不好走，到处是卡子，"高司令看完信后，脸色有些变化看得出他心里像是难过但他毕竟是个大官，有沉着性，听说我们还没吃饭，用很关心的样子说："先吃饭，参谋长先安排他们吃饭!""是!"王参谋长转身向外要走，"等等，一定要做点儿可口好吃的!”“是!”王参谋长敬礼，转身就向外走了。女秘书也跟着王参谋长走了，屋里只剩下我们三个人，这时，高司令才开始细问:“你俩我怎么没见过呀?”“报告司令，我们是由北京新调过来的!”小赵机灵地回答。“呵，呵，看我这记性，北京是新给张司令调过一批人!”高司令急着知道岳母的病情:“老太太的病情发展的这么快，信上说病已到晚期，你们听说了吗?”“是的，听说了，我们还听说……”小赵还往下说，我在旁边故意捅了他一下，高司令看出了，接着问:“还听说什么了，说吧没关系!”“还听说就是这一两天的事!”“老太太想你呀，非要临走前见到你。”我和小赵假戏真演，看得出高司令对我俩说的一点儿也不怀疑，最后，高司令问路上的情况:“方才你们说路上卡子多是咋回事?”“从这到唐山一路都有国军驻防，每过一个村庄都有岗哨，这不都是卡子吗，要不，我俩早到了。”我和小赵胡编乱造，顺着杆往上爬，然而这些话高司令都信以为真，总是连连点头。我们说着，小赵从兜里掏出特别通行证递给高司令:“没有这个是寸步难行!”高司令接过通行证细看一下:“这个通行证一般是不给的!”高司令说到这儿，有人:“报告，请客人吃饭!”王参谋长未进屋就把来意说清了。“先吃饭，吃完饭你俩好好睡一觉，天一亮咱们一同回唐山!”高司令的话音未落小赵抢着说:“不行啊，张司令有话见到你立即往回返，他着急得很呐，老太太想你呀!”高司令有些激动:“怕我回不去吗?军务在身，今天为追捕两个要犯，折腾了一天加一个晚上，这才消停下来，明天就撤回去!”高司令说着像是灵机一动，沉思片刻:“喂!你俩会骑马吗?”我和小赵齐声回答:“会!”“那好吧!吃完饭咱们一同骑马回去!”“一同骑马回去?”这可是没想到我们的计划会这么快顺利实现，我和小赵听说高司令要和我俩一同骑马回去，我俩的脑海里立即感到这可不是一件小事……

王参谋长领我们到了西厢房的厨房里吃饭，刚进屋坐下就见一个老头为我们端菜，这个老头一见小赵先是一愣，险些把菜盘摔掉，小赵立即向他使了一个眼色，这个老头才镇静地说:“真是对不起，没啥好吃的，请二位将就点儿吃吧！”这个端菜的老头就是小赵要找的熟人，原计划找到这个老头先吃饱肚子再说，可是情况的变化，只好机动灵活地见机行事了。

这个老头叫米梁川，过去他捐款捐物支援抗日战争，后来发展他成为地下党员，八路军老李的部队经常驻在米梁川家，所以小赵跟他非常熟悉，但是，这个端菜的老头跟我不认识，尽管我才14岁，但个头足有1.60米，从小放牛、放驴、还放马，由于风吹日晒，脸色黑黑的，表面看起来，因我身穿军装虽然矮一点儿，也可以说是个兵的形象。

我和小赵刚吃完饭，三匹枣红大马已牵到了大门口等候，高司令出动必然要引起司令部人员的重视，尽管天还没亮，有关人员必须到场送行，首先是高司令的女秘书，她一再向高司令表示：“司令多保重！”转过身来又说：“注意安全！”回过头来还说：“到了唐山一定要注意节哀！”高司令不愿听这个节哀二字：“好啦，好啦。”，接着又向大家挥手：“请大家都回去休息！我走啦！”就在高司令转身将要上马的时候，事情总是难以想象，就在这个节骨眼上闯出一个人来高喊：“别走！别走！”挎撸枪的家伙急忙阻拦，他抢先几步，一手抓住高司令马缰绳，另一只手抓住我的马缰绳：“真是不巧不成书，踏破铁鞋无觅处，得来全不费工夫，我们追捕一天了，原来你们俩在这儿！”

挎撸子枪的举动和言语，把高司令造的丈二和尚摸不到头脑，但高司令的官职比这个挎撸子枪的官大二级，他看到眼前这个挎撸子枪的家伙，面红过耳，走路头重脚轻，晃晃悠悠，这个形象一看便知，他喝醉了，神志不清，高司令奔唐山心切，急忙推了一下挎撸子枪的：“你胡说啥呀！快回去休息！”挎撸子枪的哪肯松手，还是高喊：“高司令，你……”没等这个家伙说完，小赵急忙上前：“啪”的一巴掌把这个坏蛋打昏了，躺在地上再也不能阻拦了，接着小赵对高司令说：“他肯定是对你不满，到这耍酒疯来了，您别生气，咱走咱的！”小赵说着跨上马背，我也立即上马：“高司令上马吧！”高司令上马之后，对王参谋长说：“司令部的一切全靠你了！”王参谋长表示：“放心吧司令，祝你一路顺风，”高司令又跟送行的人打招呼：“再见，谢谢大家！”

小赵这一巴掌可以置人于死地，但这个挎撸子枪的家伙并没有死，后来听说他是严重的脑震荡，好长时间不能说话，对高司令的后来情况也就不能知晓了，这个挎撸子枪的名字叫霍天敏，是专门从事特务工作的头头，那次小驴队被消灭他所以漏网，就是因为他有多年的特工经验，应变能力很强，小驴队实际上就是特务队，受高司令领导。

我和小赵穿的是国民党正规中央军的军装，骑的是高司令部的高头大马，持有高司令的岳父张司令发给的特别通行证，这本来就可以应付哨卡，现在又有高司令同行，如同老虎添翼，雄猛无阻，尽管碰上几道岗哨，大都认识高司令，哨兵都是恭恭敬敬地放行，方圆四十里驻有一万中央天字治安军，高司令是这一万士兵统率，这次回唐山看病危的岳母，属于私人探亲，没敢多带勤务兵，这个高司令认为有我和小赵头前带路，很快就会顺利到达唐山。

快马加鞭，行走如飞，我们这三匹骏马，排成一行，很快就逃出敌人占领的地盘，吃早饭的时候，我们就到了老李说的指定联络地点。尽管高司令在路上说了几次方向不对，我和小赵都说很对，并说司令不常骑马是转向了，眼下到了一个不大的村庄我和小赵下了马，高司令以为是暂时休息，也就跟着下马了：“喂！这是什么地方啊？”高司令四下观看着，他感到有点儿不大对头。就在这时，我和小赵已经对准了这个蒙在鼓里的高司令：“别动，我们是八路军！”高司令却不已为然地笑了：“八路军？笑话，你俩竟敢在司令面前撒野？”当我俩用迅速的动作缴他身上的枪时，这才使他恍然大悟：“我这个仪表堂堂的大司令，却栽在你两个小家伙的手里！”这时的高司令立即像霜打过的庄稼蔫了。我们押着高司令去见老李。在押他走的路上，高司令煞有介事地问：“你们俩就是我们追捕的那两个罪犯？”小赵风趣地回答：“不错，一点儿也不差!”我在旁补充:“没想到吧!”“那你们的信和通行证确实是真的，不可能……”没等高司令说完小赵抢着说:“有什么不可能呢，送信的那两个通信兵，现在还在树上铐着呢!”高司令这时才彻底明白了，他晃晃脑袋:“霍天敏呐霍天敏，你怎么不早说呀!”高司令后悔了，可是已晚了……

7.意料之外内线而归

“好啊，好!”老李听完我和小赵的汇报，高兴地说:“见机行事，随机应变，这里有学问，科学地说，这是斗争艺术!”老李竖起大拇指接着又说:“抓住机遇，灵活多变的斗争方法有利于取得主动权，没有主动进取就不能取得最后的胜利!”老李越说越激动地站了起来:“你们所以能取得最后的胜利，可以用智慧、勇敢四个字来总结!”老李深深地吸了一口烟:“对!用智慧加勇敢来创造奇迹，能把一个大大的司令给我捉来，这可是天大的奇迹，这可以说是个神话故事，而且又是真实的现实，你俩做得好!巧、妙!”老李说到这，走到我身旁拍着我的肩膀亲切地说:“小刘同志，我的儿童团长，你可立大功了，你配合小赵活捉来一个司令，你还冒雨把紧急情报信及时送给我，使我们的部队免遭损失，这两个功劳要记入史册，你不愧是党的好儿子，是革命的好后代，将来的革命事业就是需要像你这样人才。”这时，我接过话题:“别说将来了，这次能活着回来，多亏了孙悦和小赵，孙悦为救我俩牺牲了，没有小赵的智谋，我们也不会有现在的结果，我要向小赵学习。”小赵听我这最后两句话急忙反驳说:“向我学习，哪里，这是咱俩共同努力的结果，你当时说不是鱼死就是网破，对我有很大的启发，活捉司令的方案是你提出的。急中生智抓住机会就闯!”“对!向前闯!”老李插话:“你俩所以取得胜利，活着回来关键是闯过来了。”我马上补充:“小赵，那一巴掌就是关键，没有那一巴掌说不定我俩就闯不出来了。”

“具体说说，活活捉来一个大司令是怎么回事?”这是老李感到奇怪的问题。“是他主动上钩的，我们虽然打算捉他，但没想到他主动上钩，这也是意料之外，情理之中吧！”小赵幽默的语言逗得大家都笑了。大家笑过之后我提出一个问题：“李叔叔，这个捉回来的司令你打算如何处置呀？”老李严肃地说：“这个问题很复杂，主要是看我们的工作和他的态度，如果顺利的话，今晚就放他回唐山。”“放回去？”我惊讶了：“好不容易捉回来的，咋能放回去？”“我们留下他的作用没有放回去的作用大！”老李用手指点着说：“若是放回一个司令，换回来千军万马，多么好哇，能否这样，要看具体情况，这个事暂不谈好吗？”老李的意思这问题就此结束。最后，老李告诉我们两个好消息：第一，内部的奸细已除掉了。第二，敌人马上就会收缩，据可靠的情报，这批天字治安军很快就缩回唐山和天津。

正当我和小赵向老李汇报快要结束的时候，有人报告：“李政委有人求见！”老李问：“什么人？”“是个老头！”“请他进来！请他进来！”老李说着从椅子上站起来，准备迎接这个老头。

门帘一挑进来一个白胡子老头，纯粹是个地地道道农民打扮，他进屋之后没说话，先是瞅着老李点点头，然后，把眼光盯在我和小赵身上，这个老头好奇怪，怎么不说话老是用眼盯着看？正当我们都非常纳闷的时候，白胡子老头，脱掉帽子一甩老远，紧接着又拔掉胡子：“你……你……们认……认识我吗？”“哎呀呀，活见鬼，你是孙悦？”我们异口同声地惊讶了，这可真是意想不到的事情，孙悦又开始唱道：“正是本人孙悦！”我和小赵急忙拥上前三人抱成一团，我激动得哭出声来，小赵和孙悦也都激动地落泪不语，好长时间都不说话，好像是都不知说啥？站在旁边的老李，看到如此场面，也被感动得眼圈湿润了。“大家坐下，快坐下，有话好说，你们这样，我可受不了啊！”还是老李打破了局面。

坐下之后，最关心的一件事，就是急着知道孙悦是如何从死亡的边缘上冲出来的？孙悦在不着急的时候，不磕巴，他慢声慢语地说：“你们要问我是怎样活下来的，这个问题很简单，敌人的摩托车追兵是新调进的，他们都不认识我，这就是我能脱身的先决条件，当我把三轮摩托车骑上那个高岗时，弃车藏在蒿丛中，第一个上来的是个拿手枪的家伙，我立即将他打死，同时上前用两手往下拽，正在这时，又上来一群兵，我立即命令：'这个死啦！'，还有两个往那边跑呢，快追！这群兵按着我指的方向追下去，我乘机夺了一辆单人摩托车跟在这群追兵的后边！"说到这孙悦激动地接着又说："你……你们……说……这……这不是很简单吗？当时我对你……你俩却很……很担心。"

老李听说如此脱身："噢！原来你是先抓了一个替死鬼哟！机灵，真机灵，不愧是受过训练的侦察兵！"我很奇怪地说："这么说来，我和小赵在那天夜里埋的不是你呀！""这还用说咱俩埋错人咧！"小赵跳起来欢呼："胜利万岁！"接着小赵又补充说："我们三人一个也没死，都从死亡的边缘冲出来啦！咱们要好好地庆祝一番！""对！要庆祝。"老李也激动表示："要专门给你们三个开个庆功大会，表彰你们的功绩！"

我在部队住了两天，形势好转了，我想回家，在我回家的这天，还是小赵送我，我俩患难于共，情深意长，舍不得分手，他送了一段又一段，好不容易才叫他站住，我俩终于在一个十字路口分手了，可是我走，他不走，他老是站在那里，一动不动，我不断地回头向他招手，然而他还是不往回走，久久地望着我这个患难的好朋友……

8.乡亲情意恩深似海

三十里的路程我没用上三个小时就到我家庄头上了，老远就看见一个人坐在十字路的道边上，越走越近从背面我看这个女人好像是我妈，我急切地想见到妈妈，妈妈为什么坐在这道边上啊？我加快了步伐，结果真的是妈妈，我跑到跟前喊了一声："妈！"妈妈听到喊声回过头来，她不相信是儿子我回来了，她用那满含泪水的眼睛看着我，久久的凝视……"妈！是我！你这是咋啦？"我看到妈妈那凝视而怀疑的眼神，走近妈妈的身旁跪下来拉住妈妈的手：“你这是怎么看我呀?”我边说边看到妈妈坐的前边放着一个枕头，枕头的一端已经用剪刀划开了，露出的荞麦皮还撒落地上，我细细一看，这是我平常枕的枕头哇，哦，我明白了，这是人死后，要把它生前枕的枕头烧掉，对了，肯定是妈妈以为我死了，今天是特意烧枕头的。现在活人跪在她面前，妈妈开始说话了：“儿啦，真的是你吗？妈没做梦吧!”妈妈上前摸我的头，又摸我的脸，接着说：“有头有脸，不是鬼，是个活人”妈妈说着“哇!”一声哭：“这么多天你上哪儿去了？都说你死了，没希望了，”妈妈说着腾地一下站了起来：“这不是梦是真的，我儿还活着回来了!”妈妈激动地高声喊：“我家儿子回来了!”妈妈边喊边提起那个划破了的枕头：“走！咱们快回家!”

左邻右舍听说我回来了，急忙都过来看我，不一会儿，屋子的人挤得满满的，刘礼行大哥，刘中行家的三嫂子，刘天荣大哥，还有刘天荣的母亲三大娘，特别是老王家的三婶她急忙扒开人群：“我来看看，是真的回来了吗？对！一点儿不差，是真人不是假的!”老王家三婶这样一说逗得大伙哄堂大笑，大家七嘴八舌：“整整七天没音没信，都是往坏处想!”“可不是么，回来真是命大、福多呀!”这七天没有音信的我，去哪里了？没人细问，我也没有说，因为当着这么多人的面，谁也没好意思刨根问底，我当然也就不好意思细说，但是，在这满屋子所有的人心里都在画着问号？这些天可忙坏了不少人，自从我从棉花地里走了以后，到点灯的时候还没回来，首先是妈妈着急了，她催促爸爸到前街打听打听，爸爸跑遍了平时我常去的儿童团的干部家，都说不知道，又去村干部家问情况，也都说不清楚，最后还是在回家的路上碰上老亮二叔，才知道一点儿线索。老亮二叔说：“这么晚了还没回来？喂呀，不好哇，在下午喂猪的时候，有个说话像有点磕巴的人打听过他，我看这个人不地道，没有搭理他，后来他就去了前街，好好问问去，前街准有人看到他!”我爸一听，赶紧回到前街，几乎挨家问个遍也没有问出个头绪来，索性只好回家，希望这时我会回来的。到家后，妈妈追问："咋样？有人知道吗？""有！"我爸一说有，妈妈高兴了："谁知道？""他老亮二叔！""老亮二叔不就是李秀亮吗？"妈妈着急了："他老亮二叔怎么说的？"爸爸无精打采地回答："他说有个生人打听咱儿了！""生人！"妈妈一听立即感到坏菜了："哎呀！快找人吧！这是不祥之兆！说不定是叫这个生人把咱儿给杀了哇？"

街坊邻居，我们老刘家院里全员出动，还有西街老李家的三叔、二大爷、儿童团、青年队、妇女们，几乎是全庄总动员，棉花地、王家坟、乱葬岗，还有附近庄的亲戚家都撒下人马，找了翻天覆地，结果只是从棉花地里找回来我用的镰刀和拾好的一堆棉花。

我失踪三天以后，乡亲们根据这三天的寻找情况，大家一致认为："活不见人，死不见尸"肯定与老亮二叔见到的那个磕巴有关系，恐怕是敌人的特务掏窝子了，活着的希望渺茫，当前的问题是要找到尸体，于是大家分头去找尸体。刘天荣大哥已是三天三夜没睡觉了，他和我家搭套耕田多年，总是把我看成亲弟弟，为了找到我，已走遍了庄的四周各个角落，他就像得了"魔征病"似的边走边喊："亲弟弟呀，你在哪儿，快出来吧……"嗓子已喊哑了，现在决定找尸体，他仍然是一马当先，带上几块白薯做好了哪黑哪宿的准备，然而人的精力毕竟是有限，由于他不顾一切超限度的行动，再加上他常年吃饭不吃菜的习惯，营养高度缺乏，终于晕倒在一个壕沟里，幸亏有人及时发现，要不也就没命了。今天，他听说我活着回来了，到我跟前看了一眼之后，二话没说转身就往外走，干啥去？他跑到院子里跪在太阳地下："老天爷有眼，保佑我亲弟弟回来了，谢天谢地！"他边喊边磕起响头来了，有人拉他进屋，他说啥也不肯动，问他为啥？他说："我已许愿若是我亲弟弟活着回来，我要在太阳地里跪上三天三夜，哪有许愿不还的道理！"人们为他的行动感动了……

我爸爸听我说了这几天的情况之后，非常严肃地说："这些情况千万别张扬，对谁也不能说，要是说出去会引来大祸临头哇，你想想，咱们救了八路军的领导老李，你又把敌人带入八路军的埋伏圈，这回又给八路军送信，还捉来一个司令官，这都是祸根，要是让特务知道了还有咱家的好吗！”爸爸说到这又神秘地说：“据点里，有专门掏窝子的特务，几乎天天有人被掏，咱家很危险！有人问你这几天的事，你就说出趟远门，到东海边大舅家去了一次，记住，千万要小心呀！”

从此，我不敢在家睡觉，乡亲们为我出主意：“儿童团排以上干部和民兵一样集中睡觉，轮流在房顶上站岗，真的有特务来掏窝，人多还有土枪可以提防。”乡亲们这种恩情我是永远不会忘的。

9.收效与痛苦的尾声

为了参加八路军，我几次找老李表示坚决参加部队，但都被老李给驳回。老李郑重地说“东北大军很快就要进关，大反攻已经开始了，我希望你要上学念书、上中学、还要上大学，将来的建设工作需要高级知识分子，我们党就是希望有你这样的人成为建设新中国的栋梁，你可不要辜负我的希望哟！”

我和老李、小赵有着特别的深情厚谊，当然联系不断，他们不断鼓励我进步。打天津的战斗开始之前，小赵到我家来了，第一句话他就说：“我们捉的那个高司令有很大的收效，他率军起义了，一个师的兵力归我军指挥，这对顺利拿下天津很有利。”“是吗？”我高兴地说：“那天，老李真的把他放回了唐山！”说到这我立刻想到了那个挎撸子枪的家伙急忙问：“你那一巴掌打昏了的家伙怎么样？”小赵说：“高司令回去后首先把他给处决了！”“好，好！”我接着说：“高司令改邪归正，留他是个祸害！这是很大而了不起的收获呀！”

我和小赵在我家愉快地度过了一个畅谈的夜晚，第二天一大早他就得回部队去，这次是我送他，送了一程又一程，我们舍不得分开，我们有说不完的话。临别前他对我说：“平津堂的解放就在眼前，等北平解放了，我俩一同去北平看看”“好哇！”我高兴地说：“到那时，我们一定在天安门前照个相，做个永久的纪念！”没料想这次分别就是永别，在打天津的战斗中，他光荣牺牲了，老李特意把他牺牲的壮烈情景写信告诉我，噩耗传来我很多天不能睡觉，一合眼就梦见他……遗憾的是永久的纪念未能实现。

然而噩耗再次发生，老李随军南下，在武汉接管了政权，不久被暗藏的特务杀害，这是在1950年我在滦县上中学的时候得到的消息。从此，老李和小赵给我留下了痛苦的回忆，也是我一生努力工作克服困难的力量源泉……老李给我留下一把精制的铜尺，他说用这把尺来衡量人生的价值。

人生如梦，日月如梭，半个多世纪过去了，回想起童年的战斗生涯，不会忘记九泉之下的老李和小赵，如果真有在天之灵，他们也会对我“今天”的成绩而高兴。

后　语

有道是：“不经风雨，怎能见到彩虹；不经研苦，怎能把书著成。”《家人必读》的编著，可称是历尽了“书海”，获得了丰富的资源，取得了宝贵的借鉴。为了编著理想的此书，作者参阅了古今中外大量的文献，从这些名著中吸取了丰富的“营养”和重要之精华，引用了其中最适当的典故。为了本书内容更加精彩，改编了适合当代潮流的语言和事例。有些经典事例为了使其真实有据，在不破坏原意的情况下，适当地进行了创新，有些难懂的词句，做了注释使其内涵更加深刻。作者认真地学习参阅了一批优秀图书，并改编了其中最宝贵的精华，效仿了其写作的技巧，借鉴了其中的优良传统。同时还有报纸杂志以及《老年日报》上的文章等，都是作者参阅的资料，其中有些内容精彩，启迪了作者的创作灵感，运用了其中的语句，这就难免有的语言重现。

总之，为写好《家人必读》，这些资源给了作者很大的震撼，是帮助作者深层次创作的源泉。有些内容尽管没有采用原文，但改编也会出现不足之处，或是错改了原意。敬请有关作者谅解。对于你们的经验指导这里一并表示谢意。

作　者

2011年9月